大周说车三部曲

汽车营销　输赢一念间
Automobile Marketing Between Winning and Losing

周光军　著

电子工业出版社
Publishing House of Electronics Industry
北京·BEIJING

内容简介

前端、中端的一切努力皆为序章。"卖出去"才是四个轮子划出的完美句号。

从最初拼纸媒广告创意，到事件营销、名人营销、体育营销，再到新冠肺炎疫情之下的线上营销，凡此种种各家有各家的高招，哪家灵、谁家香？

力求洞察、发现和满足需求的营销本质。

在这里，看近30年经典案例"真题"。

在这里，剖析汽车营销风云之变。

未经许可，不得以任何方式复制或抄袭本书之部分或全部内容。
版权所有，侵权必究。

图书在版编目（CIP）数据

汽车营销：输赢一念间 / 周光军著 . — 北京：电子工业出版社，2022.8
（大周说车三部曲）
ISBN 978-7-121-44094-6

Ⅰ.①汽… Ⅱ.①周… Ⅲ.①汽车－市场营销学 Ⅳ.① F766

中国版本图书馆 CIP 数据核字（2022）第 143417 号

责任编辑：管晓伟
印　　刷：北京市大天乐投资管理有限公司
装　　订：北京市大天乐投资管理有限公司
出版发行：电子工业出版社
　　　　　北京市海淀区万寿路 173 信箱　邮编：100036
开　　本：787×1 092　1/16　印张：12.5　字数：320 千字
版　　次：2022 年 8 月第 1 版
印　　次：2022 年 8 月第 1 次印刷
定　　价：40.00 元

凡所购买电子工业出版社图书有缺损问题，请向购买书店调换。若书店售缺，请与本社发行部联系，联系及邮购电话：(010) 88254888，88258888。
质量投诉请发邮件至 zlts@phei.com.cn，盗版侵权举报请发邮件至 dbqq@phei.com.cn。
本书咨询联系方式：(010) 88254460；guanphei@163.com。

自　序

老实交代　满油满墨

有人写书成名，有人成名写书。我非名人，也出不了名书，只是一个职业记者的"记着"。

书"序"多请翘楚、高手来写，我本着老实交代的原则，不烦劳别人，且自己絮絮叨叨。也因此，这个"自序"可谓"自絮"了。

路：我在东长安街起步

从报苑蹒跚学步到现在，我从事新闻工作整整 28 年。可以说，我与新闻为伍，是从报纸上发表"豆腐块"的简讯开始的。我对新闻的热爱有例为证，那时的通信方式，别说手机了，连固定电话都是奢侈品。我和故乡山东的联系，靠"吼"都没机会，主要是靠写信。信的开头不是爸爸妈妈之类的尊称，而是"本报讯"！

我"本报讯"的初"训"，是高起点。我的报业生涯是从在《北京日报》做实习记者开始的。

《北京日报》的办公地址在东长安街西裱褙胡同。那时我住在天安门广场东侧的东交民巷西头，距离天安门广场一步之遥。我时常骑着自行车自西向东穿过东交民巷、六国饭店、台基厂、北京医院等"高大上"的地方，经东单路口进西裱褙胡同，所经之地都颇具历史厚重感。东交民巷是曾经的使馆区，至今还有荷兰、丹麦使馆遗址，以及著名的六国饭店。如雷贯耳的地方还有柬埔寨国王西哈努克在北京的官邸、同仁医院等。

并不宽阔的东交民巷树木参天，每逢夏季，两旁古树茂盛的枝叶把整个街道罩得严严实实如长长的树隧道，古树新叶一起努力生长着，那是终生难忘的风景。

那时的《北京日报》大楼没有被分成新闻大厦和《北京日报》《北京晚报》的两座主体建筑，也远不及今天通透、现代和气派。对我而言，更喜欢那时的《北京日报》大楼，蓝顶白墙的主楼配以单独的院落，院子坐南朝北，大门开向宽阔的长安街，主楼的东西两侧各有配楼，门口有警卫把守。

我和东配楼打交道很多，那里有照排室，我时常将时任《京华周末》版编辑室主任宗春启签好的发稿单送过去。所谓的照排，是指有专人把写在稿纸上的稿子录入电脑并打印出来，然后编辑拿着打印稿回办公室画版，再回到照排室拼版、出样。在那时并非人手一台电脑的日子里，我始终对照排室充满敬意：一是通体白色的照排室一尘不染，二是照排室的人穿的全是白大褂，如外科医生般把全报社风格迥异的字体"妙手回春"地打成铅字。这段"照排"经历很快成了历史。

大楼的五层，是《京华周末》办公室。那时，《京华周末》是《北京日报》的"大块头"，有深度，充满厚重感，类似于北方媒体的《南方周末》。

宗春启是个父亲般的领导，直到他从北京市记协常务副主席任上退休，我们依然保持联系。他和我父亲同龄，要求也如父亲般严格，是我新闻工作的启蒙者。印象最深的一次是他说如果你能抓拍到在天安门广场举行婚礼的图片，我给你发《北京日报》的头版头条。尽管我始终没能抓拍到这一幕，但是捕获了不少"新闻大鱼"。中华人民共和国成立50周年大庆前夕，天安门城楼进行整体装饰粉刷，我克服恐高爬到城楼楼顶拍摄的一组照片被刊发在《京华周末》报眼位置。

宗春启对我的关爱并不局限于《京华周末》。在他的推荐下，我的稿子多次刊登在《北京日报》黄金的报眼位置，以及《北京晚报》头版重要位置。与此同时，我和新华社记者合写的稿子还以新华社通稿的形式"电通"全国，都是打眼的头版黄金位置。与这些相比，我更感激宗春启对我新闻敏锐感的培养和训练。

人：给我把过"方向盘"的恩师商恺

商恺是我的另一位恩师。当然，这与《北京日报》旗下的《新闻与写作》杂志密不可分。《新闻与写作》直到今天，依然是新闻战线的核心期刊。那时，刚刚从中国社会科学院新闻研究所所长任上退下来的商恺，在《新闻与写作》上连载他在胡乔木身边工作的回忆录。《新闻与写作》为商恺开辟的《乔木颐园话新闻》专栏，系统地讲述了他在胡乔木身边工作时有关新闻的诸多观点、论述。

作为秘书，自1958年起，商恺在胡乔木身边工作了10年之久，协助胡乔木联系《人民日报》。商恺是新闻界的旗帜性人物，这不仅缘于他是中国社会科学院新闻研究所所长，带出了《光明日报》总编辑王晨及《经济日报》总编辑艾丰等多位知名的门生，还在于他是胡乔木的秘书，在中南海工作10年，协助胡乔木分管《人民日报》。

作为记者，商恺以写工作通讯、旅行通讯见长，著有《大地笔踪》《春风秋雨马颊河》等脍炙人口的作品；作为教育家，他编有《报纸工作谈话录》，著有《致青年记者的60封信》《报海帆影》等影响了几代新闻工作者的著作。其中，由光明日报出版社出版的《报海帆影》的书稿就是我骑自行车送到时任《光明日报》副总编辑王晨手中的。

艾丰的本名是艾宝元，"艾丰"就是商恺给改的。艾丰的《新闻采访方法论》《新闻写作方法论》等著作成为我从业的良师益友。与王晨、艾丰等简单的交集相比，让我受益良多的是商恺的言传身教，这对我的人生价值观产生了深远影响。

商恺本身是个传奇。作为老革命，他1922年出生于山东省聊城市茌平区，1938年参加冀鲁青年记者团，并开始在《抗战日报》上发表抗战作品；1939年加入中国共产党；1941年任中共清平县委宣传部干事，主编党的刊物《抗联生活》《支部生活》，在此期间遭国民党监禁；1946年任中共博平县委宣传部副部长，并创办县委机关报《博平群众》；1948年调入晋冀鲁豫中央局机关报《人民日报》；1958年调中共中央办公厅担任胡乔木的秘书；1977年重新回到人民日报社，担任记者部负责人；1984年担任中国社会科学院新闻研究所所长，培养和帮助过许多中青年新闻工作者。经中国社会科学院报请邓小平、李先念等同志批复同意，于1987年成立的中国社会科学院新闻研究所，成为商恺如鱼得水的宝地。

自1984年1月被任命为中国社会科学院新闻研究所所长起，至1995年从中国社会科学院新闻研究所第二届专业职务评委会任上退休止，商恺11年担任新闻研究所重要职务，或者新闻法研究室主任，或者新闻研究所所长或党组书记。

商恺被称为"三不记者"。在任职中国社会科学院新闻研究所所长期间，他60岁高龄赴西北调查研究时，一不坐飞机，二不住宾馆，三不出席宴会。有次去新疆采访，拜访新疆《伊犁日报》，当他拿出名片时，报社高层大吃一惊！这样一位新闻界名人，竟是坐了一天半的长途汽车，翻越700多千米的天山，从乌鲁木齐一路颠簸来到伊犁的。坐汽车走这条路，就是年轻人下车后浑身都像散了架似的，何况是年已六旬的老人。到伊犁后，他执意不住高级宾馆，而是住在兵团招待所。2020年，我跟随一汽-大众奥迪组织的奥迪Q5L车队，驾车走过这条路，开车都把人累得够呛。

商恺的名字之于我及家乡，如雷贯耳。家乡人都知道他在中南海工作，虽然不知道是中央办公厅研究员及胡乔木秘书的头衔，但是都知道他是个了不起的人物。我从《新闻与写作》主编那里拿到联系方式后，在人民日报社东北角的一栋普通筒子楼轻轻敲门，为我开门的是一位和蔼的老人，戴着一副茶色花镜，用略带山东方言的普通话说："欢迎你。"商恺平易近人的三言两语，让我此前的种种紧张和顾虑烟消云散。在看了我发表过的一些作品后，商恺决定收我为徒，并称我为他的"关门弟子"。

他说，首先看我的作品不错，其次又是老乡，他还邀请我搬到他身边来。比他教过的一批又一批在职研究生更幸运的是，我有机会在其身边居住4年，期间完成了研究生阶段的学习。

商恺的夫人李群老师，也是一位老报人，是《光明日报》的著名记者。他们一辈子攒下来的书，我可谓"近水楼台先得月"，随意翻看、阅读。

在商恺身边4年，我得到的不仅是一对一的授课，而且是胡乔木关于新闻价值观的教程，含金量是国家级的。很多时候，我是商恺专栏《乔木颐园话新闻》的第一读者。胡乔木时常把《人民日报》的记者邀请到中南海的颐园进行座谈。作为中央"一支笔"的胡乔木有关新闻理论和新闻实践的谈话，广泛而大量，有抽象也有具体，从新闻采访到新闻写作和新闻编辑，从文章的遣词造句到标点符号的使用方法，无所不包。大力发展通讯员队伍就是胡乔木最早提出的报纸密切联系群众的方法。胡乔木还非常注重报纸编排得是否生动，他把同一版面上的长文章、长新闻称为挤在一张床上的胖子，姿势再美也不会好看。报纸的版式中既需要有吸引人的标题，也需要有适当的图片搭配。尤其是文章标题的重要性，文章好比"画龙"，标题才是"点睛"，龙身画得好，龙眼点得好，整条龙就活了起来。有人说，画龙容易点睛难；而胡乔木认为，写文章不易，做标题更难。有时候想个好标题，等于写一篇文章所用精力的三分之一……

当胡乔木这些关于新闻价值观的观点从商恺口中拉家常般口述给我时，我无疑是幸运的：我享受的是一对一的国家顶级的新闻学教育，授课老师是中国新闻界的翘楚，授课内容是胡乔木的新闻学。在今天，这种待遇也是花多少钱都买不到的。

退休后，有相当一段时间，商恺担任《中国地市报人》总顾问。作为新闻界的翘楚和社会名流，拜访者在其退休后门可罗雀，这是商恺所乐见的。他教诲我要干实实在在的事。

《中国地市报人》每年都有新闻评选，出任总顾问的商恺，面对各地总编辑的拜访、托请，始终坚持自己"咬定青山不放松，任尔东西南北风"的原则。对此，我也体会深刻。记得首次拜访他，我买了一棵滴水观音绿植，受到严厉批评并约法三章：来之前务必给他打电话；不带礼物是原则；如果一定送所谓的礼，需征得同意。他所要的礼物无非是两斤鸡蛋、一块面包这样的日用品，哪怕是一管牙膏，在他眼里都胜过其他珍贵物品。

在他身上，不少人，像我这样都吃过闭门羹。对于拜访者，商恺不设宴，也不赴宴。当时，不少登门拜访的地市报的总编辑，都在商恺家吃过我做的粗茶淡饭，我的厨艺就是在那个时候练就的。

退休后期，商恺患有糖尿病。作为学生也作为助手，我时常按需到北京各大医院为其买药。有一段时间，他吃的是松果体素，我就从城东的朝阳区东三环的金台路人民日报社到海淀区西三环外的空军总医院，骑车穿越半个北京城，往返两三个小时买药。

商恺对我职业选择的影响也不小。他那会儿就要我做一个专业记者，做一个令人尊敬的行当，从事一个生涯相对长的职业。他当时就提出，足球、证券、汽车等专业性强的记者才是真正的记者。甚至举例说，哪里着火了的社会新闻，是个记者就能写，而类似于股票、金融、医疗等行业，则需要有较高的进入门槛和职业修养。

说到和商恺是同乡，也说说我的故乡。我的故乡山东聊城，确实人杰地灵。季羡林、李苦禅、傅斯年等名人的老家与我家相距不足百里。武训、孔繁森、张自忠等响当当的古今人物也生于斯。

聊城在古时候闻名遐迩，是京杭大运河上的四大商埠，康熙九下江南都在此留下千古诗句，其下辖的临清也是季羡林的故里。临清不仅是历史文化名城，还以生产故宫的城砖和西藏的哈达著称。我一直在思索，一望无际的鲁西平原是怎样造就人杰地灵的？我想，除了黄河冲击形成的华北平原的一方水土，恐怕还和这里的人们格外善良、格外勤奋、格外淳朴有关。当然，在黄河数次水患形成包括河北大部分在内的华北平原之前，山东在8000万年前是蓝色海洋，从地理演变上，五岳之首的泰山那时还是海上的一座孤岛。

车：开车上路热血未凉28载

从喊别人老师到别人也称呼我为老师，2022年是我从事新闻职业的第28个年头。从娃娃记者做到四十不惑，其间"码字"近千万，文章上万篇。

似乎也是命中注定，从《北京日报》《北京晚报》做实习记者起，除了在《中国汽车报》有过两年的专业经历，更多的时间都在"京报集团"转圈儿，《信报》《竞报》《北京晨报》。2018年和《新京报》整合的《北京晨报》是我的老东家，从《北京晨报》1998年创刊到2018年和《新京报》整合，我把13年的青春都贡献给了《北京晨报》。

按工种分，我跑过时政新闻、社会新闻，写过经济新闻，也从事过工会、共青团、妇联的报道，北京市妇联还给我发过大大的"妇女之友"聘书。

先做杂家再做专家，也是恩师商恺给我的指导思想。我从事最多的，一直是汽车产业的报道。如果从 1997 年《北京晚报》每两周一块汽车版的黑白版算起，至今整整 25 年了。北京纸媒有关汽车版块和汽车报道的起源，属《北京青年报》和《北京晚报》最早。

那时，《北京青年报》的产经版面还是大报，每周只有一块版。所谓的一块版，其实是半块，上半版是电脑的内容，下半版才是汽车。《北京晚报》的汽车版，是从经济部分离出来专门组建的专刊部。

那时，出版汽车类别的版面并不像今天这样容易，需要向北京市委宣传部打书面报告。我清晰地记得，在是否有必要创办汽车版上，宣传部相关负责人并没想好，甚至是充满争议的，创办申请拖延了一段时间才获批准。

那时，《北京晚报》的汽车版，相当于旬刊或半月刊，与"花鸟鱼虫"版，隔周轮流出版。所谓的版，也就是今天看来可怜的一块版，且是黑白的。那时的版主是屈俊峰，我为其打杂。可惜，屈俊峰因心梗英年早逝。

那时，通用、宝马、奔驰等跨国汽车巨头并没有设立中国公司，机构多是商务代表处。全国跑汽车口的记者屈指可数。有段时间，北京的出租车在"黄面的"之后，用过一批车身整体用玻璃钢一次冲压成型的"中华子弹头"，是一种大两厢的旅行车，一次冲压成型的玻璃钢车身以对人的安全保护为卖点。工厂设在今天北京市丰台区西南三环丰益桥附近，采访后工厂请记者吃饭，全国跑汽车的记者一个圆桌都坐不满，远没有现在车企搞活动动辄三五百人的壮观场面。据统计，如今全国跑汽车的记者达 5000 人，也有说 8000 人的，足见汽车产业的兴盛。

在我长达 28 年的记者生涯中，除了做过时政和社会新闻的"短线"，绝大多数时候是在做汽车报道的"长线"。那些做"短线"的杂家经历，为我做汽车行当的专家进行了"长线"能量储备。当然，我的"短线"也做得不错。例如，在"知青上山下乡 30 周年"的 1998 年，我奔波在北大荒采访一个多月，也是刚刚创刊的《北京晨报》开辟的第一个个人专栏。我也不曾忘记，我采写的《鸟类起源在中国》系列文章，不仅属国内首发，还引起了业界轰动，时任中国地质博物馆馆长的季强博士在辽宁北票发现的"中华龙鸟"被认为鸟类的鼻祖——比德国始祖鸟更早，我的系列文章直接或间接地推动了辽北化石保护区的成立。

我的"不务正业"还体现在汽车之外。熟悉我的人知道，我钟情摄影，也爱写一些"散文"。《新民晚报》的"夜光杯"和《北京晚报》的"五色土"是中国一南一北很好的副刊，我那时的拙作时常见诸"五色土"副刊之上，摄影作品也发表过不少。当时，《北京晚报》分管"五色土"的副总编辑是李凤翔，和蔼可亲的李凤翔一手了得的书法至今令我印象深刻，我的不少作品就是通过这样的"大家"发表的。巧合的是，李凤翔的儿子李增勇是我《北京晨报》的同事。

人生没有几个28年，无论在我效力的单位还是汽车行业，很庆幸结交和认识了许多良师益友。刘顺发，先后担任《信报》《竞报》《北京晨报》的总编辑和社长，是我的长期领导。会用人、善用人、懂用人、团结人，和他打交道，不会因他是领导而紧张，他格外平易近人。《北京晨报》最后一任社长李凌云，出身报业世家，他有着操持大报的阅历，尤其是有着新旧媒体转换时代媒体的责任感。还有崔恩卿、陈炼一、宋汐、朱敏等领导和同事，我和他们有的长期共事过，有的也仅仅一面之交，但是他们都是我新闻生涯的良师益友。

新闻以外的汽车行业，或者媒体同行或车企同仁，李安定、吴迎秋、程远、李铁铮、李苗苗、何仑、李三，张兴业、徐留平、陈虹、竺延风、李书福、尹同跃、潘庆、陈志鑫、王晓秋、俞经民、刘亦功、董修惠、荆青春、胡绍航、张海亮、贾鸣镝、张亮、刘智丰、孙玮、王燕、蔡建军、金弋波、孙晓东、庄宇、曾家麟、孙广阔等，都不同程度地对我产生过影响。例如，李安定和我是忘年交，吴迎秋对行业有着无人能及的前瞻性思考，何仑的严谨，李三的外语，尹同跃的坦诚，王晓秋的幽默等。和程远老师的交集远谈不上密切，但我从别处得知，他时常推荐"汽车预言家"的王鑫等人看我的"大周说车"。宝马大中华区企业事务副总裁孙玮，我和其在沃尔沃时就有交集，她是把我拉进马拉松圈的领路人。现任捷豹路虎中国企业与公共事务执行副总裁王燕，2000年前后任戴姆勒·克莱斯勒公关经理，那时奔驰第一次组织国内媒体去奔驰总部斯图加特访问，也是我的第一次出国……

一路走来，北京多家报纸皆留下了我的名字。《北京晚报》《信报》《竞报》《北京晨报》4家报纸，要么是我亲自创办了汽车周刊，要么是由我长期担任汽车周刊的主编。哪怕是北京日报报业集团之外的报纸，也有许多在创办汽车周刊之初，征求过我的意见。例如，《新京报》在创刊汽车周刊时，车云网创始人程李时任《新京报》汽车周刊的负责人，他和团队的吕惠敏等人，在前门饭店召开创刊前的调研座谈会，专门叫上我，征求我对办刊的意见。

在《北京晨报》1998年7月20日的创刊号上，我采写的《大使座驾在京拍卖》的消息，登上了报社头版。三五百字的消息，大意是一些驻华使馆的淘汰车辆，在潘家园古玩市场面向百姓进行拍卖。尽管是多国驻华使馆退下来的二手车，也尽管价格相比新车便宜很多，但是原本并不多的车辆还出现了流拍的现象。毕竟，那时有钱买得起汽车的百姓凤毛麟角。

"大周说车"就是从那时起开设的专栏。除了逢年过节报社整体必要的停刊，我的"大周说车"每周一篇千字文从未间断。

迄今，"大周说车"在行业保持了两个纪录：一是汽车界第一个以个人名字命名的专栏；二是20多年来每周一篇，持续不间断。记得有一次，腾讯汽车的编辑打电话邀请我的"大周说车"专栏入驻。让我感动的是，那位编辑说是"大周说车"陪伴了她整个大学时光，她甚至恭维地说，是看着我的"大周说车"长大的。

之于编委、主编、编辑、记者、顾问和智囊等头衔，我最看重的还是记者。除了出席必要的社会活动，我一直坚持在新闻采访第一线，这才是获得鲜活新闻的源头。只有跑得多、看得多、听得多、问得多，才能近得多、实得多、真得多、鲜得多，才符合新闻本源。坐在办公室是写不出别人爱看的新闻的，更别提给人以启迪、给行业以思考了。

直到今天，我依然尽可能冲在汽车采访第一线，比我"跑口"或早或晚的同行，在新媒体的冲击下，要么离开了汽车行当，要么自己创业。我始终还在一线奔跑，也有同行竖大拇指称赞我的坚守。有时候，对于我的亲力亲为，反倒是有些企业过意不去，他们认为有些活动完全可以派记者，不必事必躬亲。我非刻意，是多年养成的习惯所致。

这么多年，我对汽车行业充满敬畏之心，并用百年老字号同仁堂的"炮制虽繁必不敢省人工，品味虽贵必不敢减物力"的理念，作为写作的原则，更把"不胡写、不乱写、不瞎写"的"三不"原则作为信条。我把印在报纸上的名字看得比命还珍贵。过去的27年，并不是说我采写了多少令行业轰动的文章，多少名篇佳作，我引以为傲的是，忠实记录了汽车行业在中国的进程。

感谢机遇。我见证了汽车在中国快速发展的"小30年"。也正是这30年，变革中的百姓经历了从买不起车到买车摇号的巨变，我们常说的中国30年时间走过了西方汽车百年的道路进程，老百姓的买车经历就是缩影。

感谢汽车。汽车行业是诸多行业中相对稳定的，无论是汽车企业的工作人员还是媒体同行，可能出现过跳槽现象，但大多还在这个行业。而有的其他行业，则并不稳定。伴随着新能源汽车及智能交通的发展，汽车是"四个轮子两个沙发"的造型可能不会出现太大变化，但是汽车在中国还大有前景，至少不是夕阳产业。

为此，我把中国的汽车划分为两个时代。

1990—2020年，为进入汽车社会的时代，也是中国人接触汽车和汽车企业在中国野蛮生长的时代。

2020—2050年，为建立文明汽车社会的时代，也是中国人探索汽车和汽车企业优胜劣汰的时代，并将是中国自主汽车品牌立足世界的时代。

两个时代长达60年。我有幸完整地见证了第一个时代。如果够幸运，还会见证第二个时代。

感谢热爱。热爱是发动机。很荣幸，我生在这样一个伟大的汽车时代，成为中国汽车的见证者、记录者、参与者、思考者。往小处讲，从中国汽车可看经济转型、行业布局、百姓生活；往大处讲，从中国汽车可看中国道路、中国动力、中国速度。

中国发展、中国汽车，不挂"倒挡"。

我也会勇往直前，"油墨"此生。

前　言

汽车营销，输赢一念间

"生命在于运动，营销在于活动"是吉利汽车销售公司副总经理蔡建军在长安、福特、DS、北汽绅宝、观致及爱驰汽车等多家企业实际工作中的深刻体会。

对于北京奔驰汽车销售服务有限责任公司，段建军的营销是另一种风格，他时常引经据典、深入浅出地把奔驰品牌诠释得淋漓尽致。此外，宝马之悦JOY，奥迪的突破科技、启迪未来，凯迪拉克的敢为天下先，沃尔沃的以人为尊等，都是用不同的方法和形式来表达品牌理念及营销主张。

营销没有定式，必须有定位。没有定位的营销很难有地位。在社交化、碎片化的信息过剩时代，精准营销变得尤为重要，不仅要知道是怎么"火"的，更要知道是怎么"死"的。这几年发生在某些汽车品牌上的负面新闻，由于营销和危机公关，使得原本简单的行业孤立事件发展为全民皆知的社会谈资，教训深刻。

汽车营销，输赢仅在一念间。汽车营销从最初的拼纸媒广告的广而告之，到现在的视频，营销本身发生了巨大的变化。方式也多种多样，如病毒营销、事件营销、名人营销、体育营销等。汽车行业用得较多的是名人营销，不过最近几年也有些过时了。营销绝不仅是"语不惊人死不休"，营销人要多学习营销的经济学、方法论。

迈巴赫在美国上市的营销迄今仍是经典：先是迈巴赫从陆地开到一个码头，然后再用直升机把迈巴赫吊起来空运到一艘邮轮上，继而在邮轮上进行迈巴赫的新车发布。一款新车的发布动用了整个陆海空，这是20年前的一个营销案例。这两年，宝马也做了一个经典的广告：奔驰的蔡澈功成名就退休后，享受着人们的欢呼乘坐奔驰回家，却从自己的车库里开出一辆宝马i8去兜风……这样的营销值得点赞。

有些营销需要花费很多的时间和精力去扭转人们对品牌的认知，宝马是久负盛名的品牌，进入中国市场之初，因为一句电影台词"开好车的就一定是好人吗？"让花费巨

XIII

资植入的广告打了水漂不说,还让品牌蒙上阴影,而宝马的英文 BMW 也被人调侃为"别摸我"。直到 2020 年,宝马借助春节,通过宁浩微电影的形式,才巧妙地把"别摸我"纠正为"爸妈我"。在国内车企中,上汽通用的营销值得业界学习,别克的品牌理念"心静、思远,志在千里",就像上汽大众的"拥有桑塔纳,走遍天下都不怕"一样深入人心。最近二三十年,中国车市创新不少,但是诸如"车到山前必有路,有路必有丰田车"般被人铭记的广告并不多。

  汽车营销当然需要创新,但是很多营销创新属于毫无必要的人为更迭,有的企业因为高层更迭而更换品牌主张、更换车型 LOGO,这种做法虽不能一概而论,但有的确实多此一举。2020 年春节过后,制造汽车的上汽通用五菱瞬间转产口罩并且只赠不售,其"人们需要什么,五菱就造什么"的品牌营销威武霸气。

  营销的本质应该是洞察、发现和满足需求。当然,营销虽无定式,但有国际性,且需要融入中国特色。互联网、大数据的广泛应用,为精准营销提供了可能。

第一部分　唤醒营销

第一章

名人营销

张艺谋细说威驰 //002
库尔尼科娃来华，赢家是 POLO //004
科氏双雄不止范冰冰 //005
谈谈"格力终止成龙代言"对汽车的思考 //006
贝克汉姆代言捷豹仅限 3 小时 //007

第二章

品牌营销

第三次掌声给了蒙迪欧 //008
POLO 只为偏爱造品牌 //009
奥迪小球打出大买卖 //011
随荣威 W5 找"北" //012
DS"小"品牌"大"动静 //014
应该对奔驰降价说谢谢 //016
什么成就了桑塔纳 600 万辆的销量？ //017
置换换出"索八"月销过万辆 //018
应该从朗逸 Lavida 品牌身上借鉴什么？ //020
奇瑞只为"生·动"塑品牌 //021

第三章

体验营销

一汽丰田为何能独善其身？ //023
乔布斯的苹果与上海通用的别克弯 //024
宝马上海体验中心喝咖啡吃肘子试车 //025

XV

有感于长安马自达一场没有领导讲话的新车发布 //027
海底捞 iPad 点菜与吉利网上卖车 //028

第二部分　脑洞大开

第四章

事件营销

东风标致的慈善晚宴 //032
皇马北京行赢家是奥迪 //034
雷克萨斯谈匠心还早了些 //034
迈腾"包机"惹争议 //035
第六代宝马 3 系动用鸟巢水立方 //037
奥迪塑品牌包下东方体育中心 //038
汽车不宜当电视广告标王 //041
怎么跑也跑不过领跑的宝马 //042
上天看航空航天　如履平地看北京越野 //043

第五章

话题营销

观致不能只定义对手 //049
众筹曾为凯翼露出一束光 //051
iVoka 让汽车会说话 //052
汽车该怎样做电商 //053
每个人心中都有一辆 CROWN 皇冠 //054
歌诗图尝试跨界 //056
包装明星老总没必要 //057

第六章

奥运营销

大众开口说奥运营销 //059
范安德：北京奥运会是大众最好的投资 //060
刘坚：再办奥运上海大众依然充满热情 //061

安铁成：赞助奥运会不是简单的体育营销 //062
付强：奥运会助推斯柯达入主流 //063
薄石：奥运会对奥迪的提升是持续性的 //063

第三部分　生态链营销

第七章
歪批车展

北京车展让世界向东看的9天 //066
我们需要一个怎样的广州车展？ //068
上海车展光"大"不行 //069
成都汽车那些事儿 //070
长春承载中国汽车希望 //071

第八章
经典神车

富康的优势在哪里？ //073
跟睿翼学开车 //076
车中孤品迈巴赫 //077
帕萨特还能热销多久？ //080
"小三样"续完姊妹篇 //081
零距离接触劳斯莱斯幻影 //083
全角度揭开威驰面纱 //084
凯越不仅仅是代步工具 //085
体验菲亚特派力奥·周末风 //087
陆地海鸥福美来 //089
惊鸿一瞥属赛纳 //091
与Mazda6亲密接触 //093
半圈儿五环试君威 //095
从黑客帝国而来的凯迪拉克CTS //097
新奥德赛新在哪里？ //099
新A6法则诠释奥迪如何领先？ //100
开着"大切"去旅行 //101

宝马 7 系吆喝开宝马坐宝马 //102

第四部分　大周说车

第九章
车海帆影

民间造车揭秘 //106

与乔治亚罗聊汽车设计 //109

一桶冰水能浇醒汽车行业吗？ //111

中国人的汽车颜色嗜好 //112

大话各国汽车特点 //113

换车开着玩离我们有多远？ //114

车商的美女经济 //115

一帮开大切诺基的男人 //117

明星大腕车场秀 //118

香车为何配美女 //119

纪念版轿车纪念谁 //120

有些降价一点科技含量也没有 //121

没有"屁股"也是车 //122

沃尔沃诚信胜于安全 //122

NBA 的丰田烙印 //124

可怕的语言本土化 //125

别让 4S 店疏远了消费者 //126

车名的毛病 //126

分化的品牌 //128

自主创新任重道远 //129

汽车里的中国元素 //130

技术决定市场的时代来临 //132

汽车共享不是梦 //133

自主品牌就得有不服输的劲头 //134

听厂商们发牢骚 //135

豪华车的功课 //137

听法国同行说中国车事 //138
宾利、布加迪车主是些什么人？ //139
说一说全新一代奔驰 S 的"心"豪华 //142
MG 的年轻人不一样 //145
数字化的一汽 – 大众惹不起 //146
直播卖车？卖出去才是王道 //148
长城汽车的魏氏营销 //149
绝不能把长城汽车读薄了 //152
奥迪从此八个圈 //154
李峰、向东平离任各打五十大板 //155

第十章
汽车社会

绕完环岛是一种美德 //157
高速免费给车企带来哪些思考？ //158
交通新规为汽车增长腾地儿 //159
被大雨浇出的"知识" //160
汽车不能招人烦 //161
我们需要什么样的汽车社会？ //162
别让汽车社会充满纠结 //164
汽车安全看别人走出多远 //165
不以钢板厚薄定义安全 //166
理论油耗多是大忽悠 //167
国产汽车像男足 //168
安全带距离天堂最远 //169
京牌车过年 //169
没跑过越山向海的人生不完美 //170
车市卷起的不一定是沙子，很可能是石头 //173
2021 年的距离是几米？ //175

第一部分
唤醒营销

营销并不是"语不惊人死不休",没有准确的定位就难有地位。

第一章　名人营销

张艺谋细说威驰

张艺谋拍的片子再不好看恐怕也会吸睛无数，更何况拍得还不错呢！当然，这是张艺谋执导2008年北京奥运会开幕式之前，拍摄《英雄》之后的事情。

看中了张艺谋个人品牌的一汽丰田汽车公司，借着电影《英雄》的热乎劲儿，把威驰的广告交给了他。这部长达5分钟的商业广告短片不仅在长度上创造了新的纪录，播出方式也开创了国内先河，只在收视率最高的央视一套《焦点访谈》之后播映一次。《焦点访谈》是央视的王牌栏目。张艺谋、CCTV-1、时长5分钟、只播一次，足足吊起了消费者的胃口。

"一是我喜欢开车，开上好车会很舒服。欣赏丰田车，第一次拍汽车广告想拍好，和丰田汽车这样的公司合作有档次；二是这次广告片构思非常新颖，通过两个年轻男女的爱情故事来展现当代生活中人和车的关系。5分钟要拍很吸引人的一个爱情片，达到'润物细无声'的效果很有挑战性。"说起17年前的经历，张艺谋娓娓道来。在一汽丰田汽车公司北京三元桥西北角的汽车展厅，张艺谋透露了接拍威驰广告片的理由。

早在20世纪80年代去机场的路上，就经常看到"车到山前必有路，有路必有丰田车"的广告，广告虽然深入人心，但是总觉得广告里的车还是离我很远。那时候汽车和中国普通家庭距离非常远，很难想象汽车可以成为普通人生活的一部分。让张艺谋觉得不一样的地方还有普通家庭也开始攒钱买车了，这是北京和其他大城市不一样的地方，北京道路修得特别好，也因为北京太大，越来越觉得没有汽车不方便。虽然大街上有很多出租车，但老百姓还是希望拥有自己的汽车。现在，两个展览最受欢迎，一个是车展，一个是房展。

在张艺谋眼中，丰田汽车公司很大。30多年前就看到了丰田的广告，可见不仅整体的销售策略好，而且时机把握得也好。丰田车好开、耐用、省油，也总能在各种拍摄现场看到挂有牛头标的丰田车。

有车能拉近人与人之间的距离，是张艺谋有车以后最深刻的体会。他以自己举例说，十几年前朋友劝他学车考证，起初很不愿意，觉得还是"打车"最方便。可半年后有了自己的车，就对车寸步不离了。有了车，生活更快捷、便利。有了新的空间，且生活空间变得更广阔。节奏快了，人与人之间的沟通也快了，关系也好了。车让人与朋友间的沟通变得更方便了。

对于汽车的魅力，张艺谋同样有自己的独到见解，他用"远"和"近"来说明："远"，就是车使你的生活空间更大了；"近"，咫尺天涯，距离已不成问题，有了车哪儿都可以去，离你想去的地方就近了，与人的沟通也拉近了。

虽说是5分钟的广告片，但张艺谋说他最先想到的不是广告味很浓的片子。因为5分钟对导演来说是一场很长的戏。"我认为最好是有戏剧性的故事。有情节不应该是散点式的，结尾不一定要圆满，但一定要感人，节奏不宜太快或太慢，或多或少带点悲剧色彩，要令人回味不绝。或许可以把30秒、15秒的广告用来作为接续5分钟短片故事的结尾，这样更能增加广告本身的吸引力，达到形散意不散的效果。"张艺谋说。普通人有了一辆车后会很高兴，因为以前觉得很远。有了车，到哪儿都很快。

一次，且只有一次。

丰田威驰借张艺谋的"仅此一次"而一夜成名。

如果没有很敏感地预知消息，并在《焦点访谈》之后坐在电视机旁与丰田威驰的5分钟广告短片准时约会，毫无疑问，你将成为第二天办公室谈资的"局外人"。

和广告短片约会，情人节看《英雄》，这些城市时尚的制造者都是张艺谋。表面上，张艺谋是给丰田汽车拍了一个新威驰车的广告，但本质上，张艺谋是通过广告片导演了人们的思维趋向。张艺谋的广告片，不得不看，不得不记住，不得不议论，这是张艺谋区别于其他名导的商业价值，丰田汽车看中张艺谋的恐怕正是这一点。

有，且仅有一次的广告，好处多多。

第一，省了大钱。央视1套黄金时段5分钟——天价，能少播当然少播，但一次不播也不行，一次正好。

第二，容易得奖。可以肯定的是，这个广告片到年底获得几个广告奖应该是没问题的，得奖的呼声比《英雄》高多了。

但是也别被丰田的"仅此一次"迷惑了。试想，真要只播一次，公众就再也看不到了，那除非是丰田不想再卖威驰车了。"仅此一次"只是限于中央电视台，如果你愿意，你一定可以有很多方法得以看上无数遍，这才是丰田葫芦里卖的真正的药。当时，丰田为每家经销商都配备了数量不等的张艺谋广告片的DVD。当然，也有人专门去丰田汽车专卖店索要张艺谋的广告大片。

库尔尼科娃来华，赢家是POLO

俄罗斯美女库尔尼科娃至今还活跃在网坛，虽然职业生涯获得桂冠的次数不多，但是库尔尼科娃始终是人们的谈资。库尔尼科娃18年前的中国之行也并不仅仅是来上海参加大师杯比赛的，这位职业生涯始终鲜有"染指"世界冠军的美女，于2003年11月26日出现在上海大众1.6L POLO的新闻发布会上，为POLO新品代言。

上海大众是国内车企请国际名人代言的"始作俑者"，这招得到不错的回报。库尔尼科娃进一步提高了POLO品牌的知名度，POLO原本是家庭车，与斯柯达的法比亚出自同一平台，库尔尼科娃代言后，女性购车比例远超男性。1.6L POLO并非是POLO的新车，此前1.4L POLO已经上市。配备1.6L全新动力的POLO1为喜爱享受动感激情的消费者带来更舒爽的驾乘感受，同时也是当时国内唯一达到欧IV排放标准的紧凑型轿车。

1.6L POLO1不仅继承了早期上市的1.4L POLO轿车俏丽而浪漫的设计风格，先进的制造技术和工艺等优点，更提供强劲的动力。全新设计的1.6L POLO功率达到74KW，最高时速为180km。1.6L POLO有两款手动挡车型，标准型配置价格为13.55万元，豪华型配置价格为14.8万元。自动挡车型当时并未生产。

由于把上海网球公开赛冠名为"上海大众POLO"网球公开赛，库尔尼科娃在上海逗留了一周时间，有库尔尼科娃出现的地方就会出现POLO的标志，就连库尔尼科娃的"坐骑"都是红色的POLO车。不过，上海大众也为此付出了至少七位数的赞助费，大几百万在当时并不算少。有种说法，并不看好上海网球赛的库尔尼科娃，原本来的积极性并不高，正是上海大众提供的丰厚报酬，才使得库尔尼科娃的中国之行成为可能。

科氏双雄不止范冰冰

中国车市激烈的竞争在为新品牌关上一扇门的同时，更为无惧者打开了一扇窗。例如，东风雷诺三年时间建立一座全新工厂，推出两款车型，与其同步的还有覆盖全国主要市场的150家经销商的渠道布局。这扇窗一旦释放"蝴蝶"效应，就足够稳住阵脚，东风雷诺给外界的感觉就是这样的。

虽然东风雷诺进入中国市场的时间十分短暂，但是雷诺120年造车历史的百年老字号底蕴深厚，是很多汽车同行所不能比拟的。2016年前三个季度，雷诺全球总销量达230万辆，名列欧洲第二大汽车厂商。过去4年，雷诺先后推出4款电动车、15款更新车型及11款全新车型，展开凌厉的市场攻势。虽然东风雷诺在进入中国市场的时间上是个晚到者，但是其背后有一个强大的母品牌支撑，更何况雷诺借助的是"东风"。

接棒胡信东履新东风雷诺常务副总经理的翁运忠，在深圳揭晓科雷傲的价格时说，雷诺正在"为中国而变"，科雷傲是为中国市场专门量身定制的车型，从在北京车展面向全球首发，到上市销售时的"先紧着中国，然后才是全球"的策略无不显示了对中国市场的重视。雷诺高级副总裁兼东风雷诺总裁福兰也佐证了翁运忠的说法，虽然全新一代科雷傲会在超过80个国家销售，但是中国市场是雷诺全球最优先的市场。

2016年广州车展，范冰冰在雷诺展台玩自拍的镜头刷爆社交平台。范冰冰仅是东风雷诺的锦上添花，科雷嘉和科雷傲，不止范冰冰。东风雷诺武汉工厂生产的全新一代科雷傲"源于欧系，高于欧系"。2.0L和2.5L自然吸气发动机搭配全新一代CVT 8模拟7速手自一体变速箱，拥有同级别SUV不具备的本领：4672mm的同级别最长车身，同级别最大的289mm后排膝部空间，8.7英寸（1英寸=25.4mm）同级别超大显示屏等。例如，雷诺R-Link2多媒体系统可兼容Car Play车载手机互联系统，与苹果手机匹配后，界面将自动切换成iOS风格，如同车载手机。在实用性上，为中国市场专属配备的三重空气净化系统可以过滤93%以上的PM2.5颗粒，让人不再"谈霾色变"。在2.0L和2.5L两个排量的7款车型17.98万～26.98万元的售价上，还推出年底前购车全系再享万元厂商购置税补贴的"大礼"。

从选择范冰冰为科雷嘉代言，到赞助武汉马拉松，再到科雷傲为中国市场专属开发等，东风雷诺的爆破营销看上去有板有眼，似乎对中国市场的竞争激烈程度早有预案。例如，前两款车型都切入了增长最快速的SUV，一款车的导入，从规划、决策到国产、上市，需要时间周期至少是3年。正是两款一大一小的SUV，而不是一款SUV或一款轿车，这样的环环相扣，才看到了东风雷诺在最短时间内做出最大的战略布局。时任东风雷诺销售副总裁兼市场部部长陈曦称，面对严峻的市场竞争环境，东风雷诺实现了销售增长，科雷嘉月销量超过 4000 辆，并稳步提升。此外，2017 年年底 200 家经销商的布局按部就班地进行。

广州车展东风雷诺展台，除了科雷嘉和科雷傲"科氏双雄"，雷诺的电动车阵容同样不可小觑：特别是 ZOE 电动车，是欧洲唯一一款续航里程可达 400km 的大众市场电动车，在欧洲市场占据 25% 电动车份额的雷诺是欧洲"电动一哥"。在中国大力发展新能源车的今天，这恐怕是东风雷诺的又一撒手锏。

可惜的是，在 2020 年 5 月，由于公司的中国战略调整的原因，年轻的东风雷诺被迫退出中国市场。

谈谈"格力终止成龙代言"对汽车的思考

2014 年 6 月，家电巨头格力因终止成龙代言颇受业界关注。董明珠自称终止成龙代言每年可节省 1000 万元。尽管在成龙代言费是 1000 万元还是 2000 万元的数字上存在准确性的争议，但是并不妨碍格力终止与成龙代言的事实。

成龙不仅仅为家电行业的格力做过代言，在汽车行业也是代言的"好手"，且不止一个。一汽-大众的开迪、东南汽车的三菱品牌都是成龙代言的，更不用说成龙出席过的汽车赞助活动了，诸如大众辉腾、宾利等。甚至在成龙 60 岁生日时，兰博基尼还专门为其提供过车辆进行拍卖。

"用格力终止成龙代言"这面镜子照照汽车行业，体现在代言人的选择和新车发布会两个方面。一是在车型的代言人上，汽车行业比比皆是。大到国际范儿的布拉德·皮特、尼古拉斯·凯奇、贝克汉姆，再到范冰冰、李冰冰、羽泉等。不过，这些被明星代言过的汽车，很少因为选择对了代言人而持续热销。二是在新车的发布会上，没有明星似乎就不"高大上"，有的新车上市会排场堪比"小春晚"，更有不少新车发布会的整个环节，多半时间被明星占据，压根儿和车没有什么关系，更不用说所请的明星与目标受众的关系了。这种风气显然传染给了原本就弱不禁风的自主品牌，不少合资车企一场新车发布会的费用比自主品牌一年的花费还多。

汽车在中国高速发展的过程中，受关注程度高、竞争激烈，开个像样的发布会无可厚非，但很多时候，新车发布会一结束，感觉就像是一场梦。走到光亮之处，没什么让人记住的。如果汽车营销仅仅是请艺人代言，就把营销这本书读薄了。

有例为证，凡是在市场上持续热销的车型，无不是靠"产品力"说话。北京现代悦动、上海大众帕萨特、一汽–大众迈腾、东风日产轩逸、长安福特福克斯等月销2万辆以上的车型，靠的是"产品力"，明星、艺人只是锦上添花。又如，无论是IT行业的苹果，还是腾讯的微信红包，围绕的都是"产品力"的营销，无须代言人。

贝克汉姆代言捷豹仅限3小时

2014年开幕的北京车展捷豹（Jaguar）展台上，想去看捷豹代言人的公众扑了一场空，只看见贝克汉姆的视频或能拿到印有贝克汉姆肖像的捷豹宣传资料，贝克汉姆本人只出现在4月19日车展开幕前的"2014捷豹·成就不止 心盛典"上，且只限3小时。

捷豹路虎中国相关负责人说："贝克汉姆的确是专程从英国为捷豹的北京车展而来，但是他不会出现在车展的展台上。"贝克汉姆本人不能出现在北京车展捷豹展台的其中一个原因是担心中国公众过于热情。在2013年的一次活动中，由于"粉丝"过于热情，险些造成现场混乱。

"万人迷"贝克汉姆是在2014年3月初被捷豹路虎中国确定为捷豹品牌中国区代言人的。从3月初确定为代言人，到4月参加北京车展，捷豹路虎中国聘请代言人的效率倒是干净利索。一开始，贝克汉姆在代言捷豹品牌的候选人中仅仅排名第三，随同贝克汉姆一同出现在捷豹路虎中国经销商候选形象代言人名单中的还有威廉和哈里王子，由于英国有皇室成员不许代言广告的规定，排名第三的贝克汉姆瞬间跃升为第一，并被确定为捷豹路虎中国区捷豹品牌大使。

贝克汉姆和捷豹路虎中国签署了为期两年的代言合同，身价约为2000万元。出席此次北京车展只是其中的一个环节。未现身北京车展展馆的贝克汉姆，出现在798举行的捷豹路虎"2014捷豹·成就不止 心盛典"上，当晚参加活动的多为捷豹品牌意向客户和社会名流，在商业性质上更有价值。

尽管如此，贝克汉姆当晚的活动从19:30出现到离场，也不过3小时。捷豹路虎中国选择贝克汉姆作为捷豹代言人，不仅仅着眼于贝克汉姆在体育领域的成就和其人生轨迹"成就不止"的精神，更看中贝克汉姆在"70后"与"80后"中的影响力，从而推动捷豹品牌年轻化。

第二章　品牌营销

第三次掌声给了蒙迪欧

　　时任长安福特董事长兼 CEO 的泰益克在"山水甲天下"的桂林宣布蒙迪欧两款车型的价格，话音未落，与会的近 200 家汽车媒体的掌声立刻响起。这对于晚到中国市场的福特来说是最好的安慰。

　　百年福特品牌、蒙迪欧车型、2.0L、20.98 万元～22.98 万元的低价格、天窗、安全气囊等齐全的配置五要素，是引起媒体掌声的来源。在过去两年中先后上市的车型有四五十款，但给出集体掌声的只有两次，一次给了 2003 年南京菲亚特的派力奥，另一次给了北京吉普欧蓝德。福特蒙迪欧是第三次享受到媒体集体掌声的车型。

　　给予蒙迪欧掌声的理由是他们公布的价格与整天在市场跑的记者所预期的价格接近，甚至超出了媒体的心理预期。更为重要的是，蒙迪欧将竞争对手推向了"火山口"。可以预见，蒙迪欧的价格将起到标杆的作用。

　　当然也有人说，不是 2004 年这次价格定低了，而是过去定得太高了，如原来 2.5L 的蒙迪欧因为价格过高而备受市场冷落。

　　在蒙迪欧之前，福特推出的嘉年华受多种因素影响备受争议，车型销量也不尽如人意。应该看到，在中国汽车市场竞争日趋激烈的今天，福特在中国找到了自己的软肋，并懂得如何对症下药。

　　令消费者欣慰的是，意识到蒙迪欧会"火"的长安福特承诺，禁止销售商加价卖车，还制定了相当严厉的处罚措施。不像广州本田雅阁，加价之风在新车上市一年之后还没有从根本上杜绝。

POLO 只为偏爱造品牌

"当我第一次看到 POLO 在北京市的二环路上疾驰的时候,第一感觉就是这个车是专门为我设计的,于是赶紧跑到 4S 店看车并当场买了下来。到现在快三年了,在其他品牌的同级别车型纷纷上市之际,POLO 始终像一个宠儿,经常得到旁人羡慕的眼光,依然让我感觉到当初的选择是正确的"。自称是"SOHO 族(指在家办公的人)+菠萝派(POLO 车主网友俱乐部的简称)"的王京媛仍忘不了初见 POLO 时的"一见钟情"。她在评价"菠萝派"时说:"我觉得开 POLO 车的人都有一个共同点,当他们看到车时,感觉这就是为自己设计的,是专门为我们这样一群年轻人而设计的。我们对它不是喜爱,而是偏爱。"

2004 年,POLO 这款上市就致力于"惹人偏爱"的车型,在中国车市上演绎着经济型轿车品牌销售的典范。

偏爱,于情感来说,是一种不理智;然而,对于品牌来说,却是无尽财源。尽管权威调查机构——AC 尼尔森公司的最新调查报告显示,中国的汽车消费仍是价格主导,品牌消费的时代还没有到来,可是,业内外人士都明白,POLO 这个在中国上市两年多却屹立经济型轿车潮头不败的"神奇小子",靠的正是品牌营销。

"全球同步上市"是 POLO 两厢车亮相时的最大卖点,这一卖点为第四代 POLO 品牌在中国这个庞大市场上落地生根、开花结果做出了巨大的贡献,从而使 POLO 车主们陡然拥有了任何车型的车主都无法拥有的自豪感,这种偏爱谁能撼动?

"全球同步"对网络一族最有诱惑力,搜狐客户经理王铁军说:"我买的是一辆红色 POLO,我选择 POLO 有一个最重要的理由就是它是全球同步上市的。有一次我接一个来自世界银行的荷兰人,当时他第一次来中国,我到机场接他,路上还在想开这个车是否合适。后来他坐上车竟然问我:'欧洲现在有很多这样的车,你花多少钱从欧洲买的?'我说:'这是我从中国买的,中国制造的。'"

信息时代让越来越多的年轻人感受到信息技术与世界同步的澎湃激情,然而汽车行业的发展在这方面却未能尽如人意。司空见惯的是,最畅销的车型可能是国外已遭淘汰的车型,刚上市的车型可能是在国外十几年前畅销的车型,最令人感到安慰的是所谓的新车型是对国外正在畅销的车型的改装。至于与全球同步上市,对于中国的消费者来说,还真是头一回,其重视程度自不必说。

AC 尼尔森公司关于中国汽车消费的最新调查结果的确反映了现实。调查显示,价格是决定消费者购车的首要因素，其中"物有所值"占购买决策的36%，而"品牌"只占购买决策的17%。

在这样的大背景下，上海大众怎么就让这款配置并非高档的A0级车走上了品牌销售的道路呢？

POLO品牌副总监Kein先生一语道破："品牌塑造的最高层次是偏爱"。"首先我们需要让每个人都对这个品牌非常信任，信任到最后就是尊重，尊重之外就是偏爱——这是我们要做的东西。""还有比较重要的一点，就是通过对消费者分析，我们认为年轻一代的消费者有自己的个性，追求高质量的生活，有高质量的社交圈，所以我们为POLO灌输了一个非常可信的价值，就是它永不妥协的精神。对生活永不妥协，对质量永不妥协，对所有东西都永不妥协。于是，口号就出来了，就是'Ru Polo'。"

正是"Ru Polo"这种网络化的语言征服了"菠萝派"，一时间"新新人类"与POLO之间没有了距离。两年之后，奇瑞的QQ也借用了这种品牌塑造的手法，取得了令人瞩目的成功。除了命名POLO车主俱乐部为"菠萝派"，该俱乐部的另一个称号"菠萝蜜"也极具网络味道，既时尚、前卫，又富有小资情调。

在社会常态中，个性的就不是大众化的。然而，个性的POLO却在中国的汽车市场上带动了一个族群，这又是怎么回事呢？看看POLO的外观设计就知道了。

滚圆的、晶莹的双前灯设计，给人一种奔放、热情而有些自得其乐的感觉，但其硬朗、简练而富有质感的车身线条又给人一种稳重、果断、内敛的感觉，前脸活泼而车身稳健，一放一收、一动一静，集时尚和经典、浪漫和严谨于一身，不得不让人赞叹其外观设计的超领先程度。正是这既富有个性又懂得内敛的经典风格使"菠萝派"找到了默契的感觉，他们互相欣赏、互相鼓励，从而推动着POLO的消费人群越来越庞大。

难怪《商业周刊》载文说："经过近10年的努力，全球汽车制造商在产品质量和制造工艺上的差别已经微乎其微了，因此它们逐渐把竞争的重点转移到汽车的外观上。著名设计师对汽车销量的推动作用已经达到前所未有的水平。"

仅仅拥有与世界同步的技术、时尚经典化的外观还远远不够。POLO品牌的缔造者显然是品牌塑造方面的行家，他们给了POLO以矫健的身姿，给了POLO以"Ru Polo""永不妥协"的"头脑"，现在该是赋予POLO以生命活力的时候了。POLO的生命力塑造当然仍以赢得都市年轻人的偏爱为终极目标，而都市年轻人对生命力的理解已然突破传统，他们开放自信、尽显自我、勇于参与、释放个性、热爱运动、尊重生命。POLO捕捉到了这些信息，并全力推动POLO品牌的生命力与都市年轻一族生命力的紧密契合、相承互动。

POLO 首度将赛车运动的激情带进了汽车运动爱好者的生活，为他们提供了一个近距离体验赛车运动的机会。2003 年，上海大众冠名赞助了由中汽联主办的"2003 全国汽车场地锦标赛上海大众 POLO 杯挑战赛"，面向的是从未有过赛车经历的汽车运动爱好者。在这场中国第一次全国规模的单一品牌场地挑战赛上，POLO 不仅在场地赛高强度的提速、频繁的刹车、精确的弯道操控和瞬息万变的争夺中再现了自己的精良性能，也为爱好赛车运动的时尚一族提供了一个实现赛车梦想、展现自我魅力的平台。在上海大众的赞助下，POLO 杯挑战赛突破了资金的制约，让普通人得以有机会以较低的成本接受专业培训、取得赛车手的资格，并参与专业的赛事。对于所有的参训学员来说，他们获得的不只是更加娴熟的驾驶技术和正确的驾驶观念，更是一次难得的亲身体验赛车运动极速激情驾驶的机会。

24 岁的黄栩栩是被 POLO 引向赛车场的业余赛车手之一。他说："在看见 POLO 杯的赛手分级广告之前只试过在马路上飙车，后来听说上海大众能让普通人当赛车手，觉得非常刺激，就马上报名参加了。""我们那辆 POLO 只做了很少的改装，在动力系统方面基本没做多大改动就参赛了，所以在参加完比赛之后，更感觉到 POLO 的动力非常强，而且任何地方的操作都非常轻松，感觉非常便捷。"仅仅是一次赛车吗？黄栩栩的另一段话让我们看到了 POLO 的真正收获，他说："我认为，让 POLO 从事赛车运动也说明了上海大众对 POLO 各方面技术性能的自信。"

在上海，人们已习惯于把 POLO 与 9 月的女子网球公开赛联系在一起。连续两年，上海大众 POLO 女子网球公开赛都由 POLO 冠名。一方面，"品靓车，看网球"成了 9 月上海的保留项目；另一方面，POLO 汽车品牌在青春时尚、充满激情的网球运动中得到了最完美的诠释。

奥迪小球打出大买卖

在我看来，哈恩、蔡振华、刘国梁、齐秦是否开奥迪不重要，他们的出现本身就是对奥迪品牌的认可。2004 年 3 月的一个周末，一个看上去和卖车没有丝毫关系而实际上又有着必然联系的高尔夫球赛事在哈恩等人的现身中开张，而球赛的举办方是奥迪公司，参与赛事的大多是奥迪的车主。

中国的汽车市场虽然销量在疯狂增长，但是汽车文化一直未启动。

奥迪在卖车的同时，也开始真正在汽车文化上做文章。为了此次高尔夫球赛，他们甚至动用了直升机，对于见多识广的"老记"都感觉动静有些大了。"奥迪 Quattro 杯高尔夫锦标赛"已经是奥迪公司长达 16 年的一项传统文化赛事。先后在英国、西班牙、葡萄牙、阿根廷等 36 个国家举办了 650 场比赛，总计有超过 7 万名业余高尔夫球选手参加比赛，当然他们之中奥迪车主的数量占比最大。

当奥迪在一个国家的车辆保有量达到一定程度时，高尔夫球赛就会在这个国家举行。与中国一同列入奥迪赛事计划的还有阿根廷、澳大利亚、巴西、丹麦、芬兰、法国、德国、英国和意大利等国家。

2004 年，中国已经有 6.4 万多名奥迪车主。当然，奥迪组织的这种赛事虽然拥有局限于奥迪车主的原则，但是这个原则性并不强。例如，你是一个高尔夫球赛手，哪怕是业余的也没关系，他们所做的就是让你感受奥迪的品位和氛围。

其实，我们只是看到了一场高尔夫球赛，但是奥迪所做的还有更多。例如，由勒芒 24 小时耐力赛冠军皮罗驾驶着奥迪 R8 赛车，率领奥迪车队驶过天安门广场，以及由奥迪中国和一汽-大众奥迪联合赞助的皇家马德里足球队在北京参加的"龙马之战"等。

时任奥迪中国区执行总监狄安德说，他们想通过汽车文化的形式来吸引更多的年轻群体。一个只字不提卖车的活动，却与卖车有着必然的联系，打高尔夫球的工夫就把车卖了。

随荣威 W5 找 "北"

在 –40℃的环境下看难以看见的风景，在最冷的地区引发最热的思考。2013 年 12 月 8 日至 12 日，跟随上汽荣威 W5 在漠河生活四天三夜。

这在国内算是一次周折的差旅，一大早从北京飞哈尔滨再转机至漠河时，已是下午 3 点多了。舱门还没有完全打开，已是寒气袭人，从下飞机到航站楼 300 多米的步行距离，已冻了个透心凉，此时手机显示为 –25℃。

漠河县城不大，却规划得错落有致。漠河县常住人口 10 万左右，且分散居住在各个林区，县城常住人口并不多，或许是太冷的缘故，大街上很少看到人来人往。走在街头，落脚时发出的咯吱咯吱声清脆悦耳，雪飘落在身上丝毫没有融化的意思，落在地上或建筑上的新的雪就这样覆盖了一层又一层，似乎诉说着这个大兴安岭腹地的边陲县城常年处于寒冷之中，每年只有 80 天无霜期的漠河，有气象记录最低气温到 –52.3℃。

老北京胡同或江南弄堂里院落的屏风，在漠河也有，只不过是冰雕。漠河县城每家单位的门口都有一座大小不一、风格迥异的冰雕影壁，有的是类似于万马奔腾的吉祥物，有的是把单位楼梯的模型微缩其中。每当夜幕降临，点亮雕刻精致的冰雕，整个县城犹如冰雕百花园。

异常干净的漠河县城是最近30年建立的。当地人称，1987年5月的那场森林大火无情地烧毁了漠河县城。

短短4天，由10多辆极地版荣威W5组成的车队，从漠河到满归再到北极村，行程700多公里，跨越黑龙江和内蒙古两省区，始终穿梭在"千里冰封，万里雪飘"的林海雪原。

从漠河至满归是最冷的一天，车队行至130km途中，茫茫雪海中偶遇一位徒步行者。这位广东湛江籍"85后"小伙子，在看了一本《再不旅游就老了》的书后，辞职徒步旅行，上演了一个真实版的"说走就走的旅行"。当我们遇到他时，他眼镜上全是哈气，身体已经冻得瑟瑟发抖，面对我们的邀请，他不由分说上了车，若不是遇到车队，真不敢想象他在极寒中还能坚持多久。

极寒不只是一种自然现象，更是一种精神。与途中偶遇的这个莽撞小伙不同，在大兴安岭腹地，有一群忠实的守望者。在北极村偏僻的东南角落里，有一个并不起眼的北极村气象站，这里每年零度以下的天气长达8个月。从1957年创建至今，先后有六七十人来了又走，唯有一个没挪过"窝"的人是周儒锵，他的老家在广东，在气象站这条并不宽阔的小路上一走就是34年，一直走到退休，被称为"北极赤诚气象魂"的周儒锵称："气象站是我亲手复建的，就像我的学子一样，别人不愿意来，我还舍不得离开呢。"类似这样坚守和敬业的人，还有一件小事为佐证，兴安岭林场的各级领导均不抽烟，不只是为了健康，更是身处林区的职业操守。

俗话"找不到北"多用来形容人的状态，或自满或自大。当车队抵达中国最北端的边境线北极村时，隔江相望的俄罗斯近在咫尺，这种"找到北"的状态也适合汽车行业，中国自主汽车品牌的"找不到北"分为两种状态：一种是与合资车企相比的确技不如人，另一种是坚守不够所致。

漠河丈量之旅只是上汽荣威W5丈量的缩影，丈量坚守四载，我参与三年，无论是从新疆喀什到红其拉甫的帕米尔高原无人区的穿越，还是云南腾冲的史迪威公路热土之行，抑或是此次漠河大兴安岭的极寒之旅，在向边关凡人英雄致敬的同时，既体现了一个企业的担当，也验证着各种复杂气候、路况下荣威W5专业四驱硬汉车辆性能的品质。

漠河之旅体验到的东北特色的冰钓，也是中国自主品牌的真实写照。凿开40cm厚的冰层，冰下的河水如泉眼般喷出，有了氧气的鱼儿撒欢般跃出水面。中国的汽车市场不就是这样吗，冰上的合资品牌热火朝天，冰下的自主品牌等待破冰。

当飞机从漠河古莲机场起飞时，落日余晖黄金般地撒在漠河大地上，荣威W5留下的车辙永远留存在心间。

DS"小"品牌"大"动静

DS在中国市场失败了，不过DS在中国市场也曾弄出过大动静，活生生的"细节决定成败"的案例。

DS好的是大众汽车集团旗下的奥迪品牌，是标致雪铁龙的高端汽车品牌；如果还不知道，比较具象的概念就是它是奥朗德、戴高乐等法国总统的座驾，苏菲·玛索是代言人。属于豪华品牌的DS不及奥迪、奔驰、宝马、沃尔沃般广为人知。不过，我们应该认识一下被称为"军座"的蔡建军——那时的蔡建军还没有跳槽至北汽，时任长安PSA副总裁兼销售总经理。认识蔡建军可以不买车，甚至可以和汽车没有任何关系。

略见好转的雾霾让蔡建军的心情好了不少，他担心雾霾天气会影响当晚举行的DS 5

LS 的上市活动效果，哪怕只是一点点。为了确保上市万无一失，蔡建军提前两天来北京打前站。在经过多轮的全国海选之后，最终把上市地点选在了北京北五环外的拉斐特城堡，这个欧式的建筑很容易让人有身在法国的穿越感。当晚活动开始前，北京持续多日的雾霾明显好转。当一幕幕法国调性的画面往复出现，起售价于 14.69 万元的 7 款车型的价格锁定在大屏幕上后，全场持续的掌声才逐渐安静下来。

这只是蔡建军日常工作中的一个桥段。在蔡建军的日程表上密密麻麻地写满了要出差的时间、地点，时间安排到以分钟计算。家在重庆，工厂在深圳，销售公司在上海，当我请教他是如何分配时间的时候，他轻描淡写地说：四分之一的时间在上海，四分之一的时间在深圳，四分之一的时间在全国各地。

见到蔡建军时，他刚刚入住首都机场附近的临港皇冠假日酒店，从办理入住手续到下楼，不足 10 分钟。出差的酒店也不讲排场，当我问及为何不住在市区时，他一口气能说出三个理由：哪里都能睡，去机场方便，远离市区安静。当然，他没说却让我感受到的理由是：偏居一隅价格也便宜。

被问及哪里来的"拼命三郎"般的劲头时，他说与其他豪华品牌相比，DS 在中国还是新品牌、零基础，必须有一种时不我待的感觉。外界感受到的中法建交 50 周年巡展、苏菲·玛索代言、订车宝等营销事件，都是只争朝夕的结果。"品牌弱就得靠营销力"，他强调，汽车营销必须引入互联网思维，刚刚推出的"订车宝"颠覆的就是消费者买车不仅花钱，也能赚钱的传统，"众筹宝"改变的则是推荐朋友买车不能白帮忙也可赚钱的规则。互联网思维卖车可以线上线下、售前售后全部打通，让买车者赚钱，让推荐者赚钱。订车宝上线当天，DS 就收到 38 个有效订单。蔡建军说，无锡经销商通过举办电商专场，50 人参加，成交了 26 辆，合肥电商专场 26 人参加，成交 13 辆。通过电商，既能实现精准营销，又能弥补渠道不足，在塑造品牌和提高销量方面做到均衡。

对于 DS 这个全新的品牌，说服投资商加盟是件困难的事情，毕竟不少投资商都拥有一个或多个品牌的经销权，见多识广。蔡建军所做的细节是，除了会给每个投资商准备签名的生日礼物，他还会亲自打电话祝贺生日。在聊天中，西安地区一个过生日的经销商给蔡建军回复短信称，一定把 DS 西安市场做好。DS 在烟台、江西的经销商都是被蔡建军团队的诚意打动而加盟的……

每个豪华品牌都有自己的属性，与奥迪的科技豪华、宝马的性能豪华、奔驰的尊贵豪华不同，在蔡建军的定义里，DS 是品位的豪华、生活方式的豪华，并且和年龄无关。

在 DS 的车主中，既有世界大学生运动会高尔夫球冠军这样的年轻用户，也有 CCTV 主持人徐俐这样的知性车主，还有"凤凰传奇"主唱曾毅这样的艺人。

蔡建军总能靠"敢想敢为"找到市场营销的引爆点，这与他的履历密不可分。执掌 DS 之前，他先后在长安自主、长安福特等岗位历练，始终处在营销一线。

应该对奔驰降价说谢谢

奔驰率先发起的豪华车价格战，尽管遭到了竞争对手的非议，却在半年后纷纷跟进；而那些购买豪华车的车主对于奔驰的做法心存感激，持这种心态的人甚至包括购买了奔驰主要竞争对手产品的消费者。

我们为什么不能对奔驰的降价说谢谢呢！

2012 年 2 月，奔驰旗舰车型 S 级率先在市场出现最高 30 万元左右的降价，最典型的 S600 和 S300 的优惠幅度从最初的 12 万元扩大至最高 30 万元。奔驰 S300 的价格一度降至 70 万元左右，一辆奔驰 S 级的降幅能买 3 辆捷达。与此同时，奔驰 E 级也出现了 10 万元左右的降幅。

被动也好，主动也罢。在奔驰大幅降价后，宝马 7 系在市场层面迅速出现 16% 左右的价格降幅，奥迪、雷克萨斯、英菲尼迪等豪华车也纷纷跟进，大众的旗舰车型辉腾也出现 8 万～10 万元的降价。

中国汽车产业的历史上有三次标志性的降价，奔驰应该是令人拍手称快的第四次。第一次乃属于李书福，当年初出茅庐的吉利诞生不到两年，旗下的吉利、美日、豪情三款车型凭借五六万元的低价迅速占领了市场，甚至还有过"两万九千八，吉利开回家"的经典案例。吉利的低价策略迅速把当时最主要的竞争对手夏利的价格拉了下来，夏利的价格从最初的大十几万元到 10 万元左右维持了很多年，若没有吉利的降价举措，还真不知道现在的夏利是什么价格。同样，奇瑞的旗云当年以 8 万元的价格切入市场后，短时间内便对一汽-大众捷达形成了冲击，捷达不得不调低身价。如果说吉利和奇瑞是自主品牌的"鲶鱼"，广汽本田当年的价格回归则更具有标志意义，时任广本总经理的门胁轰二在第六代雅阁上市时，直接把车价整体下调了 3 万元左右，并承诺三年不降价，广本的举措在当年使得 B 级车纷纷放下身价。

奔驰领衔的此次降价和当年吉利、奇瑞、广本的降价异曲同工，若没有这些标志性的价格事件，中国汽车的价格就不会是现在的样子。

毫无疑问，市场成为影响价格的最关键因素。市场竞争激烈了，作为启动市场最有效的手段，价格是有效的撒手锏。价格的下降让消费者得到了实惠，这一点尤为重要，同样一辆车，消费者能够省数万元甚至数十万元。宝马和奥迪的消费者尤其应该感谢奔驰的降价举措，正是奔驰的带头效应，奥迪、宝马、雷克萨斯等豪华品牌的价格才有了一次合理回归。甚至那些中高档品牌的消费者也成了奔驰降价的受益者，比如花24万元，过去只能买迈腾、帕萨特、凯美瑞之类的车型，而现在宝马3系、奥迪A4、奔驰C等都能买到了。

有杞人忧天者认为，降价后还赚钱吗？其一，降价后依然有钱赚，在商言商的企业不会做赔钱的买卖。其二，这种大幅度的降价是汽车价格的回归而已，不要惊讶现在太便宜了，只能说明以前卖得太贵了。

当然，有人说这种大幅度的降价会伤害到品牌。不会的，降的是价格，而不是价值。

什么成就了桑塔纳600万辆的销量？

提起桑塔纳，相信不少人会想起那句耳熟能详的口号——"拥有桑塔纳，走遍天下都不怕"。进入中国38年来，桑塔纳品牌在竞争激烈的汽车市场中历久弥新，得到消费者的信赖。桑塔纳品牌的累计销量已突破600万辆。

扎根中国车市38年，桑塔纳品牌凭借品质成为一个时代的"国民车"，承载了几代人的集体记忆。历史因为充满情感的记录而磅礴生动，对于桑塔纳品牌而言，它的发展历程就是一条记录其辉煌业绩的时间长廊。

1983年4月11日，上海安亭，一辆刚刚手工组装完成的轿车缓缓驶出，中国首辆桑塔纳轿车就此诞生；38年后，一辆辆崭新闪亮的桑塔纳家族车型从自动化生产线上下线。其中不仅伴随着国产化率的不断提升，更有对高质量水平的一贯坚守。

对于"桑塔纳"这个名字，无论你是否懂车，都可以或多或少说上几句，而它强劲的生命力无疑是大家热议的话题。业内人士认为，对于这样一款耳熟能详的车型，唯有深厚的品牌积累，并用一贯优秀的产品品质与消费者进行长期的情感维系，同时坚持不断地自我超越与创新，方能让这股生命力持续不断地传递下来。

对于20世纪八九十年代的购车者来说，桑塔纳绝对是一个响当当的名牌，产品自然也是货真价实的抢手货。1983年第一辆桑塔纳轿车在上海大众组装成功，标志着桑塔纳品牌从此正式进入中国市场。而上海大众从生产伊始，就严格按照德国大众的统一标准进行生产，使德国汽车扎实、耐久、耐用的特征在桑塔纳身上得以充分体现。桑塔纳也不负众望，凭借质量稳定、维修便捷、性价比高，在中国刚刚打开的汽车市场尽兴驰骋。

2000年后，中国汽车市场进入快速发展期，各种车型、配置层出不穷。桑塔纳车型的品质在消费者心中，俨然已经成为一个选车的标杆，其凭借不断创新升级，打造多款换代车型，在市场上稳步前行。从最初组装生产的普通桑塔纳，到上海大众与德国大众联合开发的桑塔纳2000，再到上海大众自主研发的桑塔纳3000、Santana Vista志俊，上海大众桑塔纳品牌是伴随着中国汽车市场的发展一路走来的，是与中国消费者一路随行了38年的真朋友。与此同时，桑塔纳品牌也被成功地打造成一个见证了中国汽车工业发展史的优秀品牌。

随着岁月的更迭，桑塔纳伴随着无数意气风发的国人起步、发展、腾飞，同时影响了几代国人对轿车的概念，似乎只有符合桑塔纳式标准的车型才能得到大多数国人的认可。时至今日，桑塔纳依然是中国保有量最大的单一车型。

一切以消费者为出发点，是上海大众研发、生产每款车型的立意与初衷，而桑塔纳的成功，在于它很好地结合了中国国情，在打出"拥有桑塔纳，走遍天下都不怕"口号的同时，踏准了中国轿车业发展的各个节点，无论是公务用车、商务用车，还是出租车、私人用车，桑塔纳都走在了其他车型的前面，而上海大众为充分保障产品的售后服务，更是建立了覆盖全国的特约维修站网络，为消费者提供便捷的服务。

上海大众桑塔纳带领中国汽车工业走向了现代化的规模生产，缩短了国内与国外汽车制造业的差距，启动了中国轿车市场发展的第一章。而对于桑塔纳的每位车主来说，一个习惯、一种情怀、一份眷恋，都会随着时间的推移，成为与桑塔纳共度时光的缩影。桑塔纳（Santana）不只是一款车，更是用自己厚实的品牌积淀与扎实的品质保证，以及不断创新的精神，成就了一款车型38年的佳话，创造了一个车坛历久弥新的奇迹。

岁月流逝，桑塔纳这三个字所代表的精神内核始终一脉相承。桑塔纳品牌能够持续保持稳定的高销量，除了与时俱进的产品，扎实可靠的产品品质也起到了至关重要的作用。桑塔纳正是基于38年的品质历练，融合了超过600万车主的信赖，才成就了这个经典传奇。

置换换出"索八"月销过万辆

刘智丰是北京现代中方的销售负责人，他与常务副总经理李峰并称为北京现代的"双峰"。在刘智丰的日记本上，详细记录着第八代索纳塔（简称"索八"）每天的销量，每个区域的变化分别用不同的颜色进行了标注，而这样的记录已经有五大本。当他向我展示记满了各种数据的日记本时，2011年9月份索八的销量为10015辆。

月销万辆对于索八来说实属不易。从北京现代自身来说，在竞争最激烈的B级车市场，索纳塔的竞争对手多达8款，其中不乏标致508、全新帕萨特、迈腾等全新产品；从数字上来说，索八的月销量过万辆，使得索八跻身主流B级车的行列，与雅阁、凯美瑞、天籁的月销量旗鼓相当。

刘智丰说，索八月销万辆是用背水一战的决心换来的，甚至充满"火药味儿"。刘智丰用一个细节告诉我索八的重要性："李峰在2011年4月8日索八上市时说，月销不过万就辞职。"这种军令状式的表决心在北京现代是头一回。除了企业高层的决心，细节恐怕是索八取得月销万辆业绩的真正DNA。例如，为了让索八尽快上量，北京现代针对老客户推出3年内原值回购、3年以上增值回购的活动。也就是说，3年以内的车主购买索八，北京现代原价卖出去；3年以上的老车主换购索八，北京现代根据不同情况给予补贴。活动推出两个月，索八的销量就超过7000辆，其中，老车主换购的比例为57%。

当我让刘智丰仔细描述这个被车企称为"经典营销"的点子时，他只是轻描淡写地说："我们觉得，老客户对北京现代有一种情结，他们的车子用了三五年后，也希望换车，我们只是做了一些工作，希望他们还换北京现代车。"

还有一个令人过目不忘的细节是：有的经销商为了卖车，一天发2000条短信，可效果并不理想。刘智丰除告诉市场上的一线销售人员不能群发短信之外，还亲自编写了短信内容：您好，我是某某经销商，我叫某某某，您曾经在我们店买过某某车，我们店正在搞某某活动，欢迎您来参与。如果只发短信，消费者会以为是垃圾信息。为此，刘智丰要求，发完短信后，再打电话沟通。

因此，索八的销量是用细节换来的。而索八所在的级别是竞争最激烈的，不仅有雅阁、凯美瑞、帕萨特、迈腾等传统"劲敌"，还有君威、君越等新生代车型，中间甚至夹杂着马自达睿翼、天籁、思铂睿等车型，用刘智丰的话说："索八所在的B级车市场每天都是兵家必争。"

索八月销万辆不仅让索八在销量上打了一个翻身仗，更重要的是通过索八的表现，进一步提升了现代品牌，为北京现代后续产品的热销奠定了坚实的基础。通过索八的案例，可以为北京现代的体系建设摸索出一个可以在其他产品上复制的模式。

应该从朗逸 Lavida 品牌身上借鉴什么？

38 年前一款桑塔纳成就了整个上海大众，30 年后上海大众创新了一个与桑塔纳齐名的品牌——朗逸 Lavida。前者，是输血；后者，为造血。朗逸是一个上海大众自身打造的成功品牌。

这种深刻的体会源于 2013 年 11 月 5 日朗逸的品牌之夜，品牌之夜的举办地点选在广州，也有抢占先机的意思，因为半个月后广州车展即将举行，这也意味着上海大众在广州车展前加演了一场。毕竟在即将举行的广州车展上，上海大众还有大戏可演，因此我更愿意把其看作为整个广州车展的预热。

朗逸品牌之夜无论从形式到内容都堪称佳作。由朗逸的（Lavida）英文字母组成的两个彩色大字"生活"高悬在广州体育馆的会场，暖场的西班牙音乐瞬间把人的激情调动起来，随后是顺子、张杰、萧敬腾等的演出，只是在每首歌的演出间隙穿插一款车的亮相，从新朗逸到朗行、朗境再到朗逸的蓝驱版。上海大众销售总经理贾鸣镝仅是简单的致辞，只不过依然保留了以往讲话时如诗如画般的风格。

运用了高科技的舞台布景如梦幻一般，根据朗逸、朗行、朗境三款主力产品的定位不同，舞台的场景时而摩登，时而运动，时而野性，期间穿插了诸如上海、北京这样的都市场景，高山、大海般的自然世界，或是乒乓球、短道速滑的运动场景。借助朗逸品牌之夜推出的朗境动感十足，上海大众迅速与中国国家短道速滑队签约，赞助短道速滑队出征 2014 年索契冬奥会。很多车企并不缺乏赞助的钱，而是缺乏创意。

朗逸的一组数字令人叹为观止：品牌创立5年，累计销量超过130万辆，以朗逸为母品牌衍生出来的新朗逸、朗行、朗境三大主力车型，从三厢到两厢，从传统到蓝驱动，6款车型做到了A级车市场的无缝覆盖。其中，新朗逸的月均销量维持在4万辆左右，朗行上市当月，起步就售出1万辆左右。而那些当年与朗逸一同推向市场的车型，要么艰难度日，要么石沉大海。有竞争对手以"与朗逸生在一个时代是个悲剧"的戏称来诠释朗逸的强大。

朗逸的成长不可复制，其他车企应该从中借鉴什么？时任上海大众总经理张海亮说："在上海大众的原始构想里，朗逸（Lavida）代表着德国技术和工艺与中国消费需求的完美结合。"朗逸能够形成品牌的背后，是上海大众强大的研发能力：技术开发中心采用技术引进和自主开发并举的研发模式，在开发流程和开发质量上达到世界先进水平的标准和要求，已基本具备整车开发能力，能持续提供符合中国市场的新车型；融入大众集团全球开发体系，通过联合开发和自主开发培养了本土开发团队，并荣获"国家认定企业技术中心"称号。技术中心具备从市场调研、产品定义、结构设计、工程分析，直至试制试验的完整开发体系等。

朗逸品牌的成功从根本上来说，它是一款挂有大众品牌LOGO的中国人主导开发的汽车。在大众汽车集团内部，提到朗逸品牌，人人夸奖三分。

奇瑞只为"生·动"塑品牌

2016年北京车展上那款技惊四座的FV2030，与全球概念车相比都毫不逊色，这款车激发了业界对奇瑞未来车型的无限想象。

顾名思义，这款描述了2030年时的汽车采用了科幻感十足的殴翼门设计。人机交互屏幕可实现全息屏幕实时互联，并展现"酷炫的3D视觉效果"。同时，FV2030还采用了可变换透明度的像素玻璃及仅靠车轮滚动就能为电池充电的能量共享功能，灵感源于"阴阳"的座椅系统可以重新配置，以满足空间利用的灵活性或旋转用于乘员之间的交互……

如果说FV2030是奇瑞对未来汽车天马行空肆意的想象，那么明显具有FV2030影子的瑞虎7则是眼前的事儿。已经"定妆"的瑞虎7前脸造型圆润且饱满，线条柔和有韧性，进气格栅边缘采用镀铬饰条点缀，使前脸更显精致。最新的家族式六边形进气格栅使车头更具立体感，格栅中间贯穿式饰条向两侧延伸并与头灯相连。瑞虎7侧面造型流畅且具动感，车窗下沿的镀铬饰条提升整车档次感。灵感源自快艇运动的"破浪"腰线造型优雅，车顶拥有银色行李架。此外，它还配备凸显动感的18寸铝合金轮圈。开口很大的尾部设计简洁，并具有拿取行李方便的实用功能。风格柔和的尾灯造型内部采用矩阵式LED光源，点亮后呈现三道深邃的虎爪印。看过瑞虎7的人在社交平台半开玩笑地留言说，"看来FV2030将成为奇瑞造型设计风格的祖师爷"。此前瑞虎7的概念车曾获得大名鼎鼎的德国红点设计大奖。

瑞虎7也是时任奇瑞设计总监詹姆斯·霍普（James Hope）的力作。在其丰富的汽车设计职业生涯中，最负盛名的作品当属福特GT90概念车，福特野马2004年的重生及菲亚特Trepiuno的缔造（菲亚特500的先行验证概念）都是詹姆斯·霍普的功绩。其加盟奇瑞之前的最新力作是2012款欧宝Zafira和Corsa MCE车型。在艾瑞泽轿车系列和瑞虎SUV系列的全新设计或定型中，詹姆斯·霍普一直是操刀手，而在奇瑞上海研发中心（CTCS），詹姆斯·霍普同事的名字个个如雷贯耳，如原通用大咖白雷蒙（Raymond Bierzynski）、前保时捷设计师Hakan Saracoglu等。

其实，不管是FV2030还是瑞虎7，从造型上都表达了奇瑞只为"生·动"塑品牌的原动力，拥有500万辆保有量的奇瑞也到了讲故事塑品牌的时候。尹同跃称，奇瑞全新的设计理念即"生·动"（Life in motion）。其中，"生"既指代生命，也指代生活，而"动"代表着自然界和人类的进化和发展。奇瑞设计师将不断地从变化的自然与人类文明中汲取灵感，让奇瑞的产品焕发出更加时尚的现代气息，且富有个性魅力。

全新的"生·动"设计理念让奇瑞变得更加年轻、时尚、现代，为打造真正意义上"领先的中国自主汽车品牌"背书。2016年7月7日，奇瑞汽车在颇具艺术气息的798悦美术馆举行设计师沙龙，来自汽车、服装、家居等行业的设计师共同感受设计的力量，探讨设计的未来，为瑞虎7造势。

第三章　体验营销

一汽丰田为何能独善其身？

走出 4S 店，让一汽丰田在困境的车市中做到了独善其身。

2012 年，汽车行业前 4 个月全国 641 万辆的销量同比下降 1.3% 的事实，预示着中国车市的脆弱性。不过一汽丰田不是拖后腿者，2012 年前 4 个月的销量达到 14.07 万辆，与上年同期相比实现了 24.37% 的增长，增幅远远超出行业平均水平。

高于行业 20% 以上的增长，对于一汽丰田来说实属不易，其销量的高增长源于务实营销。5 月 31 日，济南奥体中心南门 2 万多平方米的场地上，一座汽车世界城拔地而起。一汽丰田旗下全系 13 款车型悉数到场，以前所未有的汽车主题游乐园形式，向公众展现了一汽丰田全线车系、企业发展史、售后服务、衍生服务、公益投入等成果。在这里，无论是威武的兰德酷路泽、优雅大气的皇冠，还是时尚动感的锐志，都一改它们在日常生活中的固有角色，赫然成为游乐场中全心全意为游客带来欢乐的"大玩具"。"实在是太过瘾了！"一位娇小的女孩儿不停地说着这句话，"刚才开车爬上40°的陡坡时，我的心都快跳出来了！"她刚刚在"乐驾嘉年华"的冒险乐园试驾一辆兰德酷路泽，通过峰回路转、轮上前行、翻山越岭等7个体验环节，彻底感受了这款一汽丰田经典SUV的四驱越野能力。3天时间，有近万人参与"乐驾嘉年华"的体验式活动。

在一汽丰田的经销店，虽然几乎每款车都有试乘试驾车，但是像SUV车型可能要在某些极端的条件之下才能体验到。例如，一汽丰田领先的二手车业务、扎实的售后服务、公益活动等方面，平时在经销店也能点滴显示出来，但是由于分散，消费者不易感受，因此一汽丰田策划了"乐驾嘉年华"活动，期望通过这个平台将产品体验、企业成果集中起来，既丰富消费者的体验，也传递了其品牌魅力与企业理念。"走出4S店卖车更在于为消费者提供一个更好的环境。"时任一汽丰田公关总监马春平如此解释"乐驾嘉年华"的初衷。

济南只是一汽丰田体验式营销的一站，类似这样的活动还在上海、深圳、成都等48个城市开展。据说"体验式营销"也是帮助一汽丰田摆脱"3·11"日本大地震带来的不利影响，最终达成53.8万辆销售目标的重要原因之一。按照每个城市有5000人参加计算，全年下来会有24万人参与其中，这成为支撑一汽丰田完成全年销量目标的保证。

乔布斯的苹果与上海通用的别克弯

在上海通用2014年前10个月创造的114万辆销量中，别克品牌的57.6万辆占据其中的半壁江山。是什么成就了别克品牌的半壁江山伟业呢？

用户体验式营销，这个词让人第一时间想到史蒂夫·乔布斯创立的"苹果"。谁都想"咬苹果"，但怎么"咬"很重要。"苹果"让多数人相信，创新设计和大规模复制是可以捆绑而不是对立的。即便如此，汽车这样的传统工业在转入体验型营销的道路上，仍然面临无数未知的新挑战。

一向遵循用户和市场导向，时刻关注市场和消费者需求变化趋势的别克品牌，多年前即根据旗下各款产品特性，打造与目标群体的特征和需求深度契合的体验式营销平台。时任上海通用汽车别克市场营销部长施弘表示："通过几年来的'深耕细作'，别克品牌的消费者体验平台既有品牌体验、产品体验、服务体验、区域营销等横向覆盖，又实现对细分市场、车型和细分消费群体的纵深到达，交织成一张立体维度的'体验网络'，进一步丰富品牌的层次和内涵，更收获了可观的市场效益"。

以经营多年的"别克S弯挑战赛"为例，这是对传统4S店产品试驾形式的一种创新延伸，是最具用户沟通感的产品体验形式。由于汽车的特殊性，用户不可能在4S店里进行简短的试驾，了解一款车的全部性能，甚至在试驾中从头到尾也没有一次深踩油门的机会。"S弯挑战赛"提供了一切可能，客户可以在专业设计的赛道里一脚油门踩到底，转速表飞奔至6000r/min，猛烈刹车后的急弯……这样的试驾才会让未必专业的客户了解参数表中每个数据的意义。更重要的一点是，"S弯挑战赛"就在人们身边，低门槛的报名条件，让全国超过6万人参与了试驾。

在面对客户的品牌体验上，别克高尔夫球赛事是不得不提的高端运动平台。这听上去似乎没什么新意，不过别克的做法是8年来坚持这项车主赛事的专业化设计，让别克高尔夫球赛事成为值得这些高端精英车主骄傲的专属球赛。众所周知，打高尔夫球通常不像其他一些项目那样重在参与和娱乐，参赛者因为精英意识和竞争习惯，对成绩非常重视。因此，别克这种专业化的赛事设计对于他们而言吸引力很大，这样的赛事组织一方面契合了他们的精神层次，另一方面塑造了别克期望为旗下高档轿车产品系列注入的精英内涵，并且通过专业高尔夫球赛事，不着痕迹地与车主进行了卓有成效的沟通。

而这套成功的体验营销背后，不只源自"全新别克"转型后站上了产品技术的高地，还离不开对以用户和市场为导向的遵循和理解。从简单的产品、项目的资源配置，到品牌体系化的资源配置，再到迅速反应的多变创新体验服务的体制对接，这让人对别克后续的市场动作更为期待。

宝马上海体验中心喝咖啡吃肘子试车

相当长的一段时间内，上海世博会永久性地标的"东方之冠"将作为宝马上海体验中心存在下去，而固定的场合只是让客户体验宝马的手段之一，上海体验中心还提供试车等与客户更加亲密的接触。人称老康的宝马大中华区总裁兼CEO的康思远，在2017年3月25日落成的宝马上海体验中心如是说。

宝马刻意强调"全新宝马体验中心"的概念，原来早在2013年就与"东方之冠"是好邻居了，扩容后的宝马体验中心，总面积增至4.5万平方米，2.4万平方米的驾驶中心可提供10多项专业驾驶培训，最富激情的深度体验吸引"粉丝"相聚；开放的产品体验车型增至50种，所有人触手可及；新设JOY Café，让人领略纯正德式美食和自由生活方式。开放性、参与性、互动性、深度体验的宝马品牌营销特色在此得到集中体现。项目的初衷源于宝马集团联结传统与未来的"下一个100年"概念。说得俗一点，就是宝马全价值链客户体验的"据点"。

开放和互动的博物馆：参观者可以在充满艺术氛围的空间里获得对于品牌的全方位感知。宝马制造飞机发动机的历史，在赛道上创造的传奇，宝马艺术车串联起来的简明艺术发展史，宝马M对高性能永不止步的追求，宝马i面向未来的出行解决方案，宝马摩托车的骑行文化，都在展厅中得到了呈现。这里不仅是一个宝马博物馆，还是时代进步的缩影和明日科技的前哨。体验中心融入了更多可以带来参与感的项目，如通过视觉辅助技术亲手设计一辆宝马艺术车。在体验中心，导览员可以解答关于BMW品牌和产品的各种问题。创新科技展示区则通过展示宝马的前沿科技，传递了宝马集团对于未来的思考。碳纤维究竟有多轻？未来如何与你的汽车沟通？全自动驾驶如何实现？都可在此找到答案。

宝马粉丝"据点"：开幕当天，宝马官方车主俱乐部和来自全国的12家宝马车友会相聚于车迷一条街，M车型漂移挑战、金卡纳圈速挑战赛、越野驾驶体验、VR赛车游戏体验轮番上演，而这一切将成为常态，人们可以参与由宝马精英驾驶培训师教授的10多种驾驶课程，提高驾驶技能，体会最振奋人心的宝马纯粹驾驶乐趣。人们可以试驾包括新能源车在内的50多款宝马车型，获得对驾驶全新的理解。专业的卡丁车活动和摩托车活动也定期举办，宝马爱好者甚至可以约起好友来此切磋车技。成为一名Bimmer，可以从娃娃开始。即使是小朋友，也可以通过宝马儿童交通安全训练营，接受体验式安全教育。

城市文化空间：体验中心主体建筑采用了简洁、现代的设计语言，用全透明结构打造出"内景外置"的效果，与气势恢宏的"东方之冠"交相辉映；融合了宝马集团"下一个100年"标识及宝马（VISION NEXT 100）未来百年概念车设计元素的展览和景观设计令人心旷神怡；拥有200年历史的知名德国餐饮进驻一层的JOY Café，让人在室内或惬意的露台上感受和慕尼黑宝马博物馆同样的服务；车主还可预约对面观景阁的顶层举办私人宴会。

老康表示："中国消费者正变得更加成熟、更有主见，他们渴求更高品质和创新的产品与服务，并由此获得高度个人化的独特体验。不断创造和提升客户品牌体验是宝马的长期策略，涵盖产品、技术、服务和市场活动各个方面。全新宝马上海体验中心独树一帜地将这些融于一体,这是我们对客户和'粉丝'的承诺,也是营销的创新。"

有感于长安马自达一场没有领导讲话的新车发布

"我多想看到你,那依旧灿烂的笑容,再一次释放自己,胸中那灿烂的情感……"当全场与许巍一起唱出《完美生活》时,现场已不再是一场普通的发布会。这样的一幕发生在2015年6月18日晚上西安的大唐芙蓉园,全新长安马自达CX-5的发布现场,主角是来自全国各地的CX-5车主。

与大多数可能风格迥异但是缺不了领导讲话、致辞的环节不同,全新CX-5的上市会别开生面,尽管松尾则宏、藤桥稔和王金海等长安马自达企业领导亲临现场,但是整个新车发布会没有一个领导讲话,甚至连6款车型16.98万元至24.58万元的价格公布也是由领导和车主共同完成的。更多的时候,这些领导散坐在车主中间,与车主同乐。

这场长安马自达有史以来规模最大的新车发布会,聚光灯下最耀眼的明星是300多位来自全国各地的CX-5用户,其中不乏各地车友慕名自驾来到现场。哪怕是开始前的暖场环节,包括投篮机、电子飞镖、创意拍照、彩绘T恤等在内的丰富娱乐项目,也强调与用户的互动体验,现场还有乐队表演调节气氛、贴心的冷餐茶歇等。多位CX-5老车主受邀上台分享了自己"懂车懂你"的精彩生活。深受CX-5用户推崇的灵魂歌者许巍带来多首用户喜爱的歌曲,用户中更有歌迷上台亲手赠送礼物并与偶像零距离对话。平时企业常挂在嘴边却难以做到的"用户至上"理念就这样被长安马自达破解了。

就连枯燥的产品讲解环节也别出心裁,从真实用户的角度出发,以视频《星期五日记:我和全新CX-5的24小时》生动呈现了用户现实生活的真实场景,现场勾勒出全新CX-5与用户之间的完美生活。人气"跑男"郑恺在《奔跑吧!兄弟》里与CX-5亲密接触后也前来助阵,该环节同样邀请了车主上台与郑恺一起玩趾压板、抢板凳等"跑男"经典游戏,郑恺和用户的亲密互动为现场带来不间断的热烈气氛。上台车主还获得郑恺签名的车模、车钥匙,并与郑恺合影留念……

时任长安马自达执行副总裁周波说,秉承"特色精品"的战略,长安马自达近两年通过一系列特色鲜明的营销手段,包括《激战》跨界合作、"阅尽天下无数山"CX-5车主行动、《奔跑吧!兄弟》合作等活动,助力企业连续保持了21个月的高增长。全新CX-5发布会继续贯彻了以用户为中心的特色营销思想,打造了一场融产品发布、用户派对、流行音乐等元素为一体的用户大联欢,也是业界第一次用行动来彰显以用户为中心的发布会。

　　车企每年林林总总的发布会不下数百场，都离不开领导讲话。让发布会回归真我，都应该学学长安马自达的做法。以车主和用户的需求为出发点才是车企的互联网思维，正如CX-5"新境界SUV"的主题，长安马自达的新车发布是所有新车发布的新境界。

海底捞 iPad 点菜与吉利网上卖车

　　做餐饮的海底捞一直动静不小，海底捞用 iPad 自助点菜早已是常态。在用 iPad 自助点菜之前，海底捞已经引起热议，据说最初只是有食客要求把两片西瓜打包带走，结果服务员送来的是一整个西瓜，后来则发生了多个版本的海底捞故事。例如，剩两片羊肉，请服务员帮忙打包，服务员微笑称涮过的羊肉打包会不新鲜，食客起身到门口时发现，服务员牵一头羊说，涮过的羊肉不能带走，这只羊您可以带走。更有食客称，前一阵子去吃海底捞时跟朋友讨论刚刚丢了 iPad 的气愤，结账时服务员要了地址，没几天竟然送来了 iPad……

　　不可否认，这些故事难辨真假，但是一个火锅店能把服务做成这样令人敬佩。海底捞能够家喻户晓靠的就是服务：去过海底捞的顾客会发现，在等待区手持号码等待就餐的顾客可自取免费水果、饮料和零食；如果是三五个人一起，服务员还会主动送上扑克牌、跳棋等，或是建议女士做个免费的美甲或擦皮鞋。待你坐定点餐时，皮筋、手机袋、围裙已经——送到手边了，就餐完毕后还会送上口香糖。在厕所门口，员工为顾客开水龙头、挤洗手液、擦手等。

　　海底捞可以用 iPad 自助点菜，消费者也能在网上买车。2010 年，率先在淘宝商城上线网上卖车的吉利汽车——全球鹰旗舰店，上线 4 个月的时间里，全球鹰熊猫在网上销售量超过 200 辆。时任吉利汽车副总裁、吉利销售总经理刘金良称，网上卖车的营销渠道正在得到回报，效果比预想的好，是一次很好的尝试。

　　在汽车网店正式上线之前，吉利曾经借助淘宝商城做过预演，抱着试试看的态度，吉利把全球鹰熊猫放到淘宝商城尝试团购，结果 1 分钟内，300 辆全球鹰熊猫售罄。这次尝试让吉利敢于迈出网上开店的步伐。与传统实体 4S 店的售车不同，全球鹰网上旗舰店的销售模式是专属平台、专车专卖，蓝白相间的双色熊猫汽车只有在网上才能买到，传统的 4S 店并不销售此车。

　　全球鹰网上旗舰店对于消费者来说，也开创了购车的新模式，从此可以免去四处奔波劳顿选车的痛苦，只要点几下鼠标，就能轻松地将自己喜爱的汽车收入麾下。2010年，时任吉利汽车销售副总经理南圣良分析称，网上买车者并非都是年轻人，已经有越来越多的人加入电子商务的大潮中。4个月网上销售超过200辆的业绩也让吉利有了更多的想法，南圣良表示，除双色熊猫之外，还计划把全球鹰旗下的GX2、自由舰、新远景等车型放到网上销售。吉利今后全球鹰网上旗舰店将成为与实体汽车4S店并驾齐驱的新渠道，成为现有汽车营销模式的有力补充。

　　海底捞用iPad点菜，吉利网上卖车，一个餐饮服务业，一个汽车制造业。两者行业不同，却有一个共性：创新。不管是海底捞的免费水果还是用iPad自主点菜，无不体现服务创新；吉利的网上卖车，卖的又是传统4S店买不到的双色熊猫汽车，体现的是营销创新。无论是海底捞还是吉利汽车，都拥有独特的企业文化。

第二部分
脑洞大开

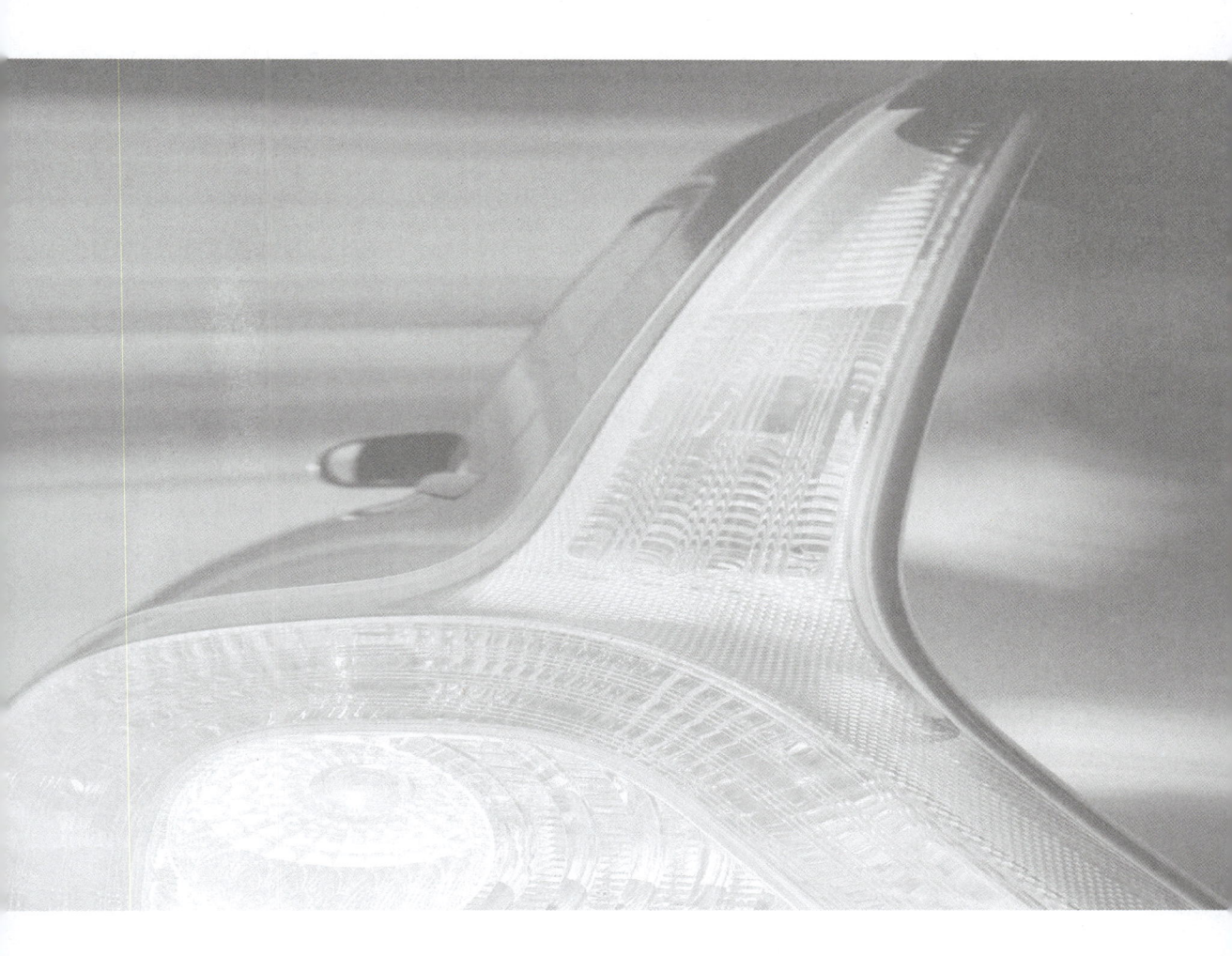

生命在于运动,营销在于活动;声量在于事件,品牌在于创新。

第四章　事件营销

东风标致的慈善晚宴

履新东风标致副总经理3个月的雷新，2009年给外界的见面礼是一顿慈善晚宴。当众多车企单纯地参加成都车展时，雷新携带新款307和一顿慈善晚宴亮相成都。有媒体同行感叹，饭要吃，但是被冠上了慈善晚宴就更温情了，也有人用厚道来形容东风标致的成都之行……

2009年，东风标致在发布推陈出新的新307时，并没有刻意强调新增加的8.1版本的ESP等先进装备，而是强调和壹基金的合作：从9月17日至12月31日，凡售出一辆东风标致新307，东风标致将代表车主从车款中捐赠100元，所得捐款将用于壹基金在环保、教育领域的资助项目。同时，东风标致还将通过壹基金与阿坝州羌族妇女帮扶就业中心开展合作，凡在此期间购车的东风标致新307车主均将成为东风标致的爱心大使，获得由东风标致与壹基金授权的专属羌绣礼品和爱心卡。此外，东风标致还将通过全国的特约商网络与羌族妇女帮扶就业中心进行合作，为她们提供更多的物质生活来源。

雷新说，其实2008年在汶川地震刚发生后，东风标致就组织了全体员工和全国车主进行了捐赠，并通过四川地区的经销商带去了大量的生活物资。而地震灾区的重建不是一两年就能完成的，这也是他们借成都车展举办慈善晚宴的初衷。而对于是否借机作秀，雷新解释说，作为第一个与壹基金进行深度合作的汽车品牌，东风标致会将这条公益之路继续走下去，这也是东风标致与车主的纽带。

雷新出任东风标致副总经理，成为那年成都车展的重磅新闻。3个月前，东风标致的法方和中方"一把手"都前后脚地换人，类似的中外双方高层集体更迭在国内汽车界并不多见。外界非常关心雷新时代的东风标致是什么样子的，说得更直白些，经销商关心跟着东风标致能不能赚到钱，消费者和市场关心东风标致接下来还会不会有新车？自称新人的雷新执掌东风标致之前曾负责过东风雪铁龙的市场营销和销售，清华大学汽车专业的出身使其在汽车领域是个"多面手"，而齐默尔曼（Timothy Zimmerman）来中国之前是标致汽车荷兰公司总经理。

雷新谈及主政东风标致3个月的感受时说，东风标致成立5年，中国市场的保有量达到35万辆。2009年以来月销量始终维持在月均8000辆左右，东风标致为此把当年的销售计划目标从7.9万辆提高至10.7万辆。7月1日后，又增加了28家全新的4S店，使得东风标致遍布全国的经销网达到295家。而对于增长的市场来自哪里，雷新以山东省为例说，一说起山东，人们往往先想到济南和青岛，但是上半年潍坊市的汽车增长量超过了青岛和济南，而烟台、聊城、威海的增长同样可观。因此，二、三线城市市场将成为东风标致上量的支撑点。

对于人们抱怨的东风标致只有207和307两款车的短板，曾任神龙战略规划部部长的雷新披露，东风标致将加快向市场投放新车型的速度，并且将和欧洲基本同步，东风标致今后三年内每年推出一款全新车型。时任总经理齐默尔曼说，欧洲就没有三厢307，而中国市场两厢、三厢做到了全覆盖，包括今后推出的产品也完全为了满足中国市场需求而设计。

雷新说他研究的是"80后"这些消费人群的购车期会有多长，又如何和东风标致的产品线结合起来。例如，2009年出人意料的热销在下半年还能持续多久。看上去雷新关注的都是些宏观的东西，他说只有在宏观的方向上把握好了，才能解决微观的问题。殊不知，清华大学毕业的雷新在微观问题的解决上有着独到的优势，出任东风标致副总经理之前，雷新先后出任过东风雪铁龙商务部营销策划主任、商务代表处首席代表、销售部部长及神龙公司战略规划部部长，在市场研究、销售管理等方面具有丰富的经验。早在2001年，雷新就提出过车市将遭遇发展"拐点"的论断。

我们也可以跳出数字去看雷新，去看东风标致。平时很少在办公室能看到雷新，他把大部分的精力和时间放在了密集的调研上，这其中既包括公司内部各个部门的调研，也包括全国各地经销商合作伙伴之间的调研。与此同时，与接替窦赛尔的新任东风标致法方总经理齐默尔曼沟通和交流，如何在下半年使东风标致继续保持良好的发展势头也是重中之重。

慈善晚宴既是雷新亮相的开端，也是东风标致雷新时代的起步。等有了新车，雷新还会有更多的"牌"。

皇马北京行赢家是奥迪

一周之内，皇马和曼联两支足坛劲旅造访北京，表面上看是球迷的节日，实际上北京之行是皇马和曼联的圈钱之旅，而其中的赢家是以奥迪为代表的商家。

与 2005 年中超联赛没有赞助商的"裸奔"相比，皇马和曼联在北京的比赛可谓赚得盆满钵溢，甚至有想花钱的商家因没找到门路而倍感遗憾。与德尔地板是皇马的主赞助商、百威啤酒是曼联的主赞助商有所不同，在皇马、曼联与北京现代队比赛之前，罗纳尔多、菲戈、范尼斯特鲁伊、吉格斯、斯科尔斯、希尔维斯特等足坛大腕都被奥迪请到金港汽车公园，与国内众多的奥迪用户见面。

与德尔地板、百威啤酒等赞助商铆足劲儿赞助一场比赛相比，奥迪的高明之处在于，它并非皇马和曼联的主赞助商，却总能在多支球队中出现奥迪的身影。因此，奥迪不是没有足够的"银子"来当主赞助商，而是懂得如何花钱。

奥迪留给人们的真正思考是"究竟应该把所有鸡蛋放在一个篮子里，还是把鸡蛋分别放在不同篮子里的问题"。例如，当德尔地板说我赞助了皇马比赛的时候，奥迪则可以说我分别赞助了皇马和曼联的比赛。

时任奥迪中国区执行总监何闻山说，球星们的到来对于提高奥迪的销量，短时间内不会立竿见影，但是在巩固和强化奥迪在中国是豪华车品牌的形象方面，奥迪肯定赢了。

虽然皇马和曼联的北京之行有不少争议，但从另一个角度看，球迷见到了心中的球星，商家寻找到自己的商机，无可厚非。

雷克萨斯谈匠心还早了些

山本耀司用匠心成就在日本乃至世界时尚界的大咖地位，但是雷克萨斯（LEXUS）所谓的匠心未必就能换来其在汽车行业的江湖地位。一个强调匠心的品牌不该是伴随着销量与召回量此消彼长的轮回，甚至召回量超过了销量，这不是匠心。

雷克萨斯 2016 年 1 月～7 月在华 5.6 万余辆的销量固然可圈可点，尤其是当他们把 7 月单月过万辆的销量大书特书时，我就愈发担忧：大概在 2005 年，雷克萨斯、奔驰、宝马、奥迪在华年销量均是 5000 辆左右，如今奥迪仅 Q3 一款车型 7 月单月的销量就超过万辆。雷克萨斯虽然标榜是与奥迪、奔驰、宝马旗鼓相当的豪华品牌，但是在销量上却被德系三强甩出了好几条街。让消费者尤其是雷克萨斯车主更感到惊讶的是，雷克萨斯当年的召回量超过了销售量，自2016年年初以来，雷克萨斯隔三岔五就发一次召回令，CT200h召回近3万辆，ES200/ES250和RX200t召回15322辆，SC430召回79辆，LX470召回7490辆，ES200更是因为不同原因两度召回，召回超过2万辆。数据显示，雷克萨斯2016年召回量超过7.2万辆。

召回是企业负责任的表现。但是有些召回并非是类似于高田气囊那样的供应商原因所导致的，而是在生产线上就出现了问题。例如，19529辆ES200车型的召回原因是发动机控制电脑中对EGR（排气再循环）阀门控制的程序不完善，某些情况下可能导致发动机熄火，存在安全隐患。这不得不让人思考，有安全隐患的车，还是卖得越少越好，卖得越多隐患越大。频繁的召回,显然与"匠心"格格不入。日语把"匠心"解释称为"一物入魂"，但频繁的召回是"污物入魂"，汽车的"匠心"首先是确保车辆的基本安全。

雷克萨斯大半年5.6万辆的销量，是建立在ES、NX、RX和IS多款新车型基础上才达到的，平均每款车型的单一销量不足万辆。同时，这个销量平均到雷克萨斯159家经销商，平均每家经销商的销量仅为352辆。无论整体销量还是经销商的盈利能力，雷克萨斯还远谈不上竞争力，北京的经销商尤其感觉到了车不好卖。尤其在新车上，自2015年年底以来，雷克萨斯出现了历史上少有的产品密集投放期，雷克萨斯中国并没有把握好新车投放的节奏未能把新车优势转为销量和胜势。

雷克萨斯中国高管是一中一洋的组合。江积哲先后在一汽丰田和广汽丰田待过，时任副总经理朱江从MINI跳槽而来。提到雷克萨斯，人们不否认它是一个豪华品牌，却说不清楚是一个什么样的豪华品牌。江积哲和朱江显然在雷克萨斯"是什么样的豪华品牌"上需要破局，这比是否需要国产更重要。

迈腾"包机"惹争议

迈腾的预热始于"包机"，止于什么还真不好说。参加活动者普遍反映海航新引进的波音787-9挺舒适，甚至有人戏言"飞机真不错，而迈腾怎么样就再说了。"类似的调侃让一汽-大众听后忍俊不禁。

从北京"包机"到厦门，其实就是把媒体从北京拉到厦门去试驾一个月后上市的全新一代迈腾。就是这么简单的事儿，在业界和社交媒体中引发吐槽，一次原本预热营销的初衷在变了味儿、走了样儿的背后，是迈腾营销的不作为。

就水平而言，此次迈腾"包机"都不及凯美瑞10年前广汽丰田的水平，与把迈腾的字样贴在机舱内的行李架和座椅靠背上不同，10年前广汽丰田把凯美瑞的中英文LOGO"印"在了南航的机身和发动机的外观上。同为飞机营销，迈腾和凯美瑞则是内外不同，迈腾的舱内营销属于闭环，只有乘坐这架飞机的人才有可能看到，是一次性消费；凯美瑞飞机机翼上的外观营销属于人尽皆知的外环。试想，即使乘客搭乘的不是凯美瑞号，不管飞机飞哪条航线，或者停在哪个机场，受众范围之宽泛都能把迈腾甩出几条街。

一汽-大众显然注意到了外界的关切，并称所谓的"包机"是为了全新迈腾的调性需要，其意思就是一汽-大众与海航、全新迈腾与787-9飞机的匹配度较多。对此，一汽-大众甚至委屈地对外称整个活动才花费200多万元，飞机上的乘客并不都是一汽-大众邀请的，还有航空公司邀请的航空类媒体。外界和消费者想知道迈腾这车怎么样。轴距加长59mm后会不会"开车如开船"。

我不太相信全新迈腾能卖差，但是能卖好到哪里也是未知的。一方面，压力来自同级别的竞争对手：君越/君威、凯美瑞、雅阁，尤其是老对手——帕萨特，这个级别的车中，难说全新迈腾有什么看家本领。没有人否认迈腾是好车，但是无论销量还是品牌，都被帕萨特甩出几条街，被蒙迪欧、雅阁、凯美瑞围追堵截也是事实。消费者的顾虑恐怕还在于，在四五十万辆断轴速腾的问题没有彻底解决之前，迈腾是否会重复速腾的故事。即使一汽-大众拍着胸脯说没问题，消费者心理上也难免会犯嘀咕。

迈腾预热，凭借包机"上了天"，迈腾上市时，又凭什么"入地"呢？在这个最需要接地气的时代，迈腾却"上了天"。只能说，这次一汽-大众给急于推广新飞机的海航实打实地当了回"托儿"。我估计，偷着乐的，除了海航，还有波音。

全新一代迈腾的价格水落石出了，但是迈腾的未来依然像预热时的"包机"一样悬在空中。譬如，在迈腾的定位上，不是走个时装秀就年轻的，也不是包个飞机就商务的。

有人说，因为迈腾是大众在海外第八代全新帕萨特，但在中国还真不是帕萨特，也成不了帕萨特。也有人为此说，看到了与帕萨特抗衡的机会。尤其是价格上，迈腾18.99万元的最低售价与帕萨特等同。在中国市场，迈腾比帕萨特差什么呢？差的只是品牌这层看上去简单却始终"捅不破的窗户纸"。有人看到朗逸家族的持续热销，并说速腾、高尔夫等车型的技术先进性都在朗逸家族之上。假如这是成立的，一汽-大众拥有着比上汽大众更先进的技术，却在量上只能扮演追赶者。

时代变了,迈腾处在夹心层,好比名副其实的包机悬在空中,不容易落地。对内,如何处理迈腾与即将推出的全新奥迪A4的关系,这种关系更多是价格上的,据说奥迪A4的价格区间将和全新一代迈腾产生重叠。对外,也不仅仅是迈腾,整个B级车市场都差强人意,迈腾和帕萨特"本是同根生",让一汽-大众"相煎何太急"在于两者互掐了三代,将近10年,迈腾也没卖过帕萨特。再说了,一汽-大众不能只把眼光放在帕萨特身上,更得想想日系的雅阁、凯美瑞、锐志、天籁,韩系的索纳塔及美系的君威、君越和蒙迪欧等,甚至沃尔沃S60、英菲尼迪、雷克萨斯等豪华品牌的价格都和迈腾接近了。

迈腾"一会儿天上,一会儿地下"的定位似乎出在了主心骨的问题上:预热时北京到厦门的"包机"让人一下子记住了海航和波音787梦想飞机;上市时飞机再现及航空式的入场方式,再次强化了航空公司的存在感。上市地点选在举办车展时的新国展,据说原因在于北京人多,包括机票等支出节约不少;选在国展,在于馆大能折腾。至于选在国展和迈腾定位的关联性,早被一汽-大众抛到九霄云外了。

对于全新一代迈腾,绝不是包个飞机就商务了,也绝不是走个时装秀就年轻的。正视SUV热带来的冲击、B级车市场的整体放缓和应对竞争对手的招数才是最根本的。

营销争议的表象背后隐藏着一个令人担忧的事实:身为国企一汽集团重要支撑的一汽-大众,在接连的巡视过后,中方高管不作为、不想为、不敢为,甚至在一些问题的处理上不想决策、不愿意决策、不会决策了。

第六代宝马3系动用鸟巢水立方

2012年上半年宝马3系在中国实现了近16万辆销量,再次诠释了强大的品牌号召力。全新一代宝马3系的上市动用了水立方和鸟巢两个国家级奥运场馆,成为近年来车企最大手笔的市场营销。

2012年7月13日，魔幻般的水立方内，被称为第六代车型的全新3系宝马正式发布。在此之前，诞生近40年的整个宝马3系在全球市场销售超过1350万辆，成为豪华运动车型这一细分市场毫无争议的王者。全新3系似乎是为中国客户量身定制的，如同服装的加大码，全新3系堪称XL版，与上一代车型相比增加了110mm，其4734mm的车身和2920mm的轴距，使得全新3系成为同级别汽车中既最具运动性又最宽敞的车型。最早在中国做出加长决定的是奥迪A4L，月销万辆左右。尽管宝马3系的加长从时间上来说紧跟奥迪A4L的后尘，但是宝马显然想通过3系的加长获取更多市场份额。

对于加长后是否损失3系原本的驾驶乐趣的疑问，时任华晨宝马总裁兼首席执行官康思远说："全新3系与上一代车型相比，加速性能提高2.2s，平均油耗降低了1.1L。先期上市的全系车型均标配8速自动变速箱。"

尽管格外看重新3系的长轴距版，但是宝马并不想丢掉原本注重驾驶乐趣人群的市场，为此新3系还提供标准轴距的车型。分为标准轴距和长轴距的全新3系共有11款车型，价格为31.6万元～59.96万元。

夜幕下的鸟巢，3万观众云集。偌大的场馆摆成了宝马经典的双肾格栅，主持人是汪涵与朱丹，张艺谋、郎平、杨威、王励勤、李小双等中国奥运代表人物及崔健、周华健、苏打绿等歌手为3系献唱。就连曾在北京奥运闭幕式"伦敦八分钟"演唱的英国小天后Leona Lewis也被宝马请回鸟巢唱歌。为了匹配全新宝马3系的上市，鸟巢3万名观众的数量也是时任宝马中国区总裁兼CEO史登科建言的。

奥迪塑品牌包下东方体育中心

奥迪透过社交平台发布过这样一条广为传播的消息：2016年中秋假期之后，上海东方体育中心的奥迪主题展"Tomorrow Now"对公众开放，在上海的亲朋好友可以来参观。看过这个展览的同行留言说，即使你不是奥迪车主，也绝对值得一看，VR、月球车等高科技远远超过了车的范畴，在很大程度上是德国制造的缩影。对公众开放的"Tomorrow Now"主题展览，看似是2016奥迪品牌峰会暨全新一代奥迪A4L上市会的道具，实则是奥迪在华发展迈入新阶段的布道。

这么做，对于奥迪来说，至关重要。毕竟，在奔驰和宝马的围追堵截之下，奥迪需要做出改变。

2016年9月10日教师节当天，奥迪在上海举办2016奥迪品牌峰会暨全新一代奥迪A4L上市会，偌大的上海东方体育中心座无虚席，接送参加活动者的大巴数量之多可将东方体育中心的外围排成一个圆圈，附近的几家酒店几乎被奥迪全部预定。

企业出席者堪称豪华阵容，分量之重远远超过了一款车，乃至一个新品牌的诞生。时任奥迪董事会主席施泰德，不远万里从德国英格斯塔特飞抵上海，同行者还有从奥迪中国总裁任上升为奥迪销售与市场的董事冯德睿博士等要员，他们与常年在华工作的奥迪中国总裁魏永新、一汽－大众奥迪销售事业部总经理任思明，共同构筑起被称为"奥迪F4"的外方最强阵容。中方出席者的含金量丝毫不含糊，包括一周前升任一汽集团党委副书记的秦焕明、一汽－大众总经理张丕杰及一汽－大众奥迪销售事业部执行副总经理荆青春等。

类似于这样的场景持续30场，来自全国各地的媒体、经销商、大学生、潜在用户等预计超过万人。为此，一汽－大众奥迪品牌的高层常驻上海轮流值班。尽管展览时间长，但是每天的形式不尽相同。

有上海世博会地标之一之称的上海东方体育中心，被奥迪装扮成了一个偌大的汽车展馆，有人调侃"在上海车展来临之前，奥迪先自行办了个车展"。东方体育中心360度的圆形大厅，被布置成了奥迪107年的时间长廊，错落有致地摆放着奥迪的过去、现在和未来。仅展示的车型就多达33款，包括6款历史经典车型、7款概念车和科研车型。其中，不乏银箭赛车、奥迪月球车等看家本领的物件，难得一见的大多数展品是从德国的英格斯塔特奥迪总部空运来的，据说仅商业保险的保额就高达数千万元。梳理这些展品的清单，仿佛把奥迪博物馆从德国搬到了上海。

一汽－大众希望借助这个奥迪最大规模的品牌体验活动，全方位、多层次地展示奥迪品牌未来发展方向。张丕杰表示："1988年，奥迪100在长春组装成功，开创了国产高档车市场，改变了国人对国产车和高档车的认知与期待。在长达28年的时间中，一汽－大众奥迪不仅一直牢牢占据豪华车市场的领军者地位，更以全面的产品阵容改变中国豪华车市场的格局，引领行业发展。"

与宝马和奔驰两个老对手的产品陆续更新不同，在此次品牌峰会上，奥迪也拿出了多款首次在中国亮相的车型，体现了奥迪对未来思考的最新小型SUV——Q2，作为量产车型小型化和数字化的先锋，奥迪Q2搭载多种奥迪最新的先进技术，如12.3英寸的液晶虚拟仪表盘、支持内翻折起的MMI多媒体系统显示屏，不仅支持导航及Wi-Fi热点功能，还支持 Apple CarPlay 及 Android Auto 智能手机的连接。而可以自动刹停的 ACC、堵车辅助系统、交通标志辨识及停车辅助等"半自动驾驶"功能，更让奥迪 Q2 成为未来"城市化"解决方案的一部分。同时，高性能运动车型奥迪 RS 3 Sportback 和奥迪 RS Q3 首次在中国亮相，展现了"Audi sport"子品牌的极致动感魅力，这也是奥迪品牌年轻化、个性化、运动化的体现与诠释。

2016 年奥迪品牌峰会上，展示了奥迪 A、Q、R 三大车系提供的多元化、个性化的产品组合。一汽－大众奥迪已经实现了从 A0 级到 D 级车、从轿车到 SUV、从跨界旅行车到超级跑车的全车系覆盖，尤其奥迪 A3、奥迪 TT、奥迪 A5、奥迪 A7、奥迪 R8 等极具个性的车型，更进一步满足了中国用户年轻化、运动化的用车要求。

一汽－大众奥迪销售事业部执行副总经理荆青春，那时刚接替葛树文履新不久。虽然他还处在不能单独接受媒体采访的静默期，但是其在奥迪 A4L 上市会上已经进入角色："全新奥迪 A4L 不仅继承了前代车型的优秀特质，更实现了十大技术革新和 40 项重大变化。"2.0 TFSI 高低功率两个版本共 6 款车型的价格为 29.98 万元～41.28 万元。

此前奥迪 A4 在全球共销售 1200 万辆，2009 年国产加长的 A4L，8 年销售量超过 70 万辆。作为 2016 年中国豪华 B 级车市场最受期待的一款车型，全新奥迪 A4L 不仅是奥迪品牌年轻化的重要载体，更全面地展示了一汽－大众奥迪全价值链本土化的最新成果。标志着一汽－大众奥迪国产车型开始新一轮的产品换代、科技升级和竞争力提升。

荆青春在诠释"造就改变"的内涵时称，全新奥迪 A4L 的造型设计接连斩获大奖，其中包括 2016 红点大奖、2016 iF 设计金奖等在内的多项国际大奖。奥迪 A4L 搭载全新第三代 EA888 发动机，配合全新 7 速 S tronic 变速箱，2.0TFSI 高功率版本，车型最大功率达 185kW，峰值扭矩为 370N•m，百公里加速时间仅需 5.9s，综合油耗为 6.9L/100km。基于 MIB Ⅱ 平台的 MMI 信息娱乐系统，增加了手写输入及缩放功能，操作逻辑也更加人性化。支持苹果 CarPlay 功能的车载系统，可通过 8.3 英寸高分辨率 MMI 屏幕显示智能手机内容，功能丰富且操作便捷。此外，ACC 自适应巡航、堵车辅助系统、主动车道保持、侧向辅助系统、360 度全景影像、后方通行警示等驾驶辅助系统，为驾乘者带来了全方位的保障。全新奥迪 A4L 新增阿格斯棕、探戈红、探索蓝、冰川蓝 4 种选择，其中，探索蓝和冰川蓝均为中国专属颜色，充分满足了用户的个性化定制需求。

"作为一个超过百年历史的高档汽车品牌，奥迪在'突破科技 启迪未来'理念的指引下，不断改变自我、改变行业、改变历史，并一直保持科技领域的领先。"奥迪股份公司管理董事会主席施泰德表示，数字化、可持续、城市化是奥迪面向2025年的战略洞察。面对未来，奥迪比任何其他品牌准备得都更加充分，而中国市场将是实现战略目标的重要一环。

数字化方面，奥迪将致力于成为高度数字化的汽车公司，并率先在2020年实现汽车的批量联网功能。在Connect互联技术的基础上，奥迪利用车上传感器收集数据信息实现数据挖掘和数据共享。通过地图等功能的在线时时更新，奥迪车型可以自动适应未来更多的需求，成为真正意义上的"移动设备"。

可持续方面，奥迪计划到2025年，旗下每4辆车型中就有1辆是纯电动车型。首先，奥迪用3款插电式混合动力车型推进新能源战略；2018年，奥迪推出旗下首款纯电动SUV车型e-tron，最大续航里程超过500km；2020年，奥迪有至少3款纯电动车型面市。在中国，奥迪正与多个合作伙伴进行对话，制定覆盖全价值链的可持续发展标准。

城市化方面，奥迪专门设置了新的业务板块"奥迪城市解决方案"，根据未来城市的需求，研发和提供相应的科技装备。高度智能的自动泊车和自动驾驶技术的研发，将极大减少交通事故的发生，并为用户提供更加舒适和尊贵的体验。2016年8月，奥迪在中国香港推出"Audi at home"试点项目，并计划逐步在中国其他城市开展试点，旨在试验和探索未来全面智能的高端汽车共享服务。

汽车不宜当电视广告标王

"成也标王，败也标王。"

迄今为止曾经走上央视的10个标王中，爱多和秦池都败了，其中秦池最为惨烈。招标还在延续，却没有了标王一说。尽管中央电视台公布的数据称，当年上半年，在央视投放电视广告的汽车品牌由去年同期的64个增加到70个，品牌的平均投放量也由去年同期的623万元增加到1153万元；尽管在网上开展的调查中，有40%以上的被调查者认为汽车广告应该成为明年央视的主导，但还是有必要给汽车企业泼泼冷水。

首先，汽车和化妆品、酒类不同的地方在于：前者是常用消费品，而汽车是耐用消费品。也有人会说，手机、家电不也是耐用消费品吗？从分类上来看，汽车、手机、家电的确同在耐用消费品的范畴内，不同之处在于：在三者中，汽车的产品附加值最高，手机可以两三年换一个，家电中的洗衣机或电视机如果不好用，忍忍也就算了。汽车却不能，尽管中国 2002 年人均 GDP 达到了 1000 美元，但是远没有达到可以像换手机那样换汽车的支出水平，买车对于大多数国人来讲还只能是踮起脚跟才够得着的"果子"。在这种大的背景下，电视广告的作用对消费者来说，起推动作用却不起关键的决定作用。

其次，电视广告目前对于汽车企业来说不是最有效的营销手段。汽车企业如何利用电视广告呢？东风悦达起亚、南京菲亚特和上海通用的做法值得提倡。虽然两者都以赞助足球的形式出现，却都找到了自己的市场。例如，东风悦达起亚赞助的国内甲A联赛，就做到了足球的动感和千里马的雷霆动力相结合；南京菲亚特赞助的意大利甲级联赛转播，则把派力奥与意大利血统统一起来。不过，似乎上海通用在广告上更技高一筹，记得非典期间，上海通用以君威为依托，邀请了四位世界著名钢琴家来华义演，这种公益活动花钱最少、影响最大。

怎么跑也跑不过领跑的宝马

跑过厦门大学，跑过鼓浪屿，跑过滨海路……

无论怎样跑过，又跑过多少，也跑不过领跑的宝马。2017 年 1 月 2 日，3 万名跑者在 BMW i3 的引导下奔跑在厦门马拉松的赛道上，也由此开启了宝马 2017 年马拉松赛季的征程。

作为厦门马拉松赛事连续五年的战略合作伙伴，BMW 提供纯电动车 BMW i3 升级款作为比赛计时引导车，一路领跑相伴，激动见证成就奇迹的时刻：来自埃塞俄比亚的莱米•贝尔哈努与梅塞雷特•门吉古•比鲁，分别以 2 小时 08 分 27 秒和 2 小时 25 分 58 秒的成绩摘得男子和女子全程冠军。担任赛事计时引导车的 BMW i3 在全球累计销量超过 6 万辆，是全球最成功的高档紧凑电动汽车。同时，全新 BMW X1 也作为工作用车参与到厦门国际马拉松赛中。

天生运动的宝马，也为国内马拉松运动的普及、推广提供了跑步的"驾驶乐趣"。宝马所坚持的创新精神与马拉松运动挑战极限、超越自我的精神深度契合，让宝马在全球范围内推广马拉松并成为该项运动最强有力的推动者。自 2013 年首次将体育营销战略引入中国以来，宝马坚持将马拉松运动与绿色出行有机结合，开创性地以新能源车赞助马拉松运动，成为推动马拉松运动蓬勃发展的先驱力量。如今，宝马连续数年赞助上海、厦门、兰州和成都双遗国际马拉松。

车企赞助马拉松是近些年来的时尚，且国内的重要马拉松被汽车企业"包圆"了，如北京现代北京马拉松、宝马上海马拉松、广汽丰田广州马拉松、东风雷诺武汉马拉松、广汽本田杭州马拉松、宝马兰州马拉松、宝马成都马拉松、长安汽车重庆马拉松、上汽通用大连马拉松、江铃南昌马拉松、吉利南京马拉松等。

上天看航空航天　如履平地看北京越野

2019年称不上是北京越野车的营销大年，但对于"一体化"运作不足一年的北京越野车而言，却特点鲜明。他们先是9月去了一趟青海的德令哈，又在当年年底南下海南文昌，观看"胖五"的航天发射。

2019年国庆节之前，北京越野车去了一趟德令哈，由BJ40城市猎人组成的车队行驶在青藏高原、茶卡盐湖，还去了中科院紫金山天文台青海观测站探索星空。北京越野车的这次高原首秀，一路行程500多公里，潜在客户纷纷感叹，沿途能看到如此多的风景完全是"托北京越野车的福"。

这是北京越野车与中国探月工程达成战略合作以来首次联合举办科普活动。他们把这次行程称为"极致探索　越野无疆　使命召唤　V观星行动"。活动名称读起来有些拗口，但是我读懂了他们想表达只有"北京越野才能到达"的初衷，通过这次活动，北京越野把专业性这一点做透了。

车队从西宁出发，一路向西，在青藏高原之上，在茶卡盐湖之滨，在人迹罕至的高原，车队不仅看到了野生动物、植物，还看到了浩瀚无垠的星空。尤其是借助中科院紫金山天文台青海观测站最先进的射电望远镜，还探索了一些宇宙奥秘，看到了此生最多最美丽的星星。在由车主、越野"粉"、摄影"粉"、航天"粉"组成的队伍中，有人说，条件很苦，最明显的是高原反应，但同样明显的是BJ40在高海拔地区驰骋如履平川。

北京越野特别强调了这是首次开启越野车对"天空"的探索，北京越野将目光延伸至天空，秉承"爱国、军工、品质、科技"的精神内核，诠释北京越野对极致探索的不懈追求，让"使命召唤"经典延续，让"使命召唤"无可复制。BJ40城市猎人版是一款既可畅行都市，又可探享远方的"星地双面ORV"，在硬核军工基因与独特城市国潮的双重加持下，颠覆了人们对越野车的认知。这次活动还成立了"YUE"野星空联盟，"YUE"野既是"越野"，也是"探月"加上"越野"。星空联盟的"观星行动"是一次联合媒体、忠实"粉丝"的专属星空盛宴。这次观星行动也是北京越野与中国探月工程联手打造的一次"天、地"联合之旅，一个是上天揽月直指苍穹的探月科技，一个是硬核军工加持下的地表最强王者，既展现越野车对"星空"的极致探索，诠释北京越野和中国探月工程对极致探索的不断追求，同时也体现出越野车的强悍性能和实力，带领越野玩家们纵享旅途、征战地表。

中国陨石学和天体化学领域的开创者、中国探月工程首任首席科学家欧阳自远院士，活动当天以84岁的高龄代表中国探月工程出席车企品牌活动，和参加北京越野使命召唤系列主题试驾活动的北汽集团董事长徐和谊在德令哈展开了一场星空对话。欧阳自远院士说，中国探月秉持了航天"严、慎、细、实"的理念，创造了嫦娥一号、二号、三号、四号和再入返回飞行试验"五战五捷"的好成绩。特别是2018年的两次发射任务，实现月球背面精准安全软着陆的嫦娥四号，更是创造了全人类首次，在推动人类文明发展中做出了中国贡献，创造了中国攀登世界科技高峰的里程碑。创新形成了"追逐梦想、勇于探索、协同攻坚、合作共赢"的探月精神。徐和谊表示，未来中国探月工程的三个"尖端"——尖端技术、尖端人才、尖端资源，都将为北京越野品牌向上突破，注入新势能。正如欧阳自远院士所讲，让越野车开上月球的梦想并不遥远；在品牌营销层面，带给越野爱好者前所未有的、与航天元素相结合的体验活动；在社会责任方面，双方将合作开展推广航天科普知识的活动，为北京越野注入更多航天元素，为广大越野玩家带来更多航天体验，成就北京越野卓尔不凡的越野文化。

2019年，车企特别钟情事件营销，WEY、长安、吉利等车企纷纷以赞助火箭发射的形式上天入地，唯有"YUE"野星空联盟玩出了真内核。佐证是，当"友商"在玩火箭时，北京越野已经探月了。活动中的BJ40城市猎人版，既可以畅行都市，又可以探享远方，凭借独有的硬派时尚外观、媲美城市SUV的舒适性、钢铁侠般的安全优势，不仅打破了城市SUV的界限，同时颠覆了人们对越野车的认知，这次体验活动把北京越野"生而越野"的战略做"活"了。

与基数庞大的SUV市场不同，硬派纯越野原本是个窄众的小市场，而北京越野把这个小市场做成了大份额，也做成了小市场大品牌。数据显示，北京越野已经成长为细分市场自主品牌排名第一、知名度和口碑第一的产品。主力车型BJ40系列连续25个月雄踞中国品牌越野车细分市场销量榜首，市场占有率达60%。这是"中国越野车第一品牌"最直接的体现。

当然，北京越野的想法又不满足于这些，在"四个第一"中，除了市场占有率的第一，在产品与服务品质、口碑和经销商满意度上，他们也想争第一。北京汽车集团越野车有限公司常务副总经理张国富说，"北京"品牌的战略目标是成为"中国第一、全球领先"的越野车品牌，要扛起中国越野车第一品牌的大旗。一方面肩负着传承"越野世家"的历史血脉，赋予"生而越野"新的时代内涵。当然，以北京越野"专、精、特"发展，践行北汽集团的"高、新、特"战略要求，这是北京越野品牌的使命。

北京越野一体化运作不到一年，思路更加清晰：锻造极致性能、打造极致产品、创新极致科技和极致体验成为新想法。人称"老徐"的北汽集团董事长徐和谊曾说，中国汽车品牌"轿车看红旗、SUV看北京越野车"这事儿谁也别争。我的理解，中国越野车的起源在北京越野车，起源于家喻户晓的"212"，北京越野车的历史就是中国汽车工业的缩影，对中国汽车历史的认知怎么也绕不过北京越野车。当然，"老徐"的意思并非让北京越野躺在历史的功劳簿中，而是要与时俱进，把北京越野这个金字招牌擦得更亮。北汽集团把北京越野从北汽自主板块进行"分家"独立运作的苦心也在于此。

北京越野目前形成了谱系齐全的产品，既拥有肩负国防使命的军车，也拥有面对泛越野人群的BJ40系列，还拥有填补国产豪华品质越野车空白的BJ80等。与此同时，在60多年的发展历程中，北京越野车形成一支超千人的专业研发团队，并建设了国内研发实力最强，专业化、系统化能力最强的军车、越野车研发机构，一流的军车、越野车现代化生产基地，也开创中国越野车制造行业的先河。

北京汽车集团越野车有限公司总经理王璋说，越野基因和军工品质始终是北京越野的精神图腾。同时，随着2019年年初一体化运营的正式实施，北京越野以"硬核国潮"的品牌形象实现焕新。BJ80曾两度荣膺阅兵检阅车，BJ40携手《战狼2》展现中国品牌的雄姿和中国军人的英武。越野世家一直是中国越野的开拓者、领导者，是中国力量崛起的代表。

一体化运营以来，北京越野已经拿出了不少令外界耳目一新的成果。品牌层面，发布了以"专、精、特"发展，践行"高、新、特"战略要求，实现"中国越野车第一品牌"

的品牌愿景；同时，两度联袂中国航天探月工程，共同将中国"智造"推向新高度。产品层面，2019年上半年销量同比增长61%，实现营收30亿元，增长59%，并连续25个月排名中国品牌越野车市场销量第一。营销层面，一方面以理念升级、规模升级和体验升级三大战略持续迭代经典IP，"38°向上人生""使命召唤"等系列主题活动有板有眼；另一方面也在不断创新打造全新IP，以城市化场景为主题的寻城记等主题活动接连火爆。文化层面，2019年4月亮相世界园艺博览会并成为指定接待用车；5月亚洲文化嘉年华BJ40系列花车华彩绽放；6月重装护航央视"长征路万里行"报道组；7月贺兰山携手越野圈及泛户外圈层的意见领袖打造"北京®越野联盟"核心圈层。产品层面，一方面以全新S/P/C/SE区隔产品序列首创"越野新定级标准"，以满足更多人对多元化出行生活的期待；同时也强势推出BJ40环塔冠军版、BJ40PLUS和BJ40城市猎人版三大车型，实现"特"字头战略落地。

与此同时，跑过十几年中国航空航天的资深媒体人老张说，没想到自己第一次近距离现场观看火箭发射是跟着北京越野。2019年12月27日晚，在海南文昌航天发射基地，作为中国探月工程合作伙伴的北京越野带着不少航天迷过了一把火箭瘾。在看到"胖五"成功进入预定轨道后，不少人感叹，太空探索边界的任务看中国探月，地球边界探索的任务看北京越野。

北京越野"使命召唤Ⅵ飞天行动"是北京越野与中国探月工程达成战略合作后，首次以参与者的身份深入中国航天运载火箭发射任务中，也是汽车品牌媒体活动首次深入海南文昌航天发射基地，近距离观礼运载火箭发射升空。北京越野将见证长征五号遥三运载火箭的问天之路，与中国探月工程一起开启中国航天事业的下一个"十年"。

"胖五"成功发射，北京越野也收获满满。在汽车市场大盘持续下行的背景下，成功实现逆势增长，全年销量同比去年预计增长24%，营业收入同比增长39%，利润同比提升69%；旗下主力车型BJ40系列连续29个月销量位居中国品牌越野车细分市场第一，市场占有率突破74%。同时，北京越野整体在中国越野车市场占比达到26.8%，也就是说，在中国越野车市场上，每4台越野车，便有1台来自北京越野。销量领先的同时，在企业利润和经销商经营利润方面同样收获了可喜的成果，厂商一体高质量发展初显成效。2019年，北京越野一方面首创"越野新定级标准"，以全新S/P/C/SE区隔产品序列，满足了更多人对多元化越野车生活的期待；同时，强势推出五款焕新产品，实现了"特"字头战略的完美落地。"选越野必看北京"成为越野圈层中的共有认知。

长征五号火箭执行的发射任务使命重大、意义非凡。作为我国未来10～20年高轨道航天发射的主力，长征五号火箭将承担随后开展的火星探测、空间站建设及嫦娥探月系列等重大航天任务。因此，本次发射必将成为中国探月工程又一个重大的里程碑事件。北京越野与中国探月工程联合成立：双"YUE"技术实验室。双方依托联合实验室，在尖端科技、尖端人才、尖端资源方面展开全方位的合作。

品牌文化升级，以打造国潮的使命担当，持续传递越野文化。2020年以"激活越野心，北京正国潮"为年度营销主题，以"越野心"突出北京越野品牌的核心差异，通过潮流化、大众化的运作方式，为北京越野实现扩圈、扩群；在传播与营销手段上，形成"起、承、转、合"四重奏，围绕全年11个新产品上市、各阶段营销事件互相配合、各有侧重，在确保年度销量目标完成的同时，引领中国越野文化。

产品竞争力升级，以技术和产品革新作为头部品牌的保鲜密码。未来北京越野将形成"纵向做深、横向做宽、特种车做新"的"产品三条线"发展策略。基于"纵向做深"，以"越野能力"看家本领作为技术研发龙头，形成"越野+"发展思路。"十四五"期间，在掌握越野核心技术的同时，在电动化、智能网联化、轻量化等技术领域开展关键技术攻关，构建"五张图"的越野技术规划路线。一是在越野技术上，持续提升BJ40/BJ80等车型的越野能力，站稳自主越野车市场地位；二是在电动化技术上，48V全面搭载付诸行动，P2、P4、轮毂电机和增程式技术同步重点研究；三是在智能网联上，结合越野场景的智能网联技术，规划出"五维九线"技术发展矩阵；四是在轻量化上，对银色底盘、车身覆盖件等关键技术进行自主研发，在保证技术独创性的同时兼顾燃油经济性；五是在舒适性上，BJ40/BJ80在NVH、底盘舒适性等方面继续改善升级。在产品上继续"横向做宽"，依托以上技术研发，越野车产品通过平台化、通用化，拓展更多品种，形成"基型+"产品发展思路，实现"小批量、多品种"发展方式，快速响应市场需求。在"特种车做新"上，以满足定制化、个性化需求为目标，以BJ40/BJ80基型车为基础，通过"基型+改装"的方式拓展F40皮卡、B80F防弹车、无人机巡检车、特殊行业用车等特种车型。通过新技术的开发及新车型的研制，逐步完善北京越野产品布局，力争"十四五"末，形成"二四六八、三五七九及特种车"的完整产品序列。

营销模式升级，以"拓群、拓网、拓能"三拓为基础，以新渠道和新体验为落脚点，连接用户，打造越野特色的新营销模式。北京越野在巩固专业越野市场发展优势的同时，积极地通过体验营销、赛事营销、文化营销、圈层营销进行拓群、拓网和拓能。继续推进轻资产化、触点前移的"1+N"新渠道模式。其中，"1"是指核心地区的专属形象店，以提供销售、服务、配件、改装为主要功能；"N"是指灵活分布的越野驿站，以集客和文化传播为主要功能，实现渠道的广泛覆盖和特色布局。在体验升级方面，建设覆盖全国的越野小镇、越野驿站、专属体验店等新体验基地，构建独具北京特色的越野生态圈，让消费者随处可越野、随时能越野，同时还会升级 38°向上人生、使命召唤等厂端体验活动，拓展试驾活动、俱乐部活动等终端体验，形成两端联动，打造立体化越野体验平台。

北汽集团越野车有限公司党委副书记、常务副总经理张国富，谈及越野车所在的细分市场走势时认为，一是汽车消费升级和产品高端化趋势非常明显；二是越野车市场同比跑赢 SUV 大盘，尤其是在增换购需求下的存量市场，中高端汽车加速释放；三是国产越野车市场份额虽然在下滑，但在销量可观的中端市场，尤其是价格为 20 万元～30 万元时拥有大量的潜在机会。

未来，北京越野有着"横向做宽、纵向做深"的清晰规划。在横向做宽上，布局更全面，以军用、专业化、改装、城市泛越野等产品范围全覆盖推动越野文化实现从小众越野到大众探享的跨越，持续完善"2/4/6/8"硬派纯越野产品，在广受欢迎的 BJ40 系列与 BJ80 系列基础上，还将推出越野性能同样强悍的 BJ20 系列、BJ60 系列。并投入重金研发"泛越野"类新产品，完善"3/5/7/9"系列城市型产品，强调车辆的城市使用价值和舒适性，2020 年推出的 BJ30 车型以承载式车身打造城市 SUV 车型，以更年轻、更潮流的表现方式满足消费者对舒适性及经济性的需求。在纵向做深上，布局更深入，实现差异化谱系创新，为满足新一代消费者更加个性化的需求，首创"越野新定级"标准，将 BJ40 旗下四大产品系列全新命名为 S/P/C/SE 系列，以 S 系极限越野产品、P 系专业越野产品、C 系城市越野产品和 SE 系专业定制产品为主，满足越野人群对多元化产品的渴望。

第五章　话题营销

观致不能只定义对手

观致作为一家源于中国的汽车公司，走了一条正向开发与国际人才相结合的造车模式，正向开发是全世界都坚守的行业规则，只不过过去中国车企"偷懒"，才使得观致看上去是那么回事。而国际人才就是重金聘请具有丰富经验的汽车人才，比如副董事长石清仁（Volker Steinwascher）曾担任大众汽车北美副总裁，设计总监何格特（GertHildebrand）曾是 MINI 设计总监；汽车工程执行总监施可（Klaus Schmidt）曾担任宝马整车性能及底盘总工程师等。两者的结合，使得观致的首款车型观致3看上去有板有眼。但是，观致不该始于模式，止于模式。

在2013年3月4日开幕的日内瓦车展上，观致亮相的车型是观致3的两厢车。俗话说，"墙内开花墙外香"。观致通过日内瓦车展所谓成功亮相的迂回战术，对国内的销量没借上力。在日内瓦，欧洲可以看作观致代表中国，可那里不是观致的主要市场；在中国，消费者不会为你在日内瓦的成功亮相买单。充其量，只是一个在日内瓦车展亮相过的中国品牌。

观致只走对了一半的路，造好车与卖好车是两回事。把车卖好是王道，也是观致的当务之急。其一，观致的命运本已坎坷，从2007年奇瑞与以色列合资的走走停停，已经14年，观致的母公司奇瑞汽车和以色列的投资方等不起，毕竟几十亿的投资，不希望尽快回报的股东不是好股东。其二，没有品牌支撑的好车是徒劳的，中国不少自主汽车的品质并不逊色于合资车型，销量差强人意的原因就在于品牌。其三，观致在中国的经销商只有40家，在渠道数量与车型屈指可数的情况下，经销商的观望令其更加困难。其四，也是最重要的，上海通用的营销能力是观致学习的当务之急，好车好营销才能相得益彰。

观致掌门人郭谦坦承，观致是否能成功还有待于市场的检验。在Google上搜索观致的英文名字"Qoros"，只留下了"观致高管：年销售目标75000辆"的标题，继而是无论如何也打不开的网页，观致销售目标与实际销量天壤之别。

观致销量不佳，问题出在哪里？

产品只定义了对手，没有定义用户。丝毫不否认，无论是造型还是工艺，观致是款好车。产品定义错在两点：一是在产品设计之初，出发点不是为消费者造一款什么样的车，而是造一款和诸如斯柯达明锐、速腾差不多的车，问题就出在观致可以制造出哪怕高于斯柯达明锐的产品，但是品牌是缺失的。二是花费重金参加日内瓦车展不是建立品牌的良策。虽然观致自己也有"追求生活品质的人"的产品定义，而且特别强调观致的用户比奇瑞和其他自主品牌的用户更在意品质，但是这个定义是扭曲的，因为观致自己都说不清楚品牌的属性。

经销商渠道事与愿违，想买的买不到，想卖的卖不出去。当时，我以消费者的身份致电观致400的客户服务热线，得到客服专员的答复是，观致在北京地区还没有一家经销商，系统上也看不到观致何时在京有经销商的计划。离北京最近的一家经销商在河北唐山，异地购车后在北京能否上牌还不得而知。观致经销商多为唐山、安阳、日照、榆林这样的三、四线城市，这无论与观致高高在上的调性定位，还是与志在一二线城市的搏杀雄心相比，都南辕北辙。观致汽车高层坦承，在经销商渠道的招商上遭遇困难。观致最缺失的是给消费者购买观致的理由。

观致造好车没错。最硬的产品遇到最弱的品牌难以碰撞出浪漫的火花。大家都希望观致能好，毕竟它也是中国汽车工业的一部分。观致应该是有特点的汽车，如韩国现代在美国市场取得成功是因为做到了"在同等价位中，品质高人一筹；在同等品质中，价格最实惠"。再如，当年吉利虽然是靠模仿秀起家，但是李书福志在价格上打破外国垄断，以及"造老百姓买得起的汽车"的理念让很多人产生了情感共鸣。

众筹曾为凯翼露出一束光

当今真是一个令人着迷和万众创新的时代：如果让普通车主成为车企的股东，告别现在流行的车企是提供产品的卖方，而消费者只能是买方的现象，这样的事儿你愿意吗？这种事儿还真的来了，凯翼汽车一度吆喝"众筹"造车，掀起一场"全民造车运动"，以打造出"年轻人喜爱的智能互联汽车"。

时任凯翼汽车总经理郑兆瑞说，凯翼众筹造车的产品是一款内部代号为CF5的Cross车型。凯翼众筹绝不是"品牌秀"，而是希望通过将产品、服务和品牌的全过程向用户开放，让用户参与进来，建立一个与消费者共同成长的品牌。

凯翼"众筹"造车并非权宜之计，而是与它的品牌基因密切相关。郑兆瑞表示，首先，作为汽车行业的新军并以年轻人为核心目标人群，凯翼本身就具有年轻、时尚、互联、智能的品牌DNA。其成功的有效路径之一就是以互联网思维研发生产出更能满足年轻消费者需求和符合年轻人品位的产品。其次，凯翼也需要借着"众筹"模式探索和挖掘出更多满足移动互联时代的用户真实需求的产品，这不是剑走偏锋，而是审时度势的最好做法。以"用户思维"为导向，以"主动体验"为核心，向所有相关人群开放，邀请他们一起参与，去生产一辆真正属于他们自己的车。另外，也是凯翼汽车聚合铁杆"粉丝"，培养年轻时尚用户群体、强化品牌形象的一次良机。

凯翼2015年"众筹"计划，搭建互联网平台，以网络社区、官网、官微和微信等渠道汇聚汽车"发烧友"、民间造车高手、汽车行业大佬、营销智囊团、创意设计师，一起共同参与开发，同时由一系列专项活动来配合实施。正如凯翼所言，让广大"发烧友"和车主都参与到造型设计、人性化配置、人机交互UI中来并取得实质性进展，凯翼品牌全新跨界Cross车型CF5成为首款出自"众筹"模式的"智能互联汽车"，从而将汽车业推进到"用户参与时代"。

随着国内汽车行业竞争的日趋白热化，汽车行业是否还需要一个新的品牌也成为讨论的热点。从全球汽车业的发展来看，经过百余年发展的汽车，其产品开发、营销服务及产品的基本形态没有发生过根本性的变化。可以预见，凯翼以汽车核心技术拥抱互联网的"众筹"模式尝试，将有可能真正诞生第一款由用户自己设计的汽车产品，从而能够真正满足消费者的需求。

毕竟现在是一个已全面进入"移动互联、大数据和智能化"的时代，跨界融合创新往往蕴含着巨大的潜力，汽车也将与互联网相依共生，步入智能互联的3.0时代。

尽管还在探索阶段，而且汽车"众筹"的难度不可低估，凯翼汽车最终能否不辱使命，汇聚众智、探索践行出一条全新道路，打造出一辆年轻人喜爱的智能互联汽车还未可知。

iVoka 让汽车会说话

汽车不仅仅是驾驶的机器和交通工具，还是与驾驶员聊天的工具，如果驾驶员是股民，甚至还可以实时在线查询股票的信息。当然，如果驾驶员想查询交通路况信息及预订想去的餐厅，都可以通过汽车上的交互界面一键搞定……

在汽车是四个轮子的造型不会发生颠覆性变化的前提下，如何让汽车与时俱进，是很多车企努力的方向。这一次开发出上述诸多"新玩意"的不是宝马、奔驰这样的巨头，而是上汽的自主品牌荣威 350：一款会说话的汽车。

在北京工体的南门，笔者通过语音系统说了单位的地址，汽车中控台屏幕上的页面在 10s 内就出现了印有字幕的单位地址，在导航开始前，导航系统甚至可以给出合理的建议，如何避开经常拥堵的地段。这只是会说话汽车的其中一个功能，其他功能如全国任意地方的语音天气查询，实时股票与基金信息的语音股票查询，航班起落动态信息的语音航班查询，车辆所处方位的汽车定位语音查询。

在"iVoka 语音云驾驶"的诸多功能中，我最感兴趣的是语音控制电话系统，也就是每辆汽车可以配置一个手机号，通讯录也可以储存在汽车的硬盘中，如果想拨打电话，通过语音控制电话系统说出联系人的名字即可实现通话，这种动口不动手的功能在日益拥堵的城市中非常实用，这种感觉就像在汽车里装了一个智能电脑。

时任上海汽车乘用车品牌及产品规划部总监刘涛说，iVoka 其实比人们预想的还要聪明、贴心；因为每个人的声音都是独一无二的，在未来 iVoka 甚至可以做到声纹钥匙，诸如开门、灯光、方向盘的位置、座椅的位置、安全带的高度，一句话就能搞定；人们还可以对 iVoka 语音云驾驶系统说"检查我们的油量，带我们去最近的加油站"等。

能够让汽车会说话的核心科技是，将全球最尖端、最前沿的两大核心科技——"Android 系统"和"云计算"集成运用在汽车领域中。无论是近几年以强劲势头蹿升的 Android 系统，还是被广泛运用于互联网安全、存储、游戏等领域的云计算，都为"iVoka 语音云驾驶"提供了最为坚实可靠的后台数据搜索和持续性开发平台，成就了这项创新科技的"核心竞争力"。iVoka 选择以开放性和友好性著称的 Android 系统为界面，它的源代码完全可以由第三方设计。这就意味着，任何车主及 Android 系统的爱好者都可以为之开发能够满足各种需求的新程序、新应用和新功能。服务信息及时更新，如主动提示油量不足，智能比较周边加油站信息，为客户提供最有价值的服务。

在荣威 350 上首发的 iVoka 系统，也会在名爵 MG 5 上搭载，之后荣威 550 和名爵 MG3 也会搭载 iVoka 系统。大概一至两年就会融入所有车型。汽车信息化、电子化未来将成为市场竞争中的法宝，有了它，就能在激烈的市场竞争中占得先机。

汽车该怎样做电商

如果按照"不能带来销量的电商都是费流量"的标准来衡量汽车电商，我只能说汽车行业多数还处在费流量阶段。

汽车无须羡慕其他商品所取得的惊人销量或额度，汽车跟其他日用消费品最大的区别是，一个是日常的消费品，有的甚至是一次性的；一个是耐久性更强的大宗商品。一个人在电商上买了件羽绒服，不合身或不喜欢也就不穿了，而汽车不同，显然还做不到不喜欢明年再买一辆或束之高阁。

从当前阶段来看，汽车涉及电商无非三种模式：第一，在电商渠道销售的是在经销商实体店卖不动的车型，或者是限时限量的特价车型；第二，借助天猫、易车、汽车之家等第三方机构作为中介的交易平台；第三，类似于上汽、广汽以集团之名打造一个平台，把旗下合资企业车型打包在线销售的车型。不管哪一种模式，还没听说过有一辆车完全是通过电商实现全模式交易的。

在对汽车电商的认识上，不同车

企也不尽相同。与易车有过合作的长安 PSA，在做电商时也经历了一个循序渐进的过程，时任长安标致雪铁龙副总裁兼销售总经理徐骏称，此前力推的电商，遭遇到了从反对到认可的一个过程，法国总部甚至一度以豪华品牌为由拒绝接触电商，后来靠"电商也是销售渠道"才说服了总部。一汽丰田销售总经理姜君坦言，在拥抱互联网的潮流下，一汽丰田应该拥抱互联网，但是不知道怎么拥抱。宝马大中华区总裁兼 CEO 安格也把电商与经销商"同一屋檐下"的平衡当作任期内的重要课题。

汽车行业显然需要电商，但是别"妖魔化"也别"神化"电商。汽车行业怎么做电商，北京现代和东风标致的认知和做法比较务实。北京现代常务副总经理刘智丰称，市场永远不要走极端，也不要为了求新而求新。互联网最大的价值是更方便地去服务好客户，以前的手段只能靠电话，现在需要经销商通过手机端和 PC 端，特别是通过手机端与客户进行长期互联，通过 App、支付宝、天猫商城、易车等平台，利用消费者的碎片时间与客户建立联系的纽带，这是互联网最大的价值。北京现代希望客户不用去 4S 店就能了解所有的信息，通过互联网让客户了解清晰的产品定位，然后到 4S 店最后刷卡购买。对电商看法更直接的时任东风标致总经理李海港表示，电商无法替代实体店，只是实体店的补充。电商存在着交车等障碍，比如购车环节的很多流程，电商无法替代实体店。电商的主要功能是通过营销及时让用户了解产品，把用户导流到实体店，核心作用是让用户有好的体验和口碑。电商做好上端，实体店做好下端。

重要的事儿说三遍，汽车电商最大的功能是集客、集客、集客。

每个人心中都有一辆 CROWN 皇冠

对生活的深深热爱，不是因为一帆风顺，而是因为克服了各种困难、各种挣扎取得的内心平静。对一款车的热爱，不是人云亦云，而是因为适合自己，才会选择。皇冠——一款从不妥协的车。

这种不妥协也表现在卖不好就停产上。2020 年 4 月，在生产了 50 万辆左右后被迫停产。而在日本，全新一代第 14 代皇冠已经在 2019 年投放市场。

2018 年一汽丰田"发现真正的皇冠"再为强化人们对皇冠的认知"加把火"。北京作为系列活动的首站，特意选择"长城脚下的公社"，以微距摄影和品鉴红酒两大主题，诠释皇冠经得起推敲的细节及皇冠的尊贵优雅和历史传承。活动上，一汽丰田企划部高级总监杨春霞还就此前舆论炒得沸沸扬扬的"皇冠即将退市"的消息给予了明确的回应——"不"。"即便是TNGA架构下的全新车型Avalon今后投放市场，皇冠还将存在"。

业界对皇冠退不退市"操心"表象背后，总认为皇冠和其他豪华品牌的销量相比差强人意。根据数据，皇冠最近四年的销量还是稳健提升的，2015年销量为2.1万辆，2016年销量为3.3万辆，2017年销量为3.7万辆，2018年销量超过3万辆。从数据上来看，皇冠连年销量增长，这对于产品生命周期比较久的皇冠来说已非易事。

研究不难发现，皇冠的销量构成及车主群体和别人"不一样"。例如，皇冠销量的置换比例超过六成，这其中又有四分之一的客户是一汽丰田其他车型客户，作为皇冠的"粉丝"，他们忠于丰田的品牌。

有人说月销3000辆太少了，与奥迪、奔驰、宝马没法比。其实，与奥迪、奔驰、宝马抗争应该是雷克萨斯的事儿，皇冠作为丰田品牌的旗舰车型，从来就不是一款用销售数字衡量的车，原本皇冠和"世纪"一样，几乎是只供日本市场的专属车型。正因为中国有了这样的市场空间和需求，皇冠才被一汽丰田导入国产。皇冠更大的意义是丰田金字塔上的招牌，好比奔驰卖得最多的都是C级和E级，而非越野之王的G级。皇冠作为一汽丰田旗下豪华高端品牌，引领着一汽丰田品牌形象向上发展，正是因为皇冠的存在，才让丰田这样一个主推大众化车型的品牌，在消费者心中有了更高端的品牌形象。

我们不应该仅仅把皇冠当作一辆车去看待，中国人对豪华品牌的认知，皇冠是绝对的启蒙者，从1964年以丰田进口车形式引入中国市场开始，皇冠承担过国宾车重任。改革开放后，皇冠更是那些先富起来人群买车时的优先甚至排他性豪华车选择。那时候，皇冠就是身份象征的代名词，很多企业家以拥有一辆皇冠为荣，见过皇冠的人，几乎都有一个开皇冠的梦。皇冠也曾经一度成为北京饭店贵宾出租车队的标配，一水儿的皇冠阵仗有点儿类似于今天香港出租车只用皇冠。统计数据显示，在20世纪90年代初期，中国平均每月进口6800辆日本车，丰田品牌以37%的比例位居日系厂商首位，其中皇冠占24%。

与此同时，皇冠在中国进入汽车社会的进程中占有重要的地位。2005年在一汽丰田国产的第12代车型，也是久负盛名的皇冠首次走出日本。一汽丰田国产第12代皇冠时，中国豪华车市还处于起步阶段，奔驰、宝马及现在众多"二线豪华"都未彻底进入中国，奥迪A6几乎是一枝独秀，正是皇冠的国产导入，打破了这一局面，并逐步形成了两强争霸的格局。此后数年，皇冠历经两次换代，不仅优化了全车尺寸，强化了"颜值"，提升了激情运动化元素，而且导入了全新2.0T + 8AT的动力组合形式。以一己之力，在与奥迪A6、宝马5系、奔驰E级的抗衡中，不落下风。印象中，2007年皇冠年度销量突破 5 万辆，与奥迪 A6 难分伯仲。

皇冠让人受益最多的是对豪华品牌的认知。皇冠在中国的客户人群是一些高知、有品位的人，他们从不人云亦云，知道要什么不要什么。看待、认知皇冠，恐怕还在于传承，皇冠从诞生迄今，历经 60 载，历久弥新。从这一点上，放眼世界上诸多汽车品牌，能够像皇冠一样"香火"不断者实属凤毛麟角。

从 1964 年以进口车引入中国市场，到第 12 代、13 代、14 代三代车型在一汽丰田的国产，将近一甲子的时间，皇冠在不同时代扮演过不同角色。因此，每个人心中都有一辆皇冠。

当然，对于一汽丰田而言，要有"酒香也怕巷子深"的敬畏之心，强化消费者对皇冠的认识、了解，让人们"发现真正的皇冠"，让更多人买皇冠、开皇冠。

歌诗图尝试跨界

"营销就得创新，不创新就是等死"。尽管已经记不住是谁的圣言了，但是当 2010 年 9 月 1 日广汽本田尝鲜般地在北京新地标——刚刚投入使用的国贸三期提出"轿跑型豪华跨界车"概念时，我想起了这句话。

"轿跑型豪华跨界车"与其说是个概念，不如说是个载体更合适。这个载体是指 2010 年 10 月投放市场的歌诗图。常人看来，歌诗图是一款奇怪的车，底盘高得像 SUV，空间大得像 MPV，开起来的舒适性像轿车，车壳又颇具轿跑的范儿，而驾驶的视野又回到了 SUV。一款外人看来极其复杂难以描述的车确认让广本说得简单至极，时任广本执行副总经理姚一鸣说，歌诗图就是 Cross+Tour 的组合，跨越旅行。这么简单的一句话甚至描绘出了歌诗图的定位人群，尽管车旁还坐着巴曙松、海岩、张杨、邵忠 4 位跨界的代表。

所谓跨界，就是把两种或两种以上大家所共同认知的不同领域的要素融合在一起而产生的新品类或新思维。汽车的发展历程正是一段跨界发展史。当用于工业生产的蒸汽机和用于交通运输的马车跨界结合诞生出汽车的雏形，在以后的 100 多年中，汽车由于功能需求的推动产生出轿车、客车、货车、越野车、旅行车等品类，而这些品类在不断地跨界融合，衍生出轿车、MPV、SUV 等众多分支，也让人们的生活由单一形态变得丰富多彩。当人们希望跳出传统的轿车、跑车及 SUV 的门类之别，寻找一种更完美的车辆形态时，歌诗图便应运而生了。

广本的尝鲜是出了名的，当年第 8 代雅阁的上市，放在了刚刚投入使用的国家大剧院。9 月还没过完，雅阁当年的销量就突破 10 万辆，10 万辆对于很多产品来说都是个槛儿，帕萨特、凯美瑞、马自达睿翼这个级别的车型，销量能够达到 10 万辆比登天还难。广本的车型本不多，却个顶个地在市场上颇受欢迎，以至于国内不少车企在推出新产品时，都把广本相应的车型当作竞品和对手，而到头来真正超越广本的，实在凤毛麟角。

歌诗图怎么说都是一款个性车、小众车。不过，这次广本信心不小，在开拓一个全新市场的同时，广本在歌诗图的销量上也是有想法的，时任广本副总经理郁俊说，2010 年年底之前歌诗图的目标销量为 1 万辆。

歌诗图对广汽本田本身也是一次跨界，定位在雅阁之上的歌诗图配备 3.5 的 V6 发动机，是广本的首款 C 级车。在歌诗图之前，广本还没有卖过如此有个性的车，雅阁、飞度、锋范、奥德赛等都是中规中矩的车。尽管雅阁是中国中高级车的常青树，但是雅阁的旗舰车型销量差强人意，如果歌诗图能把这层窗户纸给捅破了，广本也就跨界成功了。

包装明星老总没必要

各个行当都有明星老总。网络界有张朝阳，房地产界有潘石屹和王石，甚至汽车界有仅凭"汽车就是一个沙发、四个轮子"一句话而被称为汽车疯子的李书福。汽车企业有必要包装明星老总吗？

任勇时任东风日产副总经理。受 2008 年金融危机影响，当大多数企业对 2008 年车市谨慎乐观，甚至悲观成为主流时，东风日产，确切地说是任勇，给人一种"众人皆醉我独醒"的感觉。任勇表示，把 2008 年的销量提升至 38 万辆，这一数字比 2007 年增长 10%。这倒不算什么，几个事串起来才能明显感觉到任勇的过度包装。其一，2008 年春节期间，奇骏赞助的南极之旅，对于这位管理企业，具体说卖车才是正事的老总，又是开博客，又是拍照，忙得不亦乐乎，一个正常的营销活动，由于老总的亲身参与却变了味道。例如，博客原本应该在网络上看到，但是不少人在报纸上也看到了任勇的博客，其中的奥秘不言而喻。其二，不少人对"东风日产百万年薪招聘营销总监"的事件记忆犹新，甚至当时汽车圈对东风日产的营销交口称赞。殊不知，那个最终折桂的葆旭东，事后并没有被安排到营销总监的职位上，东风日产内部人士披露，公司只是给他安排了一个闲职。看来，招聘营销总监是假，通过央视包装了任勇是真。

东风日产是一家令人尊敬的企业。以 2007 年为例，其 35 万辆的销量使其成为中国车企中仅有的三个完成销售目标的企业之一。不过应该看到，35万辆数字的背后隐藏着太多的不均衡，支撑35万辆销量的还是诸如骊威、骐达、轩逸这样的小车，2006年一口气推出的新天籁、逍客、奇骏三款车型，都没有达到预期。说白了，在利润上占大头的新车型并没有给东风日产带来预期的利润。

任勇来自东风，身为合资企业的中方负责人，主政东风日产6年的任勇可谓业绩斐然。不过，在东风汽车新一届领导班子中，既有功劳又有苦劳的任勇连班子都没有进入。"把任勇包装成明星老总"是任勇的自我改变还是营销团队的需要，不得而知。我以为后者的成分更大一些，这一系列包装明星老总的做法和我认识的低调、儒雅的任勇大相径庭。

第六章　奥运营销

大众开口说奥运营销

　　身为奥运会全球汽车赞助商的丰田汽车，也是 2022 年北京冬奥会赞助商。不过，北汽集团拿到了冬奥会测试赛汽车赞助商的资格。面对又一轮奥运周期，2008 年北京奥运会就是一面镜子，正是对 2008 年北京夏季奥运会的赞助，使得大众汽车在中国市场的发展换挡提速。尽管 2008 年北京奥运会过去了 13 年之久，但是奥运会对大众汽车的品牌提升始终是持续的。

　　当时《竞报》是北京奥运会的指定出版物之一，我曾率领团队和大众汽车奥运会的团队有过对接。

范安德：北京奥运会是大众最好的投资

"众所周知，大众汽车集团是最早与中国汽车工业进行合作的国际汽车企业之一。30多年来，大众汽车集团与改革开放后的中国汽车工业一同成长，如今，大众汽车集团（中国）早已成为参与中国社会积极发展中的一员。因此，能够成为北京2008年奥运会的唯一汽车合作伙伴不仅是大众汽车的荣幸，更是大众汽车的责任。从签约的那一刻，到北京奥运会圆满结束以后的时间里，大众汽车集团（中国）和上海大众、一汽-大众凝聚在一起，每位员工都发挥出最大的热情和努力，为我们实现了'成为北京奥运会最可信赖的伙伴'这一承诺而感到欣慰。"在奥运会结束之后，时任大众汽车集团（中国）总裁兼CEO的范安德在评估奥运会效果时表示。

很多人认为大众汽车成为2008年北京奥运会合作伙伴是一次成功的营销举措，大众汽车集团因此受益匪浅。的确如此，甚至可以说助力奥运会是大众汽车集团在中国最好的投资。

2008年，大众汽车集团在中国市场的销量创新高；2009年上半年——"奥运年"之后的第一个半年，大众汽车集团（中国）再度刷新销量纪录。大众汽车能取得这样骄人的成绩，一方面受益于中国汽车市场的高速增长和政府出台的利好政策，另一方面与大众汽车集团助力2008年北京奥运会得到的品牌形象提升密不可分。

在奥运会期间，作为唯一奥运会汽车合作伙伴，大众汽车集团不仅在资金上提供支持，最重要的是在2008年北京奥运会境内火炬接力期间，大众汽车集团（中国）与上海大众、一汽-大众共同组成了由959辆新车参与的火炬接力车队，圆满完成了火炬接力的护航任务。同时，向北京奥组委提供了5000辆官方用车，作为接送运动员、官员和贵宾的专用车。

大众汽车集团（中国）凭借可靠、值得信赖的产品和完善的后勤保障，出色地完成了奥运会用车任务，向中国乃至全世界展示了大众汽车、奥迪和斯柯达各具特色的品牌形象。成为2008年北京奥运会合作伙伴不仅使整个集团在市场层面受益匪浅，更令大众汽车集团（中国）在企业战略层面获益良多。

2005年10月17日，借成为2008年北京奥运会的唯一汽车合作伙伴的良机，大众汽车集团（中国）与上海大众、一汽-大众共同提出了为期三年的"奥林匹克计划"发展战略，到2008年下半年"奥林匹克计划"圆满结束时，大众汽车集团在中国的生产、采购、质量控制、本土研发和经销商管理等方面的实力得到了加强，大众汽车集团在中国重新夺回并巩固了汽车市场的领先地位。"奥林匹克计划"令大众汽车集团（中国）的整体实力和企业形象上升到新的高度，并为集团今后长期战略的实施奠定了坚实的基础。

虽然2008年北京奥运会圆满落幕14年，但是在大众汽车集团（中国）每位同人的心中，"更高、更快、更强"的奥林匹克精神已经深深扎根。作为中国最可信赖的合作伙伴，大众将以奥林匹克精神为驱动力，为中国汽车工业的长期可持续发展更多地贡献自己的力量。

刘坚：再办奥运上海大众依然充满热情

"北京奥运会是举世瞩目的盛事。对于上海大众来说，成为汽车合作伙伴既是光荣，也是责任，更是企业发展和市场营销难得的机遇。"上海大众也的确实现了其提出的"一路卓越心，共享奥运情"的口号，通过奥运平台，提高了整合营销水平，提升了企业的品牌意识，增强了驾驭品牌的能力，企业整体竞争力得到极大提升。时任上海大众总经理刘坚表示，假如中国有机会再次举办奥运会，上海大众对赞助奥运会依然充满热情。

上海大众与中国奥运有着很好的历史契合。1984年，上海大众诞生。同年，中国赢得了第一块奥运金牌，上海大众与中国奥运一起翻开了新的篇章。

2008年是中国改革开放30周年，应改革开放而诞生的上海大众，倾情赞助北京奥运会，首次推出自主开发的新产品朗逸LAVIDA获得巨大的市场成功，上市一年销售突破10万辆，成为中国A级车市新一代的扛鼎力作。与此同时，具有德国品质、中国元素的帕萨特新领驭月销8000辆以上。此外，作为上海大众双品牌战略之一的斯柯达品牌也导入法比亚晶锐车型，产品系列进一步完善。

上海大众的企业文化与奥林匹克运动会的精神很契合。上海大众在近30年的发展历程中始终秉承"追求卓越，永争第一"的经营理念，长期以来在环境保护、科技进步及人文公益等方面不断探索，这些都与追求"更高、更快、更强"的奥运精神和北京2008年奥运会所提出的"绿色奥运、科技奥运、人文奥运"的理念高度契合。奥运的品牌特性与上海大众的基本理念吻合，这就给上海大众创造了一个借助奥运舞台提升企业形象、展示企业实力、传播企业理念、增强企业凝聚力，从而达到提升市场销量和品牌忠诚度的难得机遇。

上海大众的奥运营销是成功的，有来自市场的销售数据为证。继"2008夺金之年"年度直销突破50万辆后，2009年6月，上海大众以单月6.5万辆的销量和半年31.96万辆的销量夺得上半年中国市场双料冠军。刘坚直言，上海大众上半年度的销量"井喷"与成功赞助奥运会有关，让上海大众无论是产品体系、服务质量，还是营销理念都得到了全面的提升。

安铁成：赞助奥运会不是简单的体育营销

对于中国企业而言，能够成为奥运会合作伙伴是一个千载难逢的机会，而借助奥运这一平台，不仅大大提升企业的品牌形象，而且还全面提升企业的营运标准。一汽-大众显然更谙其理。时任一汽-大众总经理安铁成说："更高，我们将用更高的标准来向市场提供更高性能、更高质量、更高科技的汽车产品，引领并驱动轿车市场整体级别的提升，满足消费者不断上升变化的用车需求；更快，就是面对需求迅速变化的市场，加快新品推出、技术革新的速度，加快市场变化的应对速度，抢占市场发展的先机；更强，就是在整体的市场合作中，以更强势的劲头整合出击，在生产、营销、服务、品牌文化、企业理念等方面精益求精、不断进取，全面加强企业的综合竞争力。"显然，这种精神为企业未来的发展奠定了基石。

正如其言，一汽-大众不仅做到了，而且很优秀。从2004年一汽-大众正式成为2008年北京奥运会汽车合作伙伴开始，也同步踏上了辉煌的企业发展之路。

对于2008年北京奥运会汽车合作伙伴之一的一汽-大众来说，享受着北京奥运会为他们所带来的累累硕果：从2008年下半年开始，奥迪A6L、A4L、迈腾、速腾、新宝来、捷达，一汽-大众全线产品在后奥运时代全面飘红。强劲的增长、稳定的份额，服务奥运、履行责任的无私付出已经间接带来一汽-大众傲视群雄的销售业绩。

赞助奥运会，不仅是从商业方面来考虑，还是从企业的社会责任方面来考虑，同时也是给企业员工及经销商带来一种发自内心的自豪。"绿色奥运、科技奥运、人文奥运"的奥运理念无疑更增强了这种自豪感背后的责任感。一汽-大众蝉联2007年、2008年乘用车销量冠军，2009年上半年实现同比增长21%的优异成绩，以32万辆的销量再次夺得全国轿车市场销量冠军。奥运会不仅带来了一汽-大众各品牌销量的提升、美誉度的建立，而且还带来了企业可持续发展的热潮，以及受益至今的精神财富。

付强：奥运会助推斯柯达入主流

没有北京奥运会，斯柯达就不会推出明锐奥运限量版车型；没有北京奥运会，斯柯达就不会推出明锐夺金纪念版车型；没有北京奥运会，斯柯达就不会这么快成为中国汽车市场上的主流汽车品牌。北京奥运会结束一年后，时任上海大众斯柯达品牌营销事业部副总监付强，谈及北京奥运会对斯柯达品牌的影响时依然如数家珍。

付强说，奥运会对斯柯达终端销量上的提升有多大贡献虽然没有可以细化到个位数的量化标准，但是在奥运会结束以后，斯柯达在北京市场上的销量明显提升。尽管当时有人怀疑过赞助奥运会与带来的回报不成正比，但事实上，无论是销量还是品牌提升，赞助奥运会都为提升斯柯达在中国的品牌形象起到了不可估量的作用。

就北京市场而言，在奥运会之前赞助的"好运北京"测试赛，斯柯达所提供的明锐汽车在测试赛期间行驶在北京的大街小巷，这种通过赞助赛事的营销迅速拉近了斯柯达品牌与北京人之间的距离。"能够为北京奥运会提供保驾护航的车辆，品质一定错不了"成为当时斯柯达在北京街头巷尾热议的话题。就全国市场而言，斯柯达作为北京奥运会火炬传递的工作用车，跟随北京奥运会火炬跑遍全国，使得斯柯达这个在中国市场相对年轻的品牌，迅速融入中国的汽车市场。

就斯柯达这个百年品牌自身而言，从 2007 年第一款车型明锐汽车上市开始，在不到 3 年的时间中，销量已超过 13 万辆，并且成为中国市场家喻户晓的汽车品牌。而在车型上，斯柯达实现了 3 年 3 款车型的承诺，产品线包括明锐、晶锐和昊锐。

作为一个中国汽车市场新的竞争者，付强自称无论是销量还是品牌塑造都是及格的。及格的背后与斯柯达能够参与和赞助北京奥运会密不可分。付强说："'通过奥运，让更多人喜爱斯柯达，喜爱这个由上海大众汽车打造的、以服务见长的国际汽车品牌'。因为斯柯达是专注于为中国消费者提供优质的汽车生活，具备高度的社会责任感，崇尚以人为本的理念，而且尽全力关爱消费者，积极倡导绿色健康生活的汽车品牌。"

薄石：奥运会对奥迪的提升是持续性的

"2008 年北京奥运会给一汽－大众奥迪品牌带来的推动和提升是持续性的，并不会因为奥运会的结束而中止"。时任一汽－大众奥迪销售事业部总经理的薄石说。

2009 年，奥迪品牌凭借一系列极具吸引力的车型不断刷新销量纪录，保持了稳健的增长势头，也充分说明中国高档车消费者对奥迪产品竞争力和品牌形象的高度认可。随着奥迪全球最先进的新总装车间在长春的落成投产、最新车型的引进及新服务战略的深入，奥迪实现了 2015 年在中国年销售 20 万辆的目标，以更具活力的姿态继续领跑中国高档车市场。

尽管北京奥运会圆满落幕了，但奥迪将一如既往地以持续推动中国汽车工业发展和社会和谐发展为己任，支持绿色环保，支持顶级文化、体育和社会公益等活动，将关爱更多地回馈给消费者。

在奥运会期间，作为 2008 年奥林匹克运动会唯一官方指定的高级用车，一汽-大众奥迪品牌为北京奥运会提供了 671 辆 A6L 2.0TFSI 经典绿色环保车型，负责接待北京奥运会最重要的贵宾，包括国际奥委会主席、国际奥委会委员、国际体育单项组织主席、秘书长及其客人、60 个国家（地区）奥委会主席和秘书长、国际奥委会新闻委员会、赞助商贵宾、外国国家元首、王室成员及随员。借此机会向来自全球各地的尊贵客人展现奥迪顶级服务的尊贵与"恒久关爱"的体贴入微。

第三部分
生态链营销

汽车远非交通工具那么简单，更是一种生活方式。从有汽车的社会到文明汽车社会的建立是一个长期的过程。

第七章　歪批车展

北京车展让世界向东看的9天

全世界汽车工业的目光聚集在2004年4月下旬的北京，全世界向东看的9天。

参展车辆1134辆，全球首发118辆，展览面积23万平方米，14个国家和地区的2000余家参展商汇聚京郊顺义的新国际展览中心。这一系列破纪录的数字背后是全球最大的汽车市场——一个连续多年持续在2000万辆左右规模的庞大市场的存在。

奥迪、奔驰、宝马、大众、丰田、通用、福特、沃尔沃等久负盛名的汽车公司，在北京车展上都拿出看家本领，借机北京车展面向全球或亚洲首发的全新车型不止一款，蔡澈、文德恩、施泰德等掌握全球汽车命运的最强大脑，纷纷快马赶到。奇瑞、吉利、长城、比亚迪等自主品牌在家门口自然不甘示弱。不仅仅是车，为车捧场的人也都颇具国际范儿，除了国内的明星，贝克汉姆、金秀贤等也专程赶来。

与巴黎、日内瓦、法兰克福、底特律等动辄七八十年历史的老牌车展相比，每两年一届的北京车展仅用了26年就成为世界汽车工业的翘楚。

尽管馆内展车，馆外堵车，也有六七个城市相继以各种理由实施了限购，但是汽车在中国的刚性需求至少还能维持20年，其中有10年是首次购车的刚需，另外10年是置换的刚需。当然，最大的变化恐怕出现在汽车品类的多元化上，在汽车造型"四个轮子，两个沙发"难以改变的情况下，包括插电式、纯电动等能源结构，跑得更快却更节能更环保的汽车将成为人们衡量好汽车的新标准，也是汽车行业面临的最大挑战。

世界向东看的9天还将持续多年。但是，一旦中国市场放缓，甚至出现滞销，世界汽车工业的格局将重新洗牌，没有中国市场支撑的世界汽车工业将像患心脏病的老妇一样步履蹒跚。更有理由相信，在中国这个全球最大的市场上，一定会有几家中国品牌走向世界。

北京车展结束很长时间了，依然想对北京车展说对不起！这个在京郊顺义天竺小镇举行的北京车展对普通公众来讲如同鸡肋，本次北京车展吸引了史无前例的80万名公众的参观，却为我们提供了一个看似清晰实则糊涂的汽车展览。尤其是消费者在汽车消费的选择上恐怕陷入了更加无所适从的境地。

"畅想绿色未来"的主题如同高考的命题作文，各个企业上交的作业还算及格。从奢华的路虎、保时捷到昂贵的宝马、奔驰，再到相对廉价的吉利、奇瑞，凡是参加展览的厂商都在紧扣"绿色未来"主题上使出浑身解数。数十个国家和地区的近千款车型个顶个地赛着"绿"：95台中外新能源汽车登台亮相，数量占到了参展整车数量的近1/10。更有厂家雄心勃勃地说，他们的新能源车将在未来两年内从样品变成商品。

车展开幕前后，正值冰岛的火山爆发，持续的火山灰导致整个欧洲的航空运输业几乎瘫痪。不过，这没能阻挡欧洲汽车巨头们出席北京车展的步伐，奔驰、宝马、大众、奥迪、法拉利、世爵的"大佬"们纷纷在北京车展现身。

热闹的北京车展结束了，而对北京车展的质疑才刚刚开始。

车展上的绿色都没能走出展馆，就伴随着车展的结束而烟消云散了。如果硬是往绿色上套，就只能是不同品牌车型的绿色车身了。斯柯达的LOGO倒是充满绿意，但是和环保、节能的关系不大，那个点缀在LOGO上的绿仅仅是"飞翔的剑"的品牌寓意而已。

新能源汽车还有诸多根本性的难题在短期内难以解决。一是电池的技术水平还有明显不足，如在冷和热两个极端天气情况下，如何避免电池快速放电和快速充电都是难题。稍有常识的人都知道，无论是手机还是数码相机，在东北寒冷的冬季，电池的电量释放速度是平时的数倍，就别说汽车这样的大件了。此外，降低电池的重量也困扰着全球的从业人员。二是电动车缺少充电标准，即便是电池技术方面的难题得以攻克，电池的充电标准还没有制定，是居民用电还是工业用电，是家用充电还是在停车场安装统一配套的基础设施，这都是短期内难以解决的问题。

汽车从诞生到现在虽然超过了130年的历史，但是中国汽车的历史不过50多年，而中国人消费汽车也不过是最近20多年的事情。尽管中国市场在2003年以1300万辆的业绩冠盖全球，但是与发达的欧美地区相比，我们人均拥有汽车的数量并不多，很多人还缺乏对汽车基本常识和构造的了解。

因此，我们不能被北京车展上的绿给迷惑了，新能源车是趋势但更是一个长期发展的过程，在相当一段时间内传统汽车还是主流。

我们需要一个怎样的广州车展？

2015年举办的第十三届广州国际车展，与往年最大的区别在于：它不再是汽车行业的庆功宴，而是新常态的分水岭。就连往昔那些"牛"得不行的车企也出言谨慎。

大众汽车当年史无前例地取消了大众汽车集团主导的"大众之夜"，一改往昔化零为整的大阵势，由旗下各业务单元自行发声。尽管有消息称，今后各地车展的"大众之夜"统统取消，但是始于广州车展的做法还是令人感觉大众伤得不轻。大众汽车集团主管中国市场业务的董事会成员海兹曼则继续延续上任以来的第三次道歉，当年的歉意则变成了尾气排放给中国消费者造成的困惑，虽然在华的上海大众和一汽-大众没有柴油车型，但是数千辆以进口形式引入中国市场的柴油车还是给用户造成不便。大众中国高管苏伟铭则把大众汽车"车之道，唯大众"的品牌理念更改为"车之道，为大众"，由"唯"到"为"的一字之差，既凸显了发生在美国的大众尾气造假事件的严重程度，也显示了大众汽车在中国市场的诚意。不过，大众汽车在第十三届广州国际车展上还是公布了两个令业界震惊的消息，一是受财务影响，原本增持一汽-大众股份的事宜往后推迟两到三年；二是大众承认正在和江淮接触，探讨成立江淮大众的可能性。

每年11月下旬举行的广州车展堪称汽车行业的年度晴雨表，与往年收获了不错业绩在广州车展搞庆功宴不同，2015年的广州车展各个车企低调甚至谨慎不少，等待各个车企的，业绩放缓可能仅仅是个开始，未来三年内汽车行业恐怕将上演继续放缓的连续剧。佐证是，已经有车企高管不接受采访了，即使接受采访也多出言谨慎、笑而不答。

当然，2015年广州车展还有不少故事和事故。开幕当天，范冰冰、孙燕姿、胡歌、周韦彤、柳岩、曾宝仪、萧敬腾等艺人先后为各自代言的品牌倾情亮相，恰似在广州车展举办了"一场文艺晚会"，使得原本专心看车的媒体日出现了"只看人，不看车"的"粤囧"。所谓的事故，其实只是长安福特把金牛座24万元起的定价错写成24亿元，社交媒体以范冰冰的口吻戏言道："这车比我为东风雷诺的代言多出好几栋别墅来"。不过，长安福特将错就错，也使得金牛座的价格成为2015年广州车展有意思的插曲。

就车展本身而言，走过13年，广州车展应该反思定位了。汽车行业好的时候，广州车展年末举行的时间优势凸显，车企还是愿意借机把酒言欢的。而置身2015年广州车展现场，虽然也相对热闹，但对比往年冷清不少，完全成了一个封闭的圈子展，展商貌似吹拉弹唱不亦乐乎，但是这种传导效应很难传递出场馆，就更别说传递给消费者了。与广州车展毗邻举行的还有个茶业展，茶业展里面人来人往的场景比车展热闹多了。尽管广州车展上，号称亮相的新车不少，但是不少车企更愿意以车展之名在展馆外"开小灶"，上海通用的威朗 GS/威朗轿跑、雪佛兰乐风 RV 及全新迈锐宝 XL 三款新车，其中的两款新车都放在了展馆外，无不透射出广州车展魅力的衰减。

广州车展更应该定位为卖车的车展，定位为辐射华南的汽车消费展。也不止广州，中国的车展除北京和上海展示新产品新趋势的定位以外，其他车展都应该办成一个以卖车为主的车展。

上海车展光"大"不行

2015 年 4 月 18 日至 4 月 28 日，世界汽车工业把时间统一调整为中国时间。而立之年的 2015 第十六届上海国际车展在崭新而巨大的上海国家展览中心启幕，这是一届"光"大还不够的上海车展。

历史总是惊人的相似，仿佛也是重复昨天的故事。两届前的北京车展，地点从三元桥搬到了靠近首都机场的顺义新展馆，而那年的上海车展也乔迁新居，从浦东的龙阳路搬到了靠近虹桥机场的国家会展中心。新展馆、靠近机场，都是那么相似，甚至连四年前北京车展开幕时的那场雨也在本次上海车展开幕当天如约而至。

不过，有一点是北京车展无法比，那就是 35 万平方米的展馆，相当于虹桥机场和虹桥高铁站的面积总和。在车展媒体日当天，我像个竞走运动员般溜溜走了一整天，29km 的距离比半程马拉松还长。更有同行在社交平台调侃，不是在展馆就是在去展馆的路上。车展开幕几日，争相晒步数成了不少参展的厂商、媒体及各路人员的时尚。在中国最火的车展都用不完偌大的展馆，还有哪个行业能填得满。好大喜功在上海车展成为典型。

一个良好的车展不必在"大"上做文章，宝马、奥迪、奔驰、大众等展台的面积普遍扩容，展览面积少则增加三五百平方米，多则增加上千平方米。殊不知，增加的面积掏的都是真金白银。展览的内容并没有因面积而产生质变，车还是那些车，不少展台为了撑场面，同一款车摆了三五辆，还美其名曰为了观众参观方便，每天一个"小半马"距离的车展，观众一点儿也不需要。

2015 年的上海车展取消了模特，可以让观者静下心来好好看车。这可能是最近几年来最能体现汽车与互联网融合的车展，阿里巴巴、乐视、博泰、特斯拉、博世等解决移动终端的技术层出不穷，互联网与汽车如同鱼儿离不开水的交融从未如此亲近，新能源、无人驾驶等概念伴随着时间的推移，势必将从展品变成商品。

更希望，未来的上海车展能在"大"上量力而行，用不完并非一定要启用全部展馆，就像大而不强的中国汽车工业，寻求在底盘、发动机、变速箱等核心技术取得突破也可以无与伦比。当飞机从虹桥机场腾空而起，毗邻的四叶草状的国家会展中心清晰可见，那下面掩映着每个人的汽车梦。

成都汽车那些事儿

成都车展，年年参加。参加得多了，自然想写写成都的车。

李白在写"蜀道之难，难于上青天"时肯定不会想到，千年之后的蜀道堵，而且堵得很严重。

汽车之外，我们对成都的认知大多来自那句过目不忘的城市口号："成都，一座来了不想走的城市"，支撑这个口号的则是满城飘香的火锅味道以及比北京慢不止半拍的生活节奏，不少文人墨客把成都比作休闲之都，这个称谓名副其实。

成都茶楼林立，如果说我们把为工作喝茶当作调剂，那么成都人的喝茶则是家常便饭，成都的车似乎也这样，在成都街头巷尾，既能看见两三万元的老奥拓，也能看见身价两三百万元的兰博基尼和保时捷。当然，最多的还是价格在 10 万～20 万元的车型。尽管有成都人更钟情于欧洲车的说法，但是在成都街头，法国、日本、韩国、美国的汽车品牌都能看见，可见在汽车消费上成都是个包容性很强的城市。

在汽车消费上成都人是超前的。在汽车消费的攀比上，成都人不逊色于国内的任何一个城市。造成这种现象的原因很多，甚至和历史上的"蜀道难"密切相关，李白在《蜀道难》中写道：

噫吁嚱！危乎高哉！蜀道之难，难于上青天。蚕丛及鱼凫，开国何茫然！尔来四万八千岁，不与秦塞通人烟。西当太白有鸟道，可以横绝峨眉巅。地崩山摧壮士死，然后天梯石栈相钩连。上有六龙回日之高标，下有冲波逆折之回川。黄鹤之飞尚不得过，猿猱欲度愁攀援。青泥何盘盘！百步九折萦岩峦。扪参历井仰胁息，以手抚膺坐长叹。

……

剑阁峥嵘而崔嵬，一夫当关，万夫莫开。所守或匪亲，化为狼与豺。朝避猛虎，夕避长蛇。磨牙吮血，杀人如麻。锦城虽云乐，不如早还家。蜀道之难，难于上青天，侧身西望长咨嗟。

千百年来，气候湿润的四川盆地从来没有受到过外来侵略。易守难攻、天府之国、丰衣足食，这恐怕也是成都人不存钱、有一元敢花两元的原因，成都人的这种消费观念与欧洲消费者几乎相同。体现在汽车上，就是愿意买车。统计说，2020年成都的机动车保有量超过400万辆，私家车的比例仅次于北京，全国排名第二。

在成都生活久了还会发现，尽管堵车，但是汽车与这个城市的格调很和谐，尽管在买车时多少存在着攀比心理，但是大家又没有把车太当回事，仅仅是个交通工具而已。无论是在饭馆还是在茶楼，看开车者进进出出，那淡定、从容的心态，那慢悠悠或开门上车或关门锁车的节奏，也是像北京这样的大城市所不能比拟的。

很少有人知道，天府之国成都在中国汽车历史上也写下过浓墨重彩的一笔。成都解放后，棉花街的汽修业再次做出了大贡献，那就是在1952年诞生了成都的第一批16辆公共汽车。

中国的车展，多如牛毛。成都车展，最近几年受到越来越多的重视，除了市场，更重要的恐怕是很多人被这里的慢节奏的生活方式所吸引。

长春承载中国汽车希望

2005年8月举行的第四届长春国际车展再度把人们带进思考之中。2005年对于中国汽车来说是大年。

汽车是什么？对个人而言，恐怕会有上万种理解。然而，对一汽和长春来说，则只有一种理解：长春对于中国汽车的意义如同北京是中国的首都。

的确，中国汽车的历史在长春起步。一汽的设立缘于毛泽东对苏联的访问。他在参观斯大林汽车制造厂时感慨地说："中国也应该有这样的汽车厂。"并亲笔为"第一汽车制造厂"题词。

长春是名副其实的汽车城，中国最大的汽车生产科研基地——中国一汽集团公司就在这里，一汽是中国民族汽车工业的象征。中国第一辆国产轿车就是从这里下线的，毛泽东等党和国家第一代领导人的座驾，邓小平同志在国庆35周年的阅兵车等都产自长春。长春一汽生产的红旗、解放、捷达遍布全国各地。奥迪A6、宝来一经面市便广受欢迎，供不应求。长春还有名扬全国的长春客车厂，在全国铁路线上驰骋的3.5万辆客车中，有近60%是长春客车厂生产的。世界上最先进的城市轻轨车、中国第一台磁悬浮列车也都诞生在长春。

虽然中国的汽车企业已经形成了以长春、北京、上海、武汉、广州等地区齐头并进的整体产业格局，哪怕是其他地区的汽车企业的实力超过长春，超过一汽，但是中国汽车长春是根的事实永远都改变不了。

中国人对汽车经历了看车和开车的两个阶段。所谓看车，是指虽然买不起车，但中国已经会造汽车的阶段；所谓开车，是指随着经济的发展，更多的人已经或即将实现有车生活，并开始对汽车的造型、性能、品牌品头论足了。这两个阶段都与长春一汽密切相关，看车时看到的是中国人不会造车的历史在长春一汽结束；开车时则有相当的人在开着长春一汽生产的汽车。

60年是一个轮回。一汽是苏联援建的，现在一汽的汽车已经开始返销俄罗斯了，这就是中国汽车的进步，这就是中国的进步。一汽承载着中国人对汽车追逐的梦想！

第八章　经典神车

富康的优势在哪里？

　　富康是进入市场较早的中外合资车型，其市场占有率排在桑塔纳、捷达之后。论技术，富康并不逊色于其他车型；论价格，富康也并非高不可攀。那么富康的优势到底在哪里呢？

　　作为较早进入中国市场的品牌之一，从1993年到2002年，富康销量为20万辆。在执掌东风标致和东风英菲尼迪之前，时任神龙公司市场部主任的雷新曾表示，当时的大环境和私家车市场尚未启动制约了富康的快速发展。

　　雷新用"起了个大早，赶了个晚集"来形容富康最初几年的遭遇。神龙公司在20世纪90年代引进这款当时与国际同步的车型时，正赶上中国经济环境的波动期，大环境对富康的打击是致命的。表现在，刚要起步的私家车市场因为受大环境的影响而停滞不前，而当时的情况是神龙公司刚刚把富康车定位为"打造中国家轿第一品牌"。雷新同时认为，制约富康快速发展的另一个主要原因是富康时尚、前卫的车型。神龙公司引进富康时，本指望用两年甚至更短的时间来改变人们的消费观念，但事与愿违。等这款车开始在市场上亮相时，神龙公司才发现中国的消费者从心理上更喜欢的是三厢车，而不是两厢车。

　　用9年时间所获得的与别人用5年就取得的份额画等号，是外界对富康的评价，也有人干脆把富康划到了生不逢时的队伍里。得出这种结论的背景是，富康刚进入中国市场时要么国家大环境不好，要么百姓不接受这种车型，等上述的因素消除之后，一些与富康定位基本相同的车型却突然在市场上出现了，富康在很长一段时间里在市场上扮演着陪衬的角色。

虽然在最初的几年时间里，富康的销量没有上去，但是神龙公司所积累的市场经验是国内任何一家公司都不能拥有的财富。正是这种积累才换来了富康现在的热销。雷新说仅2009年5月，富康在私家车市场就拿到了7000辆的订单。雷新并不觉得这些市场是从同行的车型中抢来的，而是越来越多的消费者在接受富康的系列车型。神龙公司在市场上所起的作用还在于，人们不仅接受了富康的车型，更重要的是消费者开始接受不是富康的其他的两厢车车型。

富康不是降价幅度最大的车型，却一直是扮演价格杀手的领先者。从"老三样"的价格率先跌破10万元，到富康"时代潮"降价8000元，乃至三厢富康988的变相降价。正是神龙公司的频繁降价给人们打上了富康坚定不移扛降价大旗的烙印。

降价的因素有三种：一是同行业竞争加剧；二是企业正常的营销策略；三是企业生产规模化后，成本降低。雷新表示，神龙公司今后将不会采用调整价格的手段来赢得市场，而是转到以为用户提供新产品为主的营销策略上。

在2008年6月举行的北京国际车展上亮相的爱丽舍三厢，结束了神龙汽车只靠富康打天下的局面。基于雪铁龙ZX轿车技术平台上的爱丽舍在驾乘舒适性和经济性上都有出色表现。但随着市场发展及消费者对车型要求不断提高，相对单一的车型已无法满足消费者的需求，推出外形时尚现代又符合大多数消费者审美观念的轿车就成了必然趋势。

从当时神龙公司企业产品的价格系列上来看，9.78万元和11.78万元的新自由人构成了主要的低端产品，19万元～22万元的毕加索构成了中高端产品，爱丽舍的推出将很快成为价格位于两者之间的主力车型。雷新所说的富康新车，就是被人们称为三厢富康的988。

在2000年左右的家用中档轿车中，将富康与捷达认真加以比较，就可以发现许多有趣的现象。它们表面上不相关，其实却像一对欢喜冤家：我的优点就是你的缺点，你的优点就是我的缺点。

富康外形流畅优美，捷达平稳厚实；富康起步时动力不足，捷达车则强劲有力；富康内饰精细，捷达比较粗糙。如果说富康是个浪漫多情的法兰西美女，捷达则是个高大英俊的日耳曼帅哥。两厢的富康车外形秀气、柔美，非常耐看。

第一次见到富康车是在1990年前后，当时就觉得该车非常小巧玲珑。多年过去了，现在再来看富康，依然觉得它像个风情万种的小家碧玉，让人难以释怀。由此可见法兰西人生产出来的汽车充满了艺术美感。车子的内饰也很精致，即使最细微的地方也不觉得粗糙，如车门的封边胶、门把手及拉手、变速杆和其他塑料制品等。无论是从燃油经济性、操纵灵活性、行驶平顺性、售后服务完善性等方面去衡量，富康车都使人较满意。以 1.4IRL 为例，在不开空调的情况下，每百公里的油耗为 6.5L 左右，开空调 7L 左右，由于该车装备了液压助力转向装置及双回路液压制动装置，因此转向及刹车都非常省力。该车低速行驶不颤抖，高速不飘，转弯不甩尾，行驶顺畅，这得益于其优美的半滴水状外形设计（有效减少风阻）及独有的后轮随动转向技术。

当然，富康也有起步慢的缺点，由一挡到三挡所花的时间较长。即使按使用手册所说的发动机在 2500~3000r/min，由一挡挂二挡感觉都比较硬。另外，在满载的情况下，如果要开空调，则时速不能低于 50km/h，否则车子比较吃力。也许是排量小的原因，车子在满载爬坡时特别费劲。

捷达又如何呢？突然间又使人想起聪明能干的日耳曼民族。富康和捷达几乎是同时出现在中国市场。20 世纪 90 年代初第一次看到捷达时，感觉其外形四方有余而灵活不足。也许那时中国的技术水平还比较落后，只能引进别人淘汰的东西来生产，不过捷达的耐用和动力强劲却是公认的，只是外形难看了一点。不过在此后的 10 多年里，一汽-大众与时俱进，不断推出新款捷达，包括新内饰的捷达王 GIX。捷达王的外形没什么变化，还是前脸饱满，后面方正，给人以工整结实的感觉。其内饰也与其他捷达不可同日而语，精细不少。捷达的排量为 1.6L，起步强劲有力，提速较快，在市区内行驶每百公里的油耗为 9L~10L，高速公路上行驶则为 6L~7L。装有液压助力转向装置和防抱死制动系统（ABS），方向操纵起来很轻，行驶和制动时很平稳，隔音效果很好。总体而言，捷达王比其他款的捷达要进步很多，尤其是在内饰和隔音性能方面。整车犹如一个日耳曼小伙，既做事严谨认真，又能吃苦耐劳。

不过捷达也有小缺点，车内的部分塑胶件的边上带有一些毛刺，可见注塑工艺还未能达到百分之百的精细，不过这要很仔细才能看出来。另外，捷达王的车门封边胶是外露在车顶的，容易老化，从而影响隔音效果，不过这也是所有捷达车在设计上的一大"败笔"。

对于汽车，国人现阶段希望能买到的是价格合理、性能优良的家用轿车。如果能结合富康和捷达的优点生产出我们自己的家用轿车，那将是一件非常利国利民的事。消费者花钱其实就是一种感觉：钱花得值，花得满意就够了。

令人惋惜的是，富康的技术当时远超捷达和桑塔纳，却在销量上怎么也追不上。既有神龙不会卖车的原因，也有消费环境改变的原因。当时，人们对于两厢车的接受程度远不像今天，这也让富康吃了市场的"瓜落"。当捷达和桑塔纳不停推陈出新征战市场时，引入中国市场最晚、技术最先进的富康却第一个退出市场。

跟睿翼学开车

人总是希望能多些本事。例如，我们常听到的"手中有粮，心中不慌"就强调了有备无患的重要性。开车同样如此，虽然谁都不希望发生交通事故，但是如何避免交通事故，就看驾车者的技术水平了。当交通事故不可避免时，如何把危险降到最低考验的也是技术储备。

甚至我在想：如果驾校让我获得了驾驶汽车的资格，则睿翼教会我如何安全地开车。这样的感慨来自2009年9月参加的一次封闭赛车培训。

培训地点位于北京通州的国家体育总局汽车摩托车运动管理中心培训基地。培训内容哪怕对于我们这些专业记者来说，也是在电视上才能看得到的，诸如蝴蝶桩、8字桩、蛇形桩、直线加速并线、90°过弯等专业科目。主教练是在国内越野赛和拉力赛上著名的方勇，每辆车的教练也多为经常参加国内外赛事的好手。在为期两天的封闭培训中，与我们相伴的是没有经过任何改装的马自达6睿翼。

培训期间，北京气温在38℃以上，地面温度在60℃以上，睿翼每天从上午到下午都在连续参加培训。例如，在测试紧急制动时，轮胎的温度经常达到70℃，在每次间隔约1分钟的情况下，连续紧急制动160多次后，刹车盘片温度为400℃～500℃，刹车从未出现热衰退现象。在许多类似的极限条件下，绝大多数车型都已经无法正常工作，而睿翼依然表现良好，就连国家体育总局汽车摩托车运动管理中心训练培训基地代主任都说："睿翼的性能出人意料，在过弯等各种项目中，睿翼体现出专业赛车的水平。更为关键的是，睿翼能够经受得住极限使用。

对每个人而言，培训时间为短暂的两天。而对于睿翼而言，则要陪伴1000多人才算完成使命。参加培训的人有见多识广的记者，也有一汽马自达全国各地的经销商，他们中还不乏一些睿翼的准车主。

陪同参加培训的一汽马自达市场部部长卜红升说，专业车手培训与以往的试乘试驾有本质区别。以往的试乘试驾更多以体验为主，这次培训是严格按照国家专业车手的培训标准，目的在于提升驾驶技能，培养安全意识。这种说法得到征战赛场多年的主教练方勇的佐证，培训按照专业赛车技能训练大纲进行，蝴蝶桩、蛇形桩、直线加速并线等科目几乎涵盖了中汽联赛员平时训练的全部项目。尽管培训中的诸多高难度动作只有在赛场中才能使用，但是这些训练科目对于普通驾驶者来说也是一种技术储备，能够提高驾驶者在日常驾驶中的应急处理能力。

很多学员起初是为了获得中汽联所颁发的官方赛车驾照。紧张的培训结束，虽然能拿到赛车驾照固然重要，但更重要的学到了如何开车。培训过程是深入了解睿翼性能的过程，不少人把这次培训称为"破坏性培训"，也让人明白了睿翼贵在哪里的。

随着成都醉酒驾车案、杭州保时捷案等诸多恶性交通事故的发生，驾车者的驾驶习惯和安全意识也成为社会关注的热点。由一汽马自达倡导，联合中国汽车运动联合会，对媒体以及消费者进行专业车手的培训在国内尚属首次，也恰逢其时。略显不足的是，这种学真本事的培训仅仅局限于一汽马自达睿翼的车主，如果范围扩大至所有感兴趣的人，那必将是一件好事。

车中孤品迈巴赫

一辆迈巴赫600万元，早在2004年上半年就在中国内地市场销售7辆。

虽早有德国同行携超豪华品牌劳斯莱斯登陆中国，但迈巴赫血统更为纯正，虽然因为第二次世界大战的原因沉睡了60年，但100多年来迈巴赫品牌一直信奉的"制造全世界最优秀轿车"的精髓从未改变。作为世界上最先进的制造厂精雕细琢的杰作，迈巴赫品牌借鉴了世界上最悠久和最具创造力的汽车制造商戴姆勒·克莱斯勒的专业技术，同时也得益于梅赛德斯-奔驰的领先技术、实践经验和豪华品位。

在梅赛德斯-奔驰的支持下，迈巴赫进一步完善了梅赛德斯-奔驰独有的开创性工程技术，并将其作为迈巴赫豪华轿车的标准配备，如电子感应制动系统、电液制动系统、电子控制空气悬架、声控操作系统、驾驶室管理和数据系统及紧急呼叫系统。

这其中还包括迈巴赫专门开发的汽车创新成果：比任何标准型号发动机强劲的"V12"发动机，405kW（550hp），极为舒适的靠背倾角可调式后排座椅，每个座位的600瓦杜比环绕立体声音响系统，以及基于两个独立空调系统的四区域自动空调系统。凭借这些，迈巴赫在顶级豪华轿车市场确立了新标准——古典传承与科技创新的完美统一，成为汽车工业无比尊贵的王者。

迈巴赫2004年中国战略的第一步是5月份组织媒体进行的"香港之旅"。主流媒体的记者亲自体验了现代科技与典雅美学完美结合的迈巴赫中心。第二步是2004年北京

国际车展上,迈巴赫57与迈巴赫62首次与消费者见面,其豪华中不失典雅、严谨中不失动感的特征给现场观众留下了深刻的印象。在这次车展上,迈巴赫正式宣布进入中国内地市场,并做出了在北京、上海、广州三地设立迈巴赫中心的承诺。而北京、上海迈巴赫中心的试营业,以及2015年广州迈巴赫中心的建成,则是迈巴赫中国战略中的最后一步,也是最具超越性的一步。

迈巴赫的服务是全方位的。当一个购买者有意购买迈巴赫时,可以与遍布全国的梅赛德斯-奔驰特许销售和服务中心取得联系,得到咨询与帮助。迈巴赫中心的最大特色——精通业务和两到三门外语的特派客户经理,可根据客户需求定制迈巴赫轿车,通过各种色彩与材料的组合,让客户体验迈巴赫轿车的真正震撼,并在220万种配置方案中进行挑选。

特派客户经理还能为客户提供完整的售后服务,包括从计划制订到协调等所有必要工作。两名特派客户经理可以随时为用户和潜在用户提供服务。

时任奔驰中国总裁韩力达对中国经济的快速增长大加赞赏,他说谁是迈巴赫车主?问题答案在福布斯排行榜中。在中国经济快速增长的过程中,一些有智慧的年轻人很快获得了财富的积累,有越来越多的中国人进入了福布斯排行榜。进入福布斯排行榜的人不一定都会买迈巴赫,但是这些人都是迈巴赫的潜在客户。

中国人的奢侈品消费占全世界奢侈品消费的3%,像宾利、迈巴赫这样的汽车极品,尽管每年全球只有1000辆的生产计划,但是亚洲的销量占全球销量的20%。还有像宝马7系这样的豪华车,中国市场的消费能力世界第一。当时还有一组数字也十分惊人,全世界每年会诞生8000名豪华车的用户,其中有2000名用户集中在亚洲,而亚洲的核心在中国。

梅赛德斯-奔驰和迈巴赫品牌颇有渊源,也有许多共同之处。作为Daimler-

Motoren-Gesellschaft（DMG）的技术总监，威廉·迈巴赫（1846—1929）与戈特利布·戴姆勒（1834—1900）共事多年。1901年，他设计了第一辆梅赛德斯汽车，这是当代所有轿车的模板。由于以上的巨大贡献，威廉·迈巴赫受到人们敬仰，并且在汽车界得到了"设计之父"的美誉。1907年，威廉·迈巴赫离开了DMG，并于两年后和儿子卡尔·迈巴赫一起开始为费迪南德·冯·齐帕林伯爵生产飞艇所使用的强劲发动机。1919年之后，卡尔·迈巴赫（1879—1960）在康士坦茨湖岸边的Friedrichshafen工厂中设计制造了完美无瑕的豪华轿车，而这也使他闻名于世。1941年，按照客户要求的设计与专业装配，卡尔·迈巴赫制造了约1800辆此型号的高级轿车。

1931年面市的迈巴赫旗舰车型DS8"齐柏林"，凭借5.5m的车长，成为当时享有极高声望的德国车之一。正如迈巴赫宣传册上所说："齐柏林"是每个人梦寐以求的座驾。2004年在日内瓦，凭借对汽车事业的巨大贡献，威廉·迈巴赫的名字进入了"欧洲汽车名人堂"，载入史册。

作为超级豪华轿车中的重要一员，迈巴赫在2002年，在梅赛德斯-奔驰的支持下完美复出。迈巴赫已经超出了顶级豪华车的意义，代表着一种生活方式。梅赛德斯汽车集团负责迈巴赫业务的高层领导明确表示，迈巴赫的对手只有豪华游艇。

复苏后的迈巴赫，继承了迈巴赫父子造"世界上最昂贵轿车"的梦想，始终以不断的创新科技来确保完美的品质，新款迈巴赫57S特别版就是其中的杰出代表。新款迈巴赫57S特别版以更强劲的性能和附加的个性化装备，能够满足用户在发动机输出功率和敏捷性方面更为苛刻的要求。其装配的6L V12双涡轮增压发动机，是和梅赛德斯-AMG联合开发的，其功率同以往的迈巴赫57相比提高了45千瓦/62马力。同时，这款发动机还能够提供惊人的加速度，从静止加速至100km/h仅需5s。为了和更加强劲的动力相匹配，迈巴赫57S特别版的悬挂采用了刚性略大的响应性设计，为喜欢驾驶的车主提供了梦幻般的驾乘体验。

迈巴赫57S特别版的问世也丰富了迈巴赫的车型系列。其现代奢华感、极度舒适性和高性能顶尖技术的组合，体现了迈巴赫品牌的完美特性。迈巴赫57S特别版装配了更加强劲的新款12缸发动机，排量为6L，由于采用了双涡轮增压技术和空气/水中冷器，其最大功率高达450kW（612hp）。在发动机转速为2000~4000r/min的范围内，即使受到电子限制，依然可以持续输出1000N·m的最大扭矩。因此，偏爱运动驾驶风格的车主始终可以利用巨大的储备功率，来体验迈巴赫非凡的驾驶乐趣。每部12缸发动机的汽缸盖及标牌都经过重新设计，标牌上有发动机序列号和梅赛德斯-AMG专家按照 AMG"一人一机"的理念，为每款手工制造的发动机留下的签名。同时，迈巴赫开发团队还调整了迈巴赫 57S 特别版的悬挂系统，采用了刚性更大的设计，从而能够更好地满足不同要求。这种悬挂系统在确保发动机惊人性能的同时，还可以使迈巴赫的极高动态潜能在任何时候都能够安全和可靠地传递至路面。同时，这种悬挂系统也能够保持极高的乘坐平顺性，这是所有迈巴赫豪华轿车都具备的性能，也是迈巴赫品牌中固有的特性。

端庄和雅致的外部视觉重点突出了新款迈巴赫 57S 特别版的清晰动态特性。这些视觉重点包括：特殊黑色或银色漆面的专有单色调方案、改进型前脸及增强型散热器格栅和改良型照明装置、前翼板上和 A 柱下面及行李厢盖上端庄的"57S"图标，以及引人注目的 20 英寸辐条式新车轮。在后端，两根重新设计的排气管整合到了经过修改的后裙板之中，这意味着迈巴赫 57S 特别版的性能得到了进一步提高。动感和典雅的外观使得它即使在静止时，也能够清晰地显示出其作为顶级豪华轿车的独特风采。对于喜欢运动的车主而言，迈巴赫 57S 特别版毫无疑问是最佳的选择。

新款迈巴赫 57S 特别版延续了迈巴赫对高性能、非凡的动态操作性和极度奢华概念的综合诠释。在新款迈巴赫 57S 特别版中，采用手工精心制作的高品质的新式皮革装饰，有助于营造出一个鲜明且雅致的格调，增强与众不同、极为尊贵的视觉效果，达到了迈巴赫传统意义的完美标准。在内部，特别是能够直接触摸和看见的地方，新款迈巴赫 57S 特别版采用了钢琴漆与碳素色的和谐组合，从而营造出一个动态与典雅的氛围。

帕萨特还能热销多久？

早在 2002 年，帕萨特 B5 系列的销量急剧升温，使得这款原本代表中高档车的车型的身影在滚滚车流中随处可见。俗话说，物以稀为贵。当满大街都是帕萨特时，还能是中高档车的代表吗？

不管上海大众是否认同，帕萨特 B5 在 2002 年的热销肯定出乎他们的意料。按照正常的市场规律，一款车型从下线到让消费者接受，再到被认可、热销，一般需要 5 年左右。市场上的很多车型诸如桑塔纳、捷达都是这样走过来的，而帕萨特 B5 把这种正常的市场规律的时间缩短两年。帕萨特 B5 系列车型从 2000 年下线后的短短两年时间，其市场保有量已经达到了 10 万辆。其中，北京市场帕萨特 B5 系列的销量已经突破了 2 万辆大关，市场上甚至一车难求。

当一款原本代表着高贵身份的车型，一夜之间成为大众化的口味时，帕萨特 B5 还会是中高档车的代名词吗？上海大众给出的答案是：帕萨特 B5 系列车型依然是中高档车的旗舰代表。

时任上海大众华北销售服务中心市场部经理的陆皓，和现任上汽集团总裁助理的蔡宾是我最早认识的上海大众的朋友。陆皓当时派驻到北京负责华北区公关事务，蔡宾则坐镇上海安亭总部负责公关事务。

陆皓表示，购买帕萨特系列车型的人群主要由私营业主和公务人员两部分组成。以北京市场为例，2002 年前 5 个月，帕萨特系列车型每月的销量都在 1000 辆左右，而且这个数字还有增长的趋势。对于销售火爆是否会动摇帕萨特在人们心中还是中高档车地位的顾虑，陆皓说："帕萨特系列车型今后的发展方向是要往高端走，从最初的 1.8 开始，到后来的 1.8T，再到现在的 2.8V6，都是在向高配置的方向发展，而价格并没有提高。"言下之意，上海大众是在用高配置来维持帕萨特系列车型的销量。

对于帕萨特系列车型未来的市场前景，上海大众信心十足。2004 年帕萨特系列车型的计划产量是 7.5 万辆。这个产量与其竞争对手本田雅阁、别克、风神蓝鸟相比，都多出不少。时任上海大众汽车有限公司总经理的南阳表示，信心来自帕萨特 B5 轿车已经达到了新的制造水平，其价格相当于中级轿车的价格，但配置和性能已经接近豪华轿车。

从帕萨特到帕萨特领驭，再到全新帕萨特、帕萨特插电式混动，18 年时间，帕萨特在中国市场的销售量超过了 200 万辆。

"小三样"续完姊妹篇

就像电视连续剧总要拍出个续集一样，优秀的汽车品牌也都惦记着出个"姊妹篇"。2003 年 6 月底，车市"小三样"的姊妹篇尽数出齐。"小三样"是相对富康、捷达、桑塔纳"老三样"而言的。"小三样"——赛欧、派力奥和 POLO 三个品牌的车型就像争相盛开的"姊妹花"。

赛欧姐妹——早出风头早得利

俗话说：笨鸟先飞。更何况年轻的上海通用汽车又不是笨鸟呢！当其他的企业还在琢磨怎样卖车时，上海通用的赛欧在两年时间里一路小跑。其赛欧系列轿车的销量迅速接近 10 万辆。这个数字成就了上海通用汽车跻身国内汽车企业前三的地位。

平心而论，赛欧系列中，无论是外观还是性价比，较三厢车稍晚推出的 SRV 才更有竞争力。而 2005 年赛欧 SRV 推出的时候，国产轿车中还没有类似的车型。不过，当年消费者不接受像富康两厢车概念的情形，并未在赛欧 SRV 上上演。根据记者掌握的情况，在目前的赛欧全线车系中，SRV 的市场销量已经超过了三厢赛欧。先行即意味着掌握主动。已经在市场上占据不少份额的赛欧 SRV，也为上海通用汽车积累了不少资本。

派力奥"姐仨"——不急不躁慢步跑

2003 年 6 月底之前，南京菲亚特将在中国市场构筑起更加完整的格局：派力奥、西耶那、派力奥周末风。两厢车、三厢车、旅行轿车，可谓一个都不少。

南京菲亚特并不是汽车界的老资格，但是其每个举动都能在市场上弄出些动静。在北京市场，派力奥和西耶那的销量排名完全可以和上海大众相媲美，两款车在北京的销量都超过了 1.3 万辆。

时任南京菲亚特合资公司商务部副总经理的拿波达诺（Napodano）称，即将投放一款旅行轿车——PalioWeekend，中文名为周末风。在西方国家，人们工作和休息的界限划分得非常清晰，他们所崇尚的原则是上班拼命工作、假日尽情享受，周末携家外出旅游已成为生活中的重要组成部分，在这样的背景下旅行轿车得以盛行。如今中国社会也正在进入这样的阶段，这种优质生活的观念正在逐渐被人们所接受，市场已具备投放旅行轿车的条件。

POLO"姐妹"——要做就做双响炮

三厢 POLO 早已吊足了车迷的胃口。早在 2002 年北京车展时，上海大众说真正值得期待的还不是当时成为车展焦点的 POLO，而是还在德国大众总部的三厢 POLO，并透露出三厢 POLO 是上海大众的秘密武器，这种做法的确起了作用。尽管在 2003 年上海车展上看到的三厢 POLO 并没有惊艳的感觉，但车市对三厢 POLO 的期盼还是显而易见的。

事实也不会让车迷失望，2015 年 6 月底上市的三厢 POLO 会成为车迷的又一个追随目标。流畅华美而不失实用的外形是 POLO 三厢车型最受推崇的亮点之一。车身加长的 20cm 让大众的汽车设计师把 POLO 从"前卫时尚"扶上"现代时尚"的台阶。从上市以来 POLO 一直主打"时尚"牌，两厢 POLO 圆润精致与灵动时尚的风格至今在新品辈出的中国汽车市场仍然十分鲜明。而三厢 POLO 利用加长的 20cm 车身把车体的整体流线造型塑造得更为流畅饱满，大气稳重而不失典雅品位。从前面看，POLO 三厢车与两厢车的差别并不明显，但 POLO 三厢侧面流畅现代的线条说明它与两厢 POLO 各有千秋。另外，三厢车型扩大的后备厢不仅增加了车的后部空间，而且为整车平添了一份稳重、和谐与大气。同时，三厢 POLO 在驾驶性、安全性、操控性、舒适性、经济性、环保性及空间安排等方面均有改进。

零距离接触劳斯莱斯幻影

当提到劳斯莱斯这个车名时，你的想象会是什么呢？我在最早接触这个品牌之前，整整看了 70 页资料，甚至在亲身乘坐之后，依然说不出劳斯莱斯的特点。2004 年 12 月是英国汽车品牌劳斯莱斯的百年诞辰，这个长盛不衰的品牌借百年大庆之机，在上海西郊宾馆举行专场品鉴。

一位劳斯莱斯车主说：你甚至不会觉察到引擎动力的存在，直到你需要更大的动力。它的空间和流畅性令人难以置信，开动起来竟然如此得心应手。

毫无疑问，从古德伍德工厂出品的这款新幻影车是真正的大车。它的威严与优雅令它理所当然地拥有崇高的地位。但是，在古典式的主人席／驾驶席设计方面，这辆车又远远领先于人们的鉴赏力。

走近劳斯莱斯驻足细看，研究得越仔细，就越会发现照片上的庞大车头其实并不真实，而其车身之灵巧及线条之流畅却越发明显。从这里你可以找到前款劳斯莱斯的影子：从一个角度看有些像银影（SilverShadow），从另一个角度看又有些像银云（SilverCloud），而从其他地方看又能发现它与 20 世纪 50 年代版的豪华房车有着千丝万缕的联系。最耐人寻味的却是车轮直径与车身高度的比例，以及车门的设计和车窗的形状。

这并不是对过去简单的重复：幻影车对传统、正式的英国古典房车做出了全新的诠释。就在劳斯莱斯的车迷们对这款车的前部设计评头论足时，英国人的失落感也将慢慢消失。

是的，散热器护栅真的很大，矩形的前灯第一眼看去也有一些怪怪的感觉，但当你了解到幻影车的设计理念时，所有这一切都变得充满了意义。

车的门把手设计得很巧妙，第一眼望去多少有点令人不知如何使用，但当你抓住门把手时，就会明白原来只需轻轻向外一拉即可……

全角度揭开威驰面纱

威驰 VIOS 是一汽丰田国产后的学名。在丰田内部，威驰的代号是 T-1，取 TOYOTA 在中国的第一款国产车之意。威驰是以"提供高质量的移动空间"理念开发而成的。其特点是，车身造型源于丰田的新世纪设计主题"VIBRANTCLARITY"（活力清爽），极富动感又不失强悍；车内空间设计独特，集高档设计与尖端科技于一身。

从正前方看，发动机罩到前格栅是一个具有整体感的立体结构，与迂回过来的车身侧面融合在一起，形成一个强劲而丰满的整体。宽幅低位的前格栅与保险杠的扰流浑然一体，更表现出丰富的动感。从侧面看，前后门柱向两侧大幅度倾斜，厚重坚实的门柱缔造出跑车般强劲有力的新轮廓。高低起伏的车门断面演绎出一种稳重而强悍的感觉。从后方看，强劲收缩的后轮挡板与突出的后保险杠交相辉映，尽显安全强劲的风采。同时车尾的扰流尾翼状设计更增强了车身的宽度感和运动感。车尾部分强劲收缩，构成了既丰满又富有层次感的车身曲面；一直延伸到车身侧面的尾灯，加上车身底部的平整设计，实现了 0.29Cd 的顶级空阻特性。

该车采用了具有多目的地同时设定等多项先进功能的 DVD 语音电子导航系统。车主在设定目的地后，检索最佳行车线路，即便是初次前往的陌生地点或在夜间目标不易识别的情况下也能准确导航。驾驶过程中驾驶者可以不必长时间查看地图，系统会通过"前方路口右转"等语音提示为驾驶员指引方向，确保驾驶者专心、安全、流畅地驾驶。同时，车载系统还具有 8 碟连续自动换碟功能，高画质 VCD，也可以通过简单操作进行播放，还可以播放 CD。

在 GLX-i 级别和 GLX-S 级别高级音响版中，音响系统采用了可以忠实再现原音波形的 SSC（Spectacular Sound Creator）技术，即在强调低音、高音的情况下仍然可以不失真地保持与中音域的平衡，使那些过去无法展现的音色得到释放，给人一种富有震撼力的听觉效果。仪表盘设置于中控台上方中央位置，驾驶者开车时不需要大范围移动视线即可清楚观察仪表显示。在 GLX-S、GLX-i 和 GL-i 等级别的车型上还利用虚像显示的投影式数字化中央仪表盘，将显示位置远视点化，使得焦点更加清晰，确保了良好的可辨认性。同时，前排座椅的高度略微提升，提高驾驶者坐姿，有助于驾驶者获得良好的视野。

在对行进、转弯、停止等汽车基本性能精益求精的基础上，部分车型还作为标准配置安装了带有EBD的ABS系统，保证了车辆的行驶稳定性和紧急避让时的灵活性（GLX-S、GLX-i和GL-i级别为标准设置）。为了确保在与车身重量更大的车辆发生冲撞或者高速度行进状态下发生冲撞时的安全性，对车身进行了64km/h时速下的40%偏置碰撞、55km/h时速下的正面碰撞及侧面碰撞试验，采用进一步改进的GOA车身。在所有车型的驾驶、副驾驶席上均作为标准配置安装了带有预紧和限力装置的安全带，并于GLX-S和GLX-i级别车型中作为标准配置为副驾驶席也配备了SRS气囊。在门柱和车顶盖边梁内侧等位置加装了能吸收冲击力的肋条，使内饰结构达到了美国的有关缓冲头部撞击标准的规定要求。对车身底部及刹车踏板的安装部位采取了安全防范措施，采用了减少制动踏板后退的设计，降低发生正面冲撞时因刹车踏板插入车厢内部而给驾驶员脚部造成伤害的危险。

为减少二氧化碳的排放，除最大限度降低车身重量之外，还装备了高效率的发动机和变速箱，使配备了两种发动机的车型都实现了低油耗。在匀速行驶情况下，百公里油耗在6L左右。

凯越不仅仅是代步工具

有一种观点需要改进，汽车不再是传统意义的代步工具，它或是女人的第二个化妆间，或是男人的移动办公室……

纠正这一观点的是一批新近投向市场的新车。菱帅、派力奥、奥迪、凯越等新车身上，大都打下了人性化的烙印。刚刚上市就火爆得不行，是我们真正关注凯越的理由。细细品味，凯越不仅仅是一款车，它能够结束"汽车就是代步工具"的说法恐怕才是根本，因为凯越至少有10种体贴。

手套箱可以冰镇饮料，这确实是凯越的独创。每个女孩都会梦想在炎炎夏日中有一个随时递上一罐冰镇可乐的体贴男友。轻轻松松地利用空调出风口就实现了你的夏日梦想，的确很有智慧。雨天，开车人常常遇到这样的困窘，湿漉漉的雨伞该放在哪里？别克凯越竟然连这都想到了，特别设计了手套箱下面的雨伞烘干槽，可以置放折叠式雨伞，还有烘干功能，使车厢得以保持整洁干燥。

在很多情况下，上班或出席正式场合穿的鞋并不适合开车，甚至会成为安全隐患，对于女性来说更是如此。如果有凯越，你就可以在副驾驶座下面的贴心鞋盒里备一双平底的开车专用鞋，随心更换。

车主对行李厢的要求总是"大一点，再大一点；长一些，再长一些"，怕的是关键时刻重要东西塞不进去，虽然这样的时刻不会超过10%。而凯越已经做好了100%的准备，放倒座椅后，后备厢与后座的空间瞬时连通，连放高尔夫球杆这样的大件都毫无问题。另有一个好处，当车在行驶中若想把什么东西放进行李厢，也大可不必停车开厢，只要翻下后座把东西往里一扔就搞定了。

音响是汽车天生的伴侣，对于驾驶者来说只有乘着歌声的翅膀一路飞驰才算是享受。可移动的音响同家里的HIFI不同，走在路上即便是再多喇叭的音响也会遭遇到尴尬：走过一段颠簸路，CD里女高音似乎也被电击到了，声音时断时续。而在凯越，颠簸看来完全不能隔断美妙的音乐。仔细看看产品说明，才知道是因为有了内置电子抗震技术，保证连续11s的电子记忆，让汽车音响也达到"如履平地"的效果。不仅如此，双中频解调技术，产生最佳抗干扰效果，连手机的骚扰也被拒之门外。

长时间待在空调房间里往往让人担心空气不新鲜，更何况是夏日密闭的车厢。可是在凯越上，却没有气闷的感觉。原来是空气质量感知模块、湿度传感器在发挥作用。前者感受车外汽车尾气浓度，自动进行内外空气循环转换，后者自动调节车内湿度，时刻保证车内空气清新。

很巧，试凯越的那天碰上下雨，而且雨越下越大。奇怪，怎么这雨刷会随着雨量的大小自己调节频率？原来这是雨量感应式雨刷，驾驶者不用自己动手动脑，方便又安全。雨停了，把车停在大树下。忽然，叶子上掉下一滴水，雨刷又应声摆了两下，这"感应"真灵！开车的时候最怕的就是分心，视线最好保持在正前方。可是总免不了要把音响调高调低，特别是手机响起来的时候。所以，方向盘音响控制显得很实用，既方便又安全。

还记得多年前的一天早上，匆匆赶去上班，可车却怎么也打不着火了。原来是头天忘了关大灯，一晚上就把电瓶耗尽了。直到几个小时后维修站带着机器来充电，真是窝火透了。可怪谁呢？只能怨自己粗心。如果那时候有凯越就不会这样，它的前后灯、雾灯在发动机不启动时自动熄灭，以防止电瓶亏电，电力节约设计就连我的这份粗心也想到了。

开车最烦的是什么都要用钥匙。到行李厢拿点东西也要起身熄火，更别提加油时要开半天的锁。令人愉快的是，要打开凯越的行李厢、油门，完全不用离开车厢。按钮就在眼前，只要轻轻一按，一切搞定。

体验菲亚特派力奥·周末风

菲亚特几乎所有的旅行车都叫作周末，如马里昂·周末、派力奥·周末等。单是这个名称就能引起人无限的遐想。周末，意味着疯狂的采购、满载而归；或是呼朋唤友、结伴出游，到青山绿水中尽享欢乐。作为178平台的最后一款变型车，南京菲亚特国产的派力奥·周末风，与原装车相比，除了外观进行了少许改动，中文名称也变得更有诗意，叫作周末风。

虽然车的名称为周末风，但第一次见到它却是在一个阴雨绵绵的周一的早晨。当这辆法拉利红色的派力奥·周末风出现在眼前时，坏天气带来的坏心情立刻一扫而光。

从前面看去，周末风与南京菲亚特先前推出的派力奥和西耶那在B柱之前的部分完全一样。这也难怪，三辆车本来就是出自同一平台，发动机、变速器和悬架都一模一样，只是车身造型、内饰和装备有所不同。

从造型的整体感上看，派力奥·周末风是178平台系列车型中最出色的。与它的两个同胞兄弟一样，派力奥·周末风的外观造型同样出自意大利著名设计师乔治亚罗之手。既然定位在家用车，豪华、气派等对它来说都无所谓，而亲和力才是最重要的。派力奥·周末风就拥有一张极具亲和力的笑脸。它的前脸造型特别简单，就是一个矩形的边框加上一个圆形的车标。除了基本型的EL采用了与车身同色的前脸边框，周末风的其他两款车型的前脸都是镀铬装饰的。

与短小的前脸相比，亮晶晶的大灯格外显眼。其实它的内部构造很简单，但是由于设计师大量采用了多棱反射面，大灯内部的示宽灯和转向灯看上去仿佛都是两个。

派力奥·周末风的车长为4142mm，比西耶那略微短一点，从造型的整体感上看，无疑是178平台系列车型中最出色的。为什么呢？因为在中国人看来，车子必须要有一定的尺寸，就像人要有一定的身高一样，尺寸太小，就算模样再俏，也难以引起好感。派力奥·周末风的造型用"一气呵成"来形容并不夸张，它完全没有以往国产车上常见的两厢变三厢或是三厢变旅行车那种斧凿的痕迹。B柱之后的造型都是全新设计的，尾门和尾灯也没有沿用派力奥的设计。另一个在细节上的可取之处是，派力奥·周末风的车门侧面添上了黑色的防擦条,与前后保险杠上的防擦条连成一体,既实用又增加整体感。

发动机和悬架方面细微的调整改掉了派力奥和西耶那的一些不足,尤其是对于 1.5L 车型。派力奥·周末风在空车时的体重就接近 1.2t,满载时的重量更高达 1.6t,如果还沿用 44kW 的 1.3L 8 气门发动机,动力性方面肯定会捉襟见肘。因此,它的动力只有两种选择:59kW 的 1.3L 16 气门发动机和 62.5kW 的 1.5L 8 气门发动机。

两款机器在性能上各有侧重:1.5L 发动机偏重动力性,匹配 5 速手动变速器,百公里加速时间为 13.3s,最高车速 168km/h。1.3L 发动机更偏重低噪声和经济性,匹配 Speedgear 无级 – 手动变速器,在自动模式下,百公里加速时间为 16.3s,90km/h 等速油耗 5.7L/100km。发动机的运转噪声比先前小了一些,低速区段的扭矩也有所增加。虽然最大扭矩出现在 4500r/min,但从 2500r/min 开始,加速就已经非常有力,油门的随动性也不错。变速器方面的改进更值得关注,由于改进了工艺和设备,这款变速器的加工精度大大提高,使用起来离合器不再像先前那样沉重,挡位更加顺畅,因而在收油时变速器发出的噪声也减小了不少。

1.3L 发动机用起来还是像先前一样顺畅,虽然峰值扭矩只有 114N·m,但在 2500～4000r/min 的转速区间都能平稳地发出这一扭矩。在感觉上,表现比数据表上标注的数据更好一些。而周末风 1.3L 最大的卖点还在于电控无级——手动/自动变速器。因为是电控无级,自然也就谈不上换挡时的冲击,起步时的感觉与普通的自动变速器相近,平缓而柔和,但高速行驶时,表现更像是一部手动变速器。收油时,发动机制动的效果也很明显。

既然是去度周末,自然不能空着手,5 个人加上所带的行李肯定会装上满满的一车。只有在这种时候才能体现出旅行轿车的优越性。派力奥·周末风的行李厢容积最小为 460L,当后座折起时,可以扩充到 1540L。需要说明的是,这一数据是按照欧洲的法规测定的。因为在欧洲,旅行车后面装运行李的高度不得超过行李舱盖板。而国内目前还没有这样的规定,因此在实际使用时,后面的行李舱容积可以达到 800L,座椅折叠后,总的行李空间长度接近 2.3m。

派力奥·周末风的尾门设计尤其值得称道。一般旅行车的地板高度基本上与后保险杠上沿齐平。派力奥·周末风的尾门与后保险杠的一部分做成一体,行李舱的开口高度不足 400mm,装运大件行李真是方便极了。行李舱不仅空间大,形状也特别规整。

在这一级别车上采用带孔的真皮座椅是极少见的,派力奥·周末风的防盗性能更值得称道。那种没有气囊、没有 ABS、没有电动车窗的"秃车"在派力奥·周末风系列中是不存在的。作为南京菲亚特在178平台上生产的最高级别的车型，派力奥·周末风分为EL、ELX和Speedgear三款。其中ELX和Speedgear为高装备车型，除了天窗，这个级别车上常见的其他装备都有。EL型的装备水平稍低一些，取消了后门电动窗、遥控门锁、电动后视镜、铝合金轮辋和真皮座椅，其他装备和ELX基本相同。

内饰的豪华程度超乎想象，座椅采用了带孔的真皮（又称为镂空皮），仪表板和电车窗开关等部位还采用了带有亚光金属光泽的装饰板，方向盘和换挡手柄甚至有一点高档车的手感。但是座椅高度和腰部支撑都不可调节，驾驶员一侧车窗没有防夹功能。周末风的防盗性能值得称道。除钥匙里面嵌入的密码芯片可以防止非法启动之外，还设置了两个超声波探头，用于监测车内的非法闯入者。防盗系统本身就带有声音刺耳的报警器，与那些后装的防盗器最大的差别在于：只在必要的时候才会响，而不会轻轻一震就响个不停。

陆地海鸥福美来

现在人们可能看不上，也看不到福美来了。不过，福美来在2002年脱销是不争的事实。系出日本、畅销欧美、高配置加上低价格恐怕是其中的几点原因，但是更多的体验可以通过试驾来实现。

福美来清新雅致的风格沁人心脾。外观奔放却不张扬，优雅又不失动感，深沉而不守旧，和谐之美在福美来身上表现得淋漓尽致。在福美来设计中，五边形的前格栅颇像一只展翅而飞的海鸥，这不正是马自达的标志吗？外加利落流畅的曲线，细致精美的弧度，又与马自达的标志相呼应，无不体现了车的动感与灵气，在动静之间又传递了一种融洽之美。

打开车门细看内饰，真可谓表里如一。精致的米色系双色内饰，整体风格简洁明快，虽不华丽却也透出一丝淡雅。车内采用浅色的中控台设计，操作简单科学，按键采用平面性设计，突出的一体化六碟CD等装置操作更是触手可及，方向盘高低可调。另外，驾驶席玻璃防夹机构、防眩目内后视镜和驾驶席座椅高度可调等装备和功能，更加显示了福美来人性化的设计理念。车内藏式双开启模式电动天窗、自动感应阳光辐射恒温空调、真皮座椅等豪华装备，更加营造出豪华舱室体验。

实用性设计方面福美来显然很具人性化，如宽大的可锁手套箱深达220mm、仪表板处设有方便摆放墨镜、香烟等物品的储物格、可放置大型咖啡杯的杯托，显得既周全又体贴入微，无论是从装饰上还是从实用上来讲，福美来无不体现出了日系车精致细腻、以人为本的理念。

步入座舱，关上车门，稳坐于驾驶席。座椅仿佛为自己量身定做，熟悉了它的调节功能及驾驶操作环境后，一种纵横驰骋的激情仿佛一下子迸发了。调整好驾驶座位置，眼前的视野豁然开朗。自动挡变速器的变速杆位置恰到好处，挂挡的动作随心而动，舒缓自然。

点火，踩刹车，挂入D挡，轻点油门，放开制动踏板，车子缓缓而动。车内依然宁静，仿佛听不到发动机的"欢叫"。福美来搭载了原装进口的日本马自达1.8L汽油发动机，为了检验其发动机的动力性能和车辆的加速性能，高速公路无疑是明智的选择。由静止状态到深踩油门，福美来的发动机发出阵阵咆哮，在轮胎与地面的摩擦声中，福美来猛然向前窜出，动如脱兔。车窗外呼呼的风声，让我不禁为福美来激动不已。在这一过程中，明显感觉到挡位的变化及强烈的推背感，这是只有跑车才能带来的令人兴奋的感觉，让人不禁感叹原装马自达发动机果然名不虚传。不一会儿，车速指示已接近170km/h，再加速车速继续上升，直至接近180km/h，但各种噪声还是很小。只能听到发动机低沉的轰鸣声及车外隐隐的风声，车窗外飞逝的景物和轮胎沙沙的抓地声，让人感受到速度的魅力。由于是新车，考虑到磨合的问题，180km/h的最高车速，已经让人心满意足了。

当然，驾驶乐趣不只是车能跑多快，更多的是来自车的操控舒适性、安全性及良好的行驶感觉。福美来轻松的转向，使得弯路的驾驶充满乐趣，驶出高速公路，驶入一条多弯路。以70km/h的速度过一个S形弯如走直线，轮胎的强力抓地性使你感觉不到车的横向侧滑，其先进麦弗逊式的前独立悬架和TTL双天梯多连杆式后独立悬挂，尽其所能地保证车身的平衡。经过凸起路面时，悬架表现出超强的减震性能，轮胎做出直接的上下起伏后，很快使车身保持良好的稳定状态。

强悍的动力与灵活的操控性能，使福美来成为驾驶者心目中的最爱。真正让人放心的还是福美来的制动，福美来采用的是液压双回路四轮通风盘式制动器，入弯前轻点制动踏板，可以平稳地将车速降低，增加了道路驾驶的安全性。高位刹车灯提醒后车驾驶人注意安全距离。

提到福美来的安全，最引人关注的是此款车型的ABS + EBD系统及双泄力式气囊。ABS系统可以保证车辆紧急制动效果，尤其是在恶劣路面、雨雪天或轮胎磨损不均匀的状况下紧急制动，后轮不会抱死，从而避免车辆的侧滑和甩尾，并顺利地避开障碍物。而EBD（电子制动力分配系统）令各个车轮的制动力分配更趋合理，保证了制动效果更加完美。虽然平时感受不到ABS + EBD系统的好处，但是遇到紧急情况或冰雪路面，就会庆幸多亏了有它们的鼎力相助。泄力式气囊更可以在发生汽车碰撞，在气囊弹出并接触驾驶者面部时，顺势将其中气体放掉，以减小气囊的弹出对驾乘者面部的冲击所造成的伤害。

麻雀虽小，五脏俱全，这是驾驶福美来后深刻的体会之一。福美来从轿车的分类上看，应该是名副其实的中档车，对于喜欢大车的消费者来说，比夏利稍大的空间恐怕是福美来的不足，不过这样的空间可能更适合女性或单身的白领一族。

惊鸿一瞥属赛纳

当新款车的数量递增时，消费者用大半生赚来的钱从中挑选一辆座驾实属不易。试车就成为商家营销的重要"科目"。现在的试车分为普通试车和专业试车，但是消费者的试车还大多停留在开一圈就完事的地步，体会并不深刻。而当神龙公司雪铁龙品牌部把一辆白色的赛纳交给我时，如同接过了消费者交给的重任。

神龙公司的合作伙伴——标致雪铁龙（PSA）集团来自浪漫的法国，对于没有去过法国的大多数人来讲，法国的浪漫能在赛纳身上得到体现。

印象中，线条硬朗是雪铁龙车型的特色，从 ZX 到 XANTIA 都不例外。尽管在此之前，神龙公司多次向消费者灌输富康、爱丽舍是何等的富有韵味，以至于我们还多次怀疑法国是否真的浪漫，如果仅从富康和爱丽舍的造型来看，让其与埃菲尔铁塔、卢浮宫相比实在有些牵强。

但现在，一切都变了。

赛纳的造型设计突出现代感和吸引力，强调力量、美感和活力，这点从前脸就可见一斑：上挑的大灯和椭圆形的前脸与 C5、C8 有异曲同工之处。尾灯的造型与大灯遥相呼应。短小而浑圆的车尾更是充满肌肉的力量感。前脸儿的雪铁龙标志大得有些夸张。无论从哪个方向看，车身曲线的投影都是一气呵成，既不拖泥带水，也没有画蛇添足的修饰。

许多局部的造型也是匠心独具，与众不同。后门的开口尽量向后延伸，结果使后门的尺寸比前门还大，这在小型车里并不多见。从车顶和挡风玻璃的曲线走势看，车头应该更尖更薄，但为了增加稳定感，设计师有意将发动机罩升高，使车头变得更加厚重。

赛纳诞生于 1997 年。作为 ZX 的换代车型，它不仅外观和内饰焕然一新，底盘部件和动力系统也是全新设计。有 3 门、5 门及旅行车等车型，可选装 1.6L、1.8L、2.0L 汽油机或 1.9L 柴油机。根据装备水平的不同，分为基本型、豪华型和运动型。

与君威、雅阁、MAZDA 6、宝来相比，赛纳的车型整体并不比前者大，但是室内的空间却不小。或许是赛纳的外形太完美了，以至于记者差点忽视了赛纳的尺寸。赛纳的全长只有 4188mm，习惯了开大车的中国消费者看起来似乎有些短。但是 2540mm 长的轴距，让小尺寸一样能够获得大空间。1705mm 的车身宽度和宽大的后门表明它的后座肯定不会拥挤，而 403L～1190L 的大行李舱更是一个佐证。

赛纳圆弧形的仪表台与爱丽舍基本相似。设计师的意图很明显，既然车子的外形动感十足，内饰就应该尽量温柔一些。车内有两处装备引人注目。一是中控台上的多功能显示屏，车速、油耗、车外温度及音响的相关信息都显示在上面，甚至连超速报警也能通过它来实现。空调控制面板后面隐藏着先进的恒温半自动空调系统。它能将车内温度控制在设定的水平，压缩机和鼓风机的运转都由电脑控制，不会出现传统的手动空调忽冷忽热的现象。特别值得一提的是，赛纳将 CD 或收音机的操作平台安装在了方向盘的右下方处，驾驶中就能轻松换台和调节音量。

如同人们回归自然一样，本来应该配备牛皮座椅的赛纳改为了布艺，坐在上面还比较舒服，与其他车型的座椅呈平庸状不同的是，赛纳的前排座中间向内凹陷，两侧突起，显然是为了改善侧向的支撑效果。座椅的调整方式比较独特，前后和高低调整都是手动的，调整高低的伸缩式杠杆形如手刹拉杆，而靠背倾角的调整是电动的。

关门，起步！记者驾驶着白色赛纳在北京二环路上急速行驶。一代更比一代强是记者驾驶中的深刻感慨。尤其是挡位的操控性，与爱丽舍相比，换挡后的挡把稍有晃动的现象在赛纳身上已经完全消失。如果忘记了系安全带，驾驶室的显示台会亮起红灯，时刻提醒注意生命安全，车门也是如此，如果车门没有关好，红色的指示灯会始终亮着。

红灯变绿灯，轻轻挂挡，经过停顿之后的车子犹如脱缰的烈马，会第一个往前冲。根据厂家公布的数字，赛纳 0～100km 的加速时间为 9.8s。匀速状态下百公里油耗为 6L。而在 100km 的急速下踩刹车，制动距离只有 36m。

在北京八达岭高速，能轻易地把车速提到 180km/h。左侧的反光镜中有一条自上而下的虚线，该虚线为欧洲人发明，被一家公司率先申请专利，并迅速推广实施在较高档车上。驾驶者习惯在并线时以此为基准，是对准车道的一种方法。

夜间驾驶赛纳，最深刻的感受之一是，开启远光灯时，操控台上蓝色的提示灯会告诉驾驶者，如果路上的亮度够了，请将远光灯关闭。

停车关闭灯光时，大灯会有大概 10s 的照明时间，直至驾驶者离开。与老款的 TUS

发动机相比，新的发动机不仅排量、功率和扭矩有了明显增加，排放、油耗等性能也有了显著的改善。它采用了双顶置凸轮轴 16 气门设计，最大功率为 97kW，最大扭矩为 190N·m，最高转速超过 6000r/min。赛纳的排放满足欧洲法规。在驾驶赛纳的过程中，始终被人追随，回头率极高。

作为一款 2.0L 排量的轿车，其手动挡 16.98 万元、自动挡 19.08 万元的市场售价与其性能、配置还是相匹配的。价格适中，动力充足，轿车造型，跑车感觉，是我对赛纳的总体评价。对于喜欢浪漫和动感的人来说，赛纳还是值得考虑的。当然，赛纳也有缺点，甚至有些细微之处还应有所改进。例如，当车速达 140km/h 以上时，发动机和轮胎的噪声比较明显。又如，副驾驶的杯子托架被隐藏在了储物箱内，放置杯子后，水杯容易放倒。

与 Mazda6 亲密接触

现在最能影响市场的是价格，一款车的定价越贴近市场，越容易被消费者购买，价格定高带来的只能是降价，被动地围着消费者转，26.58 万元的 MAZDA6 价格还算比较公正。在 2003 年，MAZDA6 是一款时髦汽车。

拥有日本纯正血统的 Atenza，其名是"注意"的意思；在日本以外，它叫 Mazda 6，一汽为其取名 MAZDA 6，其总有两个英文词"ZOOM-ZOOM"。这是何意？原来，这是一条绘声绘色的广告语，它来自一句不易翻译的儿语。ZOOM-ZOOM 是一个象声词，它是儿童在聚精会神地操控着飞驰的玩具赛车时，努着小嘴所发出的"兹姆-兹姆"的畅快声音。ZOOM-ZOOM 让人的思绪一下子回到久远的童年，而那幅情景又无数次地在我们的现实生活中被复制、被再现。MAZDA 6 就是要给人以 ZOOM-ZOOM 的快感，那是一种充满激情而又气定神闲的体验。

品车如鉴人。人常说，有理不在声高。以此类推，力大者不一定身高。身高者，或孔武有力，或徒有其表，外强中干；性情秉性激情似火者，并非动辄眉飞色舞、滔滔不绝，相反，不少是沉默寡言、神情木讷者，这类人一旦动起情来，如山洪暴发，似雷霆震怒。品鉴融入人类需求和情愫的铁壳灵物——汽车，亦同此理。

初见 MAZDA 6，其外形圆润、敦实，又显得有些柔媚、飘逸，但它却是一款看似恬静温顺，实则内蕴火山的汽车，它把火一样的激情掩藏在柔丽的神情之下，打过交道后，有些让人不可思议。

MAZDA 6 并不桀骜不驯，它把迸发与休止、奔放与舒缓依照驾驶者的旨意，收放得颇有分寸、十分得体，绝无泛滥和迟滞之感；它让驾驶者在迅疾中既充分地体味到了畅快，又咂摸到了细腻，从而握有自信、远离慌乱。

　　周日宽阔的马路上车辆极少，这为驾驶提供了良好的条件。右脚在油门踏板上每每稍稍加力，只听它的闷吼声渐渐由淡而浓，极易给人以激发。人借车威，车壮人胆，速度明显提高。120km/h、130km/h，直至 150km/h，只要右脚还敢轻轻发力，还会更加狂野。不像大多数同级别车，时速一过一百二三，再要提速，右脚就得踩深许多，同时发动机声响陡然增大，且相当难听，直让人觉得动力已至极限，机器已是不堪重负。

　　减速、超车、加速，再加速、减速和超车，我们眼下一些常见的加速有力的汽车，眨眼之间，擦身而过，被一一抛在身后。在欣喜快慰之中，MAZDA 6 直让您觉得"激情与动力齐飞，动静随意进退"。现在想来，那份畅快劲儿大概就是孩童心目中 ZOOM-ZOOM 的感觉。尽管 MAZDA 6 左超右避，姿态十分平稳，转向相当精确，制动十分灵敏，但我还是不想再加速了，因为毕竟是在车流中穿行。可是我心里明白，MAZDA 6 的劲头还没有到底，还是那么连绵不绝、雄浑沉厚。试驾车是 2.3L 排量的，力量竟然如斯，还有 3.0L 排量的，不知给人的感觉该当如何？

　　以中高速行驶时，MAZDA 6 相对于竞争者而言，能给驾驶者带来最大的快感和自信。超群的加速性，善解人意的制动，灵敏精确的转向，平稳的车姿，构成了 MAZDA 6 十分出色的动力性和操控感。在目前国内轿车市场上，MAZDA 6 堪称第一轿跑车。如果你是一位对生活充满憧憬、积极进取的前卫派人士，倾向于选择富有驾驶乐趣的轿车，我以为，环顾左右，少有出于 MAZDA 6 之右者。

　　为了充分领略 MAZDA 6 先进独特的平台技术，出了高速公路，连续蛇行。紧接着，在 MAZDA 6 以中高速左拐右转，加速减速，挡位变换流畅顺滑；坐在后排座位上，连续转弯，几乎没有"搓背"的感觉，隐隐约约之中，乘坐者上身的微微侧倾似乎还有一点转向响应迟钝的味道。MAZDA 6 从另一个方面让人体味了它细腻的一面。MAZDA 6 的最大不足是缺乏高档轿车所应具有的宽敞的内部空间。MAZDA 6 的车内空间要比日产 Altima 和帕萨特小，尽管 Mazda 626 后排座位的空间是消费者抱怨最多的，但马自达并没有改进，相反，MAZDA 6 似乎比 Mazda 626 空间更小，这意味着它比本田雅阁和丰田佳美的车内空间还要小。MAZDA 6 跑得很快，输出功率大，并且省油。

半圈儿五环试君威

从事汽车报道数年，试过的大小汽车多达数百款，却从来没有过君威独特的感觉。2003年1月中旬那天一大早，从上海运来的6辆黑色或银白色的君威GS 3.0出现在我们面前。面对个个浑然一体的庞然大物，驾驶的欲望变得愈加强烈，在刚刚开通的北京五环路上，开始了对君威新车的全新体验。

几年来，对于儒雅的别克GS要跻身国产、豪华轿车之列，似乎需要漫长的等待过程。而君威GS 3.0旗舰的瞬间问世，改变了这一切。澳洲水牛皮座椅散发着特有而熟悉的幽香，深陷的坐垫和高大的靠背令人懒散地坐在右侧的后排座位里。车内依然宁静与舒畅，嘈杂和拥堵的外界环境似乎无法轻易地渗进来，感觉就像待在豪华的宾馆里一样。

与驾驶席的感触有所不同，君威的后座乐趣在于有意识地放弃来自高速驾驭带来的快感，作为对这种乐趣的补偿：两台独立的5.8英寸液晶彩屏显示器分别嵌在前排头枕的后方。这种日本进口的高清像素的娱乐装置还可以连接电子游戏机、数码相机及AV输入端口，除了支持单碟DVD、6碟CD/VCD及MP3等格式，与新型波音767客机上的差别，仅限于没有可放下的小桌板。桃木镶嵌的中央靠背扶手可分别弹出双层的储物盒，里面是车载免提电话和饮料杯座架，还有一张比名片夹大不了多少的音响遥控器，指挥这种6喇叭4声道的特殊影院级效果的方法与操作自家电器一样容易。同时，座椅经过全部重新设计，8向调节的电动驾驶座椅宽大，而且包裹性极强。后座前方的空调出风口具有可独立调节功能，后挡风玻璃设有隐藏式遮阳窗帘和固定的后座纸巾盒。

的确，这是一个充满至尊和享乐的领地。直到此时我才明白一位瑞士女孩对它的比喻：座舱内包含着很多好玩的装备。其轻松舒适的享乐程度甚至比自家的客厅更令人留恋，所营造的豪华和独立气氛可使人放松一天的压力，并有充分的兴趣去揣摩它们！

透过平整开阔的窗舷上沿的网状滑动纱帘，车身在临街店面的橱窗中投下灵动的身影，具有表现力的外观是唯一参照自己同步运动的机会。一眼望去，君威看起来更像是一辆大型而高贵的欧洲汽车，而不是传统和夸张的美国汽车。

在众人面前，具有东方特色的巨大镀铬隔栅将散热面积增加了一倍，两侧点缀的是冷睿的一体式晶钻大灯，银色的盾形别克立标犹如两只闪动的飞翼，与下方家族式的徽章呼应，骄傲而平静地立于发动机罩的前沿。不仅如此，新车的尾部不再因臃肿的造型而引发争议，在后悬尺寸缩短的流线型护杠上方，贵族式的后车灯与镀铬饰条和谐地融合在隐藏式扰流器的下沿，即使在休眠状态，仍然可以透过充满迷幻的眼神，看到那星辉般的"瞳孔"和如丝般的"睫毛"。在悠久的汽车历史中，也许只有大型豪华轿车才有此殊荣：宽大的八幅式 16 英寸 Park Avenue 合金车轮显示着征服的力量。

与 4 年来出品的别克系列车内饰带来的传统不同，精致高贵的气息弥漫着整个车厢。部分桃木从柔韧的方向盘皮面表层中裸露出来，两边对应的两组按钮不仅可以进行音响及电话系统的控制（快速完成接听、拨打、搜索和免提功能），甚至可以帮助人们形成正确驾驶的姿势。与国内风神蓝鸟的粘贴式 HUD 显示不同，无须再看金属环勾勒的仪表盘，与丰田威驰的里程抬头显示也不同，君威则用另一套电子设备将时速投影到驾驶员正前方的挡风玻璃上，在驾驶过程中，再也不需要低头看车子的速度，准确的时速会在正前方看得一清二楚。在阳光普照的早晨，当柔和的光线穿过双层玻璃的天窗时，经舒展而流畅的中控台挥洒在钛晶石英钟的表盘上，仿佛可以听到指针跳动的声音。

启动文静的 V6 引擎，怠速运转不易被察觉，灵敏的节气门反应，安静而平滑。变速箱的速比已被调制得更加细密，排挡顺畅并获得更加平顺的动力输出，低速大扭力和高功率的加速性能使 0～100km 加速时间接近 10s。真皮包裹的座椅紧贴着人的身体，当用脚点击油门踏板的瞬间，车身已轻盈地动了起来，平坦路段行驶的平顺性有所提高，颠簸路段行驶的舒适度给人印象深刻。灵敏而又线性的制动感显得更加易于操控，有些像坐在飘移的飞毯上。

面对那些追逐目光的回报，可轻松地将车尾在他人的视线中留下瞬间的模糊，然后将其从装有数字式指南仪的后视镜中远远抛离。这正是豪华轿车要达到的目的，在人们所熟悉的气味里发觉突然变得尊贵和庄严。这正符合那些努力在社会阶层中不断攀升的人们进取的胃口——豪华、舒适且具有运动品位的独特表现力。

与客户关系的基础在于信任，并从中获得快乐和成功。在等级观念盛行的白领阶层，别克属于中上阶层的宠物，是那些年轻但不青春的银行家、CEO、律师们的一种向往。这种本土化的产品定位突破了以往宁静而舒适的中档车地位，正在诠释一种全新的观念——并非只有顶级车才会有顶级配置。对人来说仅仅有钱是不够的，所带来的除了改变千篇一律的地域偏见，甚至会发觉自己日趋攀升的口味已接近世界级现实的临界，并逐渐开始将"进口车"的选择拒之门外。

在经过一段最高时速达到 190km/h 的路程后，很快到达了终点。时任上海通用公关经理的黄华琼说，君威的样车已经运抵美国通用公司的总部，并且将长期放在那里进行对外展览。上海通用是美国通用的合资公司，与大多外国车往中国输送所不同的是，君威是一款自行设计的车型，在美国通用的名录里，并没有君威这款车。

用产品打动人，而不是将设计思想塞给你。这是一个品牌的信仰问题，事实上，正是这些细节彰显着它步入豪华与运动的领地。在属于它的阶层里，君威已经攀升得那么高，离顶峰只差了一点点。

从黑客帝国而来的凯迪拉克 CTS

凯迪拉克这样的传奇品牌，其文化符号的特征是极其明显的。一提起凯迪拉克，相信很多人脑海里首先闪现的是弗利特伍德或帝威这样的大块头。而不惜重金也要用上一辆加长的凯迪拉克婚车，甚至在中国成为一个时代的风尚。之所以如此，最重要的原因是让人肃然起敬的气派和尊贵，这也是为什么在婚庆公司众多婚车价目表中，加长凯迪拉克要比奔驰、宝马价格高得多的原因。

不过，全新凯迪拉克已经为其品牌内涵注入了更多的活力。在国际市场沉寂一段时间的凯迪拉克，也凭借全新设计成功复兴，并重新站到了全球豪华车的巅峰位置。业界甚至认为豪华车世界，事实上已经形成"B（BENZ）B（BMW）C（CADILLAC）"领衔的市场格局。

2004 年 9 月，在风景如画的海滨城市大连，对凯迪拉克 CTS 进行了试乘试驾。CTS 扬名天下是在《黑客帝国 2》上映以后，片中凯迪拉克 CTS 与好莱坞明星联袂上演的一场长达 5min 的追逐大戏，给观众留下了极其深刻的印象。

早在凯迪拉克品牌首发之时，CTS 的外形就大有"绝代佳人惊艳"的震撼效果。这一次在大连又得到了很好的验证。事实上，开着 CTS 行驶在大街上，赢得的回头率绝不亚于那些高级跑车。大连人民在车的方面算是见过世面的，可还是有不少人被这款车惊得瞠目结舌。也难怪 CTS 的外形如此受人瞩目，原来设计师的灵感就来自于钻石切割技术、隐形战斗机和先锋派建筑。凯迪拉克将这种大胆突破的设计风格称为 Artand Science。

CTS 具备超越时空的造型风格，它的外形给人传达出一种刀削斧凿般的力量感。它彻底颠覆了凯迪拉克轿车在人们心目中的固有印象，甚至于颠覆了所有豪华轿车的传统形象。CTS 整车从前脸到翼子板一直延伸至车尾的锐利线条和近乎平面的过渡，有如钻石的切割一般。垂直排列的前大灯和 V 形水箱面罩构成了极富冲击力和空间感的前脸，尾部的干净利落更是令人惊叹不已。整个设计充满了惊人的想象力而且激情四射，这种震撼有时是难以形容的，你只需要看 CTS 一眼就无法将它忘记。

与 CTS 超酷外形交相辉映，其内饰同样极富个性。色彩和材质还是豪华轿车的惯用搭配，但在造型设计上却有相当大的突破。进入驾驶室后直接造成视觉冲击的，就是硬朗的三辐式方向盘及上面用来控制音响系统音量的飞梭式旋钮，给人带来有如操作战舰般的感受；偏向驾驶员一侧的中控台，则颇具运动化轿车的风范。其空调出风口的设计也十分巧妙，通过正中间的一个操纵杆可以分别调节出风方向和风量，使用非常便利，看上去也很别致。

凯迪拉克CTS仪表台上采用的菱形纹路质感很好，材质的质地也很结实，手感绝佳。它通过了空间结构的特殊处理，更加符合这款车前卫的整体风格定位。同时它还能有效地避免前挡风玻璃的反光影响驾驶员的视线。CTS的轴距达到了2880mm，车内空间比宝马3系和奔驰C大了许多，可以达到行政级轿车的水平。不过设计重心还是更偏向于前座，其驾驶座的包覆性和侧向支撑都非常好，腿部支撑也不错，长时间驾驶很舒服。前排的安全带固定支座就在座椅侧部，这样既方便使用，也会比一般固定在B柱上那样更安全。后排的头部空间和腿部空间都比较充足。但显然，如此一款具备惊人视觉效果的CTS，绝大部分车主肯定更喜欢亲自驾驶这辆充满激情的座驾。

这次试驾的CTS是3.6L排量的发动机，V型6缸，每缸4气门，最大功率可达255hp/6200rpm，最大扭矩达到340N·m/3200rpm。CTS采用了5速自动变速箱，具有更大的传动效果，使低速时具备更强劲的扭矩输出，并且有利于提高燃油经济性。虽然没有手动换挡功能，但提供了运动模式。在实际试车过程中，通过排挡下方的S按键切换普通模式和运动模式，可以较明显地感觉出延迟换挡，动力表现更强劲，而且油门响应的速度也稍有提高。厂家提供的性能数据是0～100km/h加速时间为7s，最高车速达到227km/h，对于CTS重达1620kg的整备质量来说已经相当不错。最直观的感受是，你可以在进入高速公路的入口后，毫无顾忌地将油门踏板踩下去，恣意享受推背的快感。

在3000转以下行驶时，发动机运转非常宁静，车内噪声控制方面做得也很好。在急加速时，发动机会迸发出一种充满力量感的轰鸣，看起来似乎这款车是在有意制造这种类似跑车的声音效果。很显然，卓越的动力表现，可以让每位CTS的车主，底气十足地与任何一款同级别欧洲车一拼高低了。CTS采用的底盘设计是通用最新的Sigma底盘，为后轮驱动，前后轴重量分配接近50∶50。

CTS在国外的广告语是：真正的驾驶者之车。想理解其中的内涵十分简单，只需要亲自驾驶一下CTS就足够了。在驾驶的过程中诧异感会更加强烈，CTS所具备的操控乐趣与其富于侵略性的外形称得上是相得益彰。CTS前悬架采用双叉臂结构，后面则是多连杆式，调校得更偏向于欧式硬朗风格，应该属于一款更贴近欧洲风格的运动型豪华轿车。

如果和美国轿车的一贯特点相比，CTS 称得上是革命性的变化了。

迎着阵阵海风，在曲折蜿蜒的滨海路上可以充分体验到通常的驾驶所无法找到的乐趣。虽然为了保证必要的舒适性，凯迪拉克 CTS 悬架还是做了适当妥协，在高速过弯时会有较明显的车身侧倾，但在弯道中一直保持着稳定的中性转向，循迹性能也很好，令驾驶者更有信心。在某些时候甚至可以把其当作一辆大型跑车。CTS 在车身结构设计、碰撞保护等被动安全方面也很出色，在后座设置了多个用以固定儿童安全座椅的锚座，这充分体现了全方位的安全保障。

新奥德赛新在哪里？

与老款奥德赛相比，新奥德赛外形更加流畅、现代。为提高行驶中的稳定性，新车采用了独特的低重心、低风阻、宽轮距车身造型，并通过顶部空调低位配置等设计，使其低重心化得以实现，以达到良好的静态稳定系数。

2005 年 3 月投放市场的广州本田新款奥德赛到底新在哪里呢？新一代奥德赛是一款轿车化的 MPV，最早亮相于 2003 年的日本东京汽车展。上市一年多，在日本、美国取得了不错的销售业绩。广汽本田新款奥德赛比美国款略小，长度为 4765mm、宽度为 1800mm、高度为 1582mm，轴距为 2830mm。

新奥德赛采用 2.4L 发动机，最大功率为 118kW，比老款奥德赛的功率高 8kW，百公里油耗为 7.4L。同时，尾气排放标准也从原来的欧 II 提高到欧 IV；新奥德赛采用 5 挡手自一体化变速器，这款变速器还有一个过弯变速器锁止功能，可以防止转弯时跳挡，提高了安全系数。

与其他多功能 MPV 相比，奥德赛采用了操纵性能和舒适性能优异的前后独立悬挂、便于操作的仪表盘变速杆一体式设计、既可保护乘员安全又可降低行人碰撞缓冲的 G-CON 安全车身设计、隐藏式前后独立双空调系统、便于乘客上下车的低门槛设计和四扇铰链式车门等。

新奥德赛换上了与雅阁 2.4 相同的发动机，过去的 4 速变速器也被一款 5 速手动自动一体变速器所取代。这二者的组合令新奥德赛步子甚至比雅阁迈得更远。重新调校后的发动机比雅阁少了 1kW 的动力，看来新奥德赛对于节油和环保要求高过动力性。

与上一代相比，2005 款奥德赛车身总高度降低了近 50mm，仅有 1582mm，看上去更加流线，像是一辆大型旅行轿车。降低车身高度的同时，新奥德赛还增强了车身的刚度，重新设计了四轮独立悬挂。此外，改进后的奥德赛还采用了适应性车身，可吸收并分散冲撞能量，在提高乘客保护性能的同时，降低对冲撞车辆的损坏性。在安全方面，新奥德赛考虑得更多了。低地板平台使新奥德赛拥有了独特的长车舱外形，充满未来感的车身沉稳中透露出动感，尽情驰骋、停车驻足都会成为街边的一道风景。新奥德赛充满锐利表情的前脸、张扬个性特征的头灯、精致的细节，无一不宣告着它的存在，也体现着驾驶者优雅的品位和其对动力的追求。

新奥德赛的车内空间豪华又不失温馨，舒展的仪表台，蓝色自发光仪表，充裕的车内空间，方便的储物装置，随心的座椅变化，展现出一个赏心悦目又极富实用性的空间。新款奥德赛的价格并没有因为增添了诸多配置而增加，目前推出的两款车型 EXI 标准版和 ESI-S 舒适版的价格分别是 24.68 万元和 25.48 万元，这个价格比原来降低了 2 万元。

新 A6 法则诠释奥迪如何领先？

奥迪在中国豪华车市场中处于绝对领先的地位，并非只是进入中国市场时间早那么简单。奥迪 20 年来在中国长盛不衰的根本，可能在于它们真正在中国扎下根。

负责奥迪车型规划和生命周期管理的于秋涛说，全新一代 A6L 与以往最大的不同是，以往都是总部研发出一款产品后，中方只是简单地引进生产或"同步开发"，而这次是量身定制。早在 2007 年奥迪总部英格斯塔特启动产品立项之初，作为中方的一汽-大众奥迪就介入其中，从 2007 年项目立项到 2011 年 11 月完成新一代 A6 的 170 辆的预生产，在历时 5 年的过程中中方做到了开发、规划、生产制造、质量控制、物流等环节的全参与。全程参与新 A6L 开发生产的中方人员多达 370 人，每个人在奥迪总部的培训时间均不少于 1 个月，甚至有中方人员长期在奥迪总部不同岗位工作。

这种全程参与、全面介入的方式被一汽-大众奥迪引以为豪地称为"全价值链的本土化模式"，而奥迪的两个主要对手奔驰和宝马，在销量上的大幅度提升采用的是动用全球资源，而不是与中方伙伴良好的融合。全新奥迪 A6L 是一汽-大众和德国奥迪合资双方完美融合的缩影。新 A6L 在保持此前加长 100mm 的基础上，反倒是在内涵上做起了加法，如噪声、减震、座椅舒适度等性能指标经过重新设计，以实现更为出色的舒适性。相比上一代产品及当前竞争对手的最新车型，全新奥迪 A6L 开发的中国专属装备数量成倍增长。例如，在高档 C 级车级别首次采用带按摩功能的后排加热、通风座椅；又如，加长中控台上的220V电源插座、USB充电接口等共计10余项中国专属装备。

与在舒适性上做加法不同，新奥迪A6L还做了一些值得称道的减法，在车身结构中，4个车门全部为铝合金部件，如前后保险杠、前减震器支架等零部件也为铝制。得益于这些轻量化材料，全新奥迪A6L的车身重量比上一代车型的车身重量轻16kg。通过全新奥迪A6L项目，一汽-大众成为中国首家掌握"铝制车身部件全工序生产技术"的汽车企业。

奥迪得益于坚持实施整车高效战略，全新奥迪A6L全系产品的动力性能得以提升，油耗比上一代车型明显降低。例如，其全系标配的启停系统和能量回收装置，相比不使用这一技术的车型，油耗及二氧化碳排放可以降低3%～5%。未来，这一技术将配备全系国产奥迪车型。全新奥迪A6L还是首个装备全LED大灯的国产车，全LED大灯相比传统照明光源，具有能耗低、寿命长、照明效果好的优点。为满足中国市场的需求，一汽-大众奥迪专为中国市场开发了一款全新的2.5L FSI V6发动机，它将全面取代老款车型装备的2.4L V型6缸MPI发动机。

开着"大切"去旅行

"五一"小长假，对于自驾游爱好者来说，不算长。出趟远门，必须有辆文武双全的SUV。在林林总总的SUV中，我一直对SUV的开山鼻祖大Jeep情有独钟。有人说SUV分为两种：一种是Jeep大切，另一种是其他。选择大切就是选择安全与信任。毕竟，事先计划的从北京到辽宁本溪的路线长达800km，3天时间往返1600km，对驾车者体力的挑战并不大，倒觉得大切辛苦了。

别看大切个头威猛，却是个吃粗粮的家伙，当我再三要求大切得加95号汽油的时候，专卖店工作人员坚称93号汽油没问题。不过,大切也是大肚量，一箱油足足容纳70多升。大切仪表盘上的百公里油耗清楚地显示15.8L，印象中像大切这样的耗油车型不该把"尺有所短寸有所长"的事告诉车主的，没承想大切就这样大大方方地通过仪表盘标记得一清二楚。行程中我才明白，人家的标注是一种自信，百公里15.8L的高油耗是城市拥堵下的综合油耗，经过100多公里的行程过后，百公里的油耗清晰地显示12L，这在很大程度上改变了我对Jeep是油耗子的认识，吃粗粮还"倍儿省"是我对大切的印象之一。

我对大切这种粗犷型的SUV建立的内饰做工粗糙的印象也大为改观，试驾的车型为一酷到底的黑色内饰，皮质深色内饰与黑色外观搭配成了黑金刚，这个庞然大物的方向盘上下左右多个角度可调节，座椅的包裹性也加强不少，坐在上面感觉很稳，用东北方言说：

"这车杠杠的,这座椅妥妥的"。尤其对于长途旅行的人来说,座椅的腰托支撑功能还是挺赞的,有适合不同人群的3种记忆模式,在人体工程学的设计上,这一代的大切还是非常人性化的。仪表盘中央8.4英寸液晶触摸屏操作简便、直观,且集成度极高,为旅途驾驶增添便利。

其他再多的配置,对车来说都是锦上添花的物件,车毕竟是用来开的。黑金刚大切配备8速变速箱,仅驾驶模式就拥有经济、运动、自动、雪地、沙地、泥地和岩石驾驶,简直就是驾驶套餐,总有一种模式适合不同车主。在往返1600km的行程中,虽然高速公路占据里程的多数,但我驾驶大切上山顶拍过日落,下水库钓过鱼,也经历过砂石与坑洼路面,这一切对大切来说,自然不在话下。整个行程,最悦耳的是发动机嗡嗡的轰鸣声,这种声音是一种自信,动力十足依然是Jeep大切的金字招牌。

三天时间,算是和大切来了个往返1600km的亲密接触,两点建议:一是虽然驾驶舱有油箱的开启按钮,但是没有可以拧紧的油箱盖还是让人觉得不踏实、不安全;二是后备厢打开时有钥匙控制的自动开启功能,但是关闭后备厢时还得靠人工,希望把后备厢的开启系统由半自动升级为全自动。

宝马7系吆喝开宝马坐宝马

当撒贝宁用"销魂"来调侃形容手里提着的马灯冒出的煤油味道时,很多人和他一样,谁也不会想到,光汽车灯的变化就足以写一部汽车史。不过,车灯的变化只是全新宝马旗舰7系上市的一个插曲。2015年10月在举办过APEC会议的怀柔雁栖湖,宝马7系在中国开启了"开宝马,坐宝马"的时代划分。

似乎只有举世瞩目的雁栖湖才能与"高大上"的宝马7系的调性相得益彰。秋日的怀柔层林尽染,落日下的雁栖湖碧波荡漾,雁栖湖也是飞机的航线,多次从空中透过飞机窗户清晰看到过APEC会址,宝马7系的上市是北京举行APEC会议之后承接的规模最大的商业活动。

宝马7系在中国的上市时间与全球首秀只差4个月。时间之快,恍如昨日。罗伯森在致辞中也印证了这一点:"中国市场是7系全球最大的单一市场。"宝马集团主管销售与市场的董事罗伯森是专程来中国参加7系上市的。与他同来的还包括宝马集团设计高级副总裁霍伊顿克等,霍伊顿克是宝马7系造型的操盘手。

APEC会场几乎被布置成了宝马博物馆。包括六代7系的车型全部从慕尼黑运抵现场。如同"山不转来水在转"的民谣，取"天圆"之意的会场可以实现"观众不转舞台转"，360°的环形舞台按照不同的场景应需而转。老牌007布鲁斯南，赵文卓以太极的形式倾情演绎车用碳纤维的"轻如发丝硬如钢"，以及著名企业家郁亮和经济学家许小年作为首批车主的出现，更是精准描绘了全新宝马7系的人群定位。宝马大中华区总裁兼CEO安格以一袭私人订制的中山装亮相，凸显出宝马7系世界科技的中国情怀。

说到APEC，很多人都会想起那一年的APEC蓝。APEC蓝指2014年11月12日9点中国环境监测总站检测北京水立方附近天空的三基色数据：R=50、G=100、B=180。2014年11月3日上午8点，北京市城六区PM2.5浓度为37μg/m³，接近一级优水平。2014年11月7日—12日正值APEC会期，网络上将这样的蓝天称为"APEC蓝"。

在2014年11月10日为APEC各经济体领导人举行的欢迎晚宴上，习近平主席以很长的篇幅谈了一个词——APEC蓝。习近平主席表示，"有人说，现在北京的蓝天是'APEC蓝'，美好而短暂，过了这一阵就没了。我希望并相信，经过不懈努力，'APEC蓝'能保持下去。并希望北京乃至全中国都能够蓝天常在、青山常在、绿水常在，让孩子们都生活在良好的生态环境之中。这是中国梦中很重要的内容。"习近平主席亲自回应APEC蓝，正是回应了人们的关切。APEC蓝也在短短一周时间内家喻户晓。

网络上热议的APEC蓝，我是这个词首创者。APEC会议召开前夕，北京的天气并不好，甚至有几天是雾霾天气。2014年11月3日13点我在微信上发表了一张在颐和园用手机拍摄的照片，配图说明是"从此北京有个天叫APEC蓝"。微信随后在朋友圈广泛传播。当天傍晚，《京华时报》用微信公众账号的形式以"APEC蓝"为标题，刊发了一组当天北京蓝天的照片，随后《新京报》等多家媒体和央视纷纷跟进。

有个桥段是：11月5日，我再次拍摄了单位楼下的蓝天白云的组图，并发在微信上，配图说明是"它为什么这么蓝"。李安定曾问我："APEC蓝的公众账号是不是你注册的"。后来我在微信平台还真发现了APEC蓝的公众账号。不过，不是我注册的。11月8日，我还借助怀柔雁栖湖"日出东方"酒店的谐音，将一张日出的照片发布在社交媒体上，主题是"日出东方APEC朝霞"。从11月3日首创到11月10日APEC会议开始，在短短一周时间内，"APEC蓝"蜚声海内外。尽管APEC蓝是我首创的，但是家喻户晓的背后是大家的同感，我只是比大家提出的早了3个小时而已。都是记者的职业习惯使然，要是在重大新闻面前，早一分钟都是了不得的。

在中国上市的第六代宝马7系具有领先同级别的"十八般武艺"。这"十八般武艺"都是当今最流行的"黑科技"。例如，嵌入了一块2.2英寸液晶（LCD）显示屏的智能触控钥匙，除常规的功能以外，还可随时查看续航里程、锁车状态及保养提醒等信息。同时，通过智能触控钥匙，全新宝马7系成为全球首款可实现遥控泊车的量产豪华车型。与大多数车主一样，我最喜欢的是手势控制系统，驾驶者可用规定手势控制导航和信息娱乐系统，如旋转动作可调整音响音量，在空中点一下手指即可接听电话，而轻挥手掌则会拒接来电。此外，全新宝马7系还拥有业界领先的魔毯空气悬挂、高强度碳纤维、夜视系统、激光大灯、星空天窗等独一无二的功能。

第四部分
大周说车

20多年来，我始终奔跑在汽车采访第一线，笔耕不辍，以每周一篇《大周说车》专栏的形式，记录和思考这个汽车世界。

第九章　车海帆影

民间造车揭秘

他们不如中国的车企有钱，却比有钱的车企更投入；

他们明知自造的汽车不能批量生产，却还要倾家荡产；

他们并非汽车专业出身，却比专业者更令人感动；

他们是一群名副其实的汽车追梦人……

在中国成为世界汽车生产大国和汽车消费大国的双重事实面前，中国汽车却显得相当悲壮，就像足球世界杯没有中国队的参与一样，本土汽车品牌仅仅剩下红旗等几个让人怀念的名字。民间造车群体的出现正是在这样的背景下应运而生，民间造车现象，趣味横生。

在中国年销售的2000万辆汽车中，地道的国产车的销量很少。在"谁能代表中国汽车"的问题上，民众显然没有方向，是中国车企没有能力给民众提供选择的方向。最近十几年出现的民间造车现象不仅应该让汽车业同行感到汗颜，更应该得到普通民众的尊重。严格来说，民间群体造出的车无论是在外观上还是在技术上，都有瑕疵，甚至有的停留在简单的模仿阶段，但是他们倾家荡产的精神是中国汽车企业最缺乏的。如果汽车企业能多学习一下这种不服输的精神，国产汽车的状况或许会有明显提升。

从民间造车的人群来看，他们大多没有什么背景，除了山东烟台的刘斌是教师，其他人多是农民出身。不过，这丝毫不影响人们对他们的尊重，刘声因为上过中央电视台的舞台，并接受过王小丫的采访，名气最大，而促使他造车的理由是一个外宾车队中居然没有一辆中国车的身影。理由之简单，足以令整个汽车业界感到汗颜，刘声用10年时间生产出了20多辆各种款式的"老爷车"，而他的家庭却从百万富翁跌落至吃糠咽菜。

因为这种作坊式的造车方式所生产的汽车不能上牌照，刘声不得不把造出来的汽车租赁给冷门行业，靠收取微薄的租金维持生计。

王宏君研制的水陆两栖汽车居然有人给出 360 万元的天价，为了研制此车他花光了家里 20 多万元的积蓄。他在家门口的水库试验车辆性能时，有人建议万一失败后的营救方案，他居然说出先救车后救人。山东烟台教师刘斌发明的轿车，仅花费 3500 元，造车的理由是中国的车价太高。而以同样理由加入造车行列的还有四川农民江岷，他的猫头鹰造型的小车成本仅花了 1 万多元。

从技术上说，民间造车是不敢令人恭维的。但如果中国汽车企业能把这种劲头运用到汽车生产上，中国的汽车早应该扬名立万了。

刘声曾经凭借勤劳和聪明成为辽宁当地闻名的富翁，而今他却变成了名副其实的穷人，当时的百万资产换来的是一辆接一辆的铁疙瘩。10 年时间，打造的 20 辆"奔驰老爷车"几乎花光了他所有积蓄。

刘声与汽车的不解之缘始于上海的一次出差。1992 年在上海办事的刘声正赶上一个外宾车队来访，站在街边看热闹的刘声回忆说，当时的车队很长，劳斯莱斯、奔驰，一直到最后一辆奥迪。让刘声受触动的是身边两位老人的对话："上海牌的轿车原来不是也挺好的，可现在咋就没声响了呢？"刘声听到这话的第一反应是：难道造汽车，真的这么难吗？

回到沈阳的刘声开始"不务正业"起来，他设计的中国的"中"字形车标很快注册成功。"中"字体面积为 960 平方毫米，象征 960 万平方千米。下半部是球形，球形周边是直径为 56mm 的圆环，代表 56 个民族。刘声的造车之路从改装上海牌轿车开始，他将一辆几经报废的上海轿车改装成了一辆三门开的黑色加长轿车，长 7.8m，里面有沙发、茶几、电视、冰箱、空调，与街上跑的豪华加长林肯没有什么不同，开起来时速也能达到 100km/h。这辆名为"东方明珠 A"型的车子后来捐给了中国儿童活动中心。

谈起造老爷车的经历，刘声说："只能照猫画虎。"第一辆老爷车是红色的，流线型车身的钣金工艺是师徒们手工做出来的，红艳艳的漆身在阳光的照耀下，光彩夺目。车的油路、电路依据老爷车的样子做了改进，性能相当不错。因刘声一家三口都属羊，他就把造车公司的名字注册成了"三羊"开泰公司，并在原先修理厂的基础上把徒弟们也招来造老爷车。从 1995 年到 2005 年，刘声一共造了 20 辆老爷车，都是仿造德国 1934 年和 1936 年的老爷车型。由于国际上有明文规定，一款车停产 50 年后将不受保护，因此刘声仿造的老爷车并不侵权。刘声现在维持生计的办法，就是把制造出来的老爷车租赁给婚庆公司。

每位民间造车人都特别可爱。王宏君的家就在离北京百公里远的河北迁安,尽管时间过去了4年有余,但提起自己的水陆两用车参加车展的情景,王宏君依然历历在目。

王宏君的水陆两栖车研制成功后,首次受邀参加车展的表演。2002年10月1日南京国际汽车节开幕当天,南京玄武湖公园名车聚集,人山人海。"当我开着自己的水陆两栖车来到车展现场时,人群中顿时出现了一片骚动,这辆车太奇怪了,车身还长出了两个翅膀,后边还有两个螺旋桨。"王宏君回忆说。包括一些前来参观的汽车制造专家都不相信,这辆车能在水中行驶。王宏君驾驶着被人们称为怪物的汽车一加油门就冲进了玄武湖,观众只见王宏君驾驶的水陆两用车在湖面上劈波斩浪,进退自如。岸上掌声雷动,赞叹不绝于耳。

或许多年修车工的职业使王宏君比一般人更热爱汽车。在中国市场上看得见的汽车有个毛病什么的,他总能"手到病除"。王宏君的水陆两栖汽车从有想法到梦想成真用了整整7年时间。王宏君说,从1986年开始研究这部水陆两用汽车,到1996年已花费20多万元。1999年,王宏君用13年时间造的水陆两用车终于开出了家门。试验的场地是距离家门口最近的潘家口水库。王宏君的水陆两用汽车在宽阔的水面上转了三圈直接上岸。人们看到了成功,但王宏君自己感觉到,螺旋桨直径小,推力不足。回家后,王宏君立即着手改进螺旋桨和他认为尚不满意的地方。在后来的几个月中,经过几次试水,王宏君的水陆两用汽车彻底完成了,陆地时速为140km/h,水上时速可达40km/h。首度参加南京车展的王宏君的水陆两栖车受到中国汽车工程委员理事长张兴业等汽车界元老的高度评价:"王宏君翻开了中国汽车历史上的新一页,非常有前景。"

就在王宏君造的水陆两用汽车公布于世的时候,世界上第一辆高速水陆两栖汽车在英国伦敦亮相。70多名工程师历时7年时间,造价2700万美元。相比之下,王宏君的水陆两栖汽车是在无专业厂房、无专业设备、无专业知识,既无资金又要让全家能吃饭的情况下,用铁锤在自己家里一点一点砸出来的。

如果说王宏君自制的水陆两栖汽车让汽车业界的专业人士感到汗颜,广州农民张斗三的陆空两用汽车则更能让人大开眼界。早在2004年,张斗三就带着他的陆空两用汽车出现在家门口的珠海航展上。

仅仅读过8年书的辽宁农民韩朝友是中国民间制造电动汽车的第一人。而他造车的念头甚至有些滑稽,由于岳父家远,每次韩朝友去看望老人都得坐汽车前往,闻到汽油就晕的韩朝友为了摆脱汽油味道带给他的痛苦,就产生了造电动汽车的想法。韩朝友的电动汽车时速为 20km/h，而且还是自动挡。

　　山东烟台的刘斌是教师，没有任何汽车知识的他居然仅用了 3500 元，就生产出了一辆满大街跑的汽车。刘斌的汽车外观实在一般，但是麻雀虽小，五脏俱全：方向盘、发动机、反光镜等象征汽车的主要零部件一个不少。刘斌不仅是一位汽车发明者，还是一位控制汽车生产成本的"杀手"。

　　湖北省经过改装的首辆民用水陆两用车也在汉江横渡成功，而发明者是个体户皮之贵。这辆水陆两用车由一辆北京吉普改装而成，车身有所加长，车头上加装了 4 个散热器，车尾下部安装了螺旋桨。汽车入水后，依靠尾部的螺旋桨推动前进。曾经当过兵的皮之贵，早在部队时就有改装水陆两用车的想法。2001 年，皮之贵在老河口梨花湖投放一艘游艇，供游人乘坐观光，但每年夏季的狂风总是把游艇吹翻，打捞游艇让他伤透了脑筋，这坚定了他改造水陆两用车的决心。在面对遇到的问题时，有人选择退缩，有人选择迂回，而皮之贵选择前进。

　　四川成都双流区的江岷本是一个普通的农民，因为发明了个性轿车使他成为当地远近闻名的人物。江岷把他发明的小车命名为"猫头鹰超微型休闲观光轿车"。这辆白色的敞篷小车，只有一般轿车的 2/3 大，由车的前脸像一只猫头鹰而得名。别看车小，车的部件一个不少。江岷说，"猫头鹰"汽车和汽车一样烧汽油，最高时速可达 40km/h。江岷造车的灵感来源于"甲壳虫"。周边亲朋好友都有了买车的愿望，可现在的汽车价格太贵，这样的造车理由相当质朴。

与乔治亚罗聊汽车设计

　　汽车设计巨匠乔治亚罗说，预测未来汽车设计的流行趋势是件非常困难的事情。当这样的话语从 75 岁的老人口中说出来时，我感觉惊讶极了。惊讶于这位设计了无数汽车作品的大师也会感到未来的深不可测。

　　这是一次餐桌上的聊天，更是偶遇。2012 年 3 月初，我受邀参加奥迪在总部英格斯塔特举行的 2012 年财年年会。会议当天的午餐地点一如往常地选择在奥迪博物馆与会议中心之间的长廊上进行。午餐是自助式西餐，全球上百名同人云集于此。

　　没想到的是，我对面突然来了一位长者，头发还谈不上花白，一身藏蓝色的西服映衬着白色的脸庞，无框金色眼镜的背后是一双睿智的眼神。他先是客气地问了问是不是可以坐，而后把盛满蔬菜沙拉的盘子轻轻放在桌上，主动伸出了那宽厚的大手，声音略带沙哑地向我问候。尽管在此前头一天晚上举行的宴会上，我已经和他有过一面之交，并追星般地和乔治亚罗合影。但是，当乔治亚罗坐在我对面时，我依然喜出望外。与乔治亚罗一起的，还有子承父业的儿子 Fabrizio Giugiaro。

乔治亚罗之于整个汽车界，如同"苹果"之于乔布斯，IT 行业之于比尔·盖茨。时年 75 岁的乔治亚罗影响了全球汽车界半个世纪之久。其 14 岁时所绘的几张汽车设计图，即被当时的菲亚特灵魂人物 Dante Giacosa 慧眼识中，成为菲亚特设计团队的一员。1959 年，年仅 21 岁的乔治亚罗就完成了阿尔法·罗密欧 Giulia GT 的设计，并从此一发不可收拾。从第一代帕萨特、高尔夫，到 1973 年的奥迪，再到法拉利 250GT、玛莎拉蒂 5000GT、阿斯顿·马丁 DB4、菲亚特 850 Spider、宝马 3200CS，雷克萨斯 GS300，以及到中国人耳熟能详的派力奥、华晨中华、奇瑞 A3，凡是卖得好、设计有特点的车型，似乎都和乔治亚罗有关系，乔治亚罗也由此成为汽车工业设计界的翘楚。一种说法是，世界上有 2500 款车型的设计都出自乔治亚罗之手。

乔治亚罗坦诚，他从事汽车设计之初，受到过美国汽车设计的影响，那时的美国汽车造型夸张。不过，到了二十世纪六七十年代，世界经济处于萧条之中，对于汽车有直接影响的就是汽油危机。人们应该会需要一种简单、实用的汽车，于是玛莎拉蒂 Medici、蓝旗亚 Thema 和乌诺成了乔治亚罗的转型之作。

当我向他请教未来汽车设计的趋势时，乔治亚罗从西服口袋里掏出手机耸耸肩说："谁知道呢？"乔治亚罗说，谁能在 20 年前想到过手机里能装世界呢！未来汽车设计的趋势很难讲。以往的汽车设计往往功能单一，要么好看，要么实用即可，相对简单。而现在，伴随着人们对汽车功能性需求的增多及环保、轻量化、新材料等的运用，汽车的设计要做到鱼和熊掌兼得越来越难。不过，乔治亚罗称，汽车在未来的设计性与实用性将缺一不可。

曾经帮助中国多个车企进行过车型

设计的乔治亚罗说，他知道中国人喜欢更大一些的车。而且每个人对汽车设计的理解各不相同，乔治亚罗风趣地举例说，在他的家乡意大利，一位山上农场主的家门口有一天突然停了一辆崭新的奥迪 A6，乔治亚罗问其买奥迪的缘由，农场主说在山上太寂寞了，而奥迪 A6 能引起人们对他的注意，仅此而已。

不过，人们要想在更多品牌中看到乔治亚罗设计的作品，在今后将是一件非常困难的事情。伴随着年龄的增长，其儿子 Fabrizio Giugiaro 正在承担更多的设计工作，乔治亚罗今后将扮演帮助儿子的参谋角色。与此同时，大众汽车集团已完成对乔治亚罗汽车设计公司 90.1% 的股份收购，成为大众旗下的汽车设计公司。也就是说，带有乔治亚罗设计语言的汽车设计今后只能出现在大众汽车集团旗下的十大品牌之中。

一桶冰水能浇醒汽车行业吗？

如果没有移动视频和社交网络的交互作用，以帮助渐冻人为目标的"冰桶挑战"难以在短时间内风靡全球。在移动互联网时代，一桶冰水能浇醒汽车行业吗？

"冰桶挑战"运动的发起人是原美国波士顿学院棒球队的明星队长弗拉茨，此人正是 ALS（全称"肌肉萎缩性侧索硬化症"，俗称"渐冻人"）的患者，这个筹集善款的举动立刻引发全球轰动，从美国硅谷到中国 IT 行业，蔓延至更多公众人物。除公益主题本身令人心动以外，从本质上讲，是互联网思维成就了这项公益活动。简约思维、用户导向、平等关系、移动视频、社交网络、分享心态等，都是成功的必要条件。

一桶冰水是典型的互联网思维的成功，包括汽车行业在内的任何一个传统行业都面临着被颠覆的危险。互联网思维就是以用户需求为原点，距离用户越近越好。小米手机之所以成功，不是有多牛的工程师，而是有超牛的用户思维。雷军的新品红米还未上市，就已经收到了 1500 万部手机订单。同样互联网思维的典型例子，还有周鸿祎在激烈竞争时将杀毒软件 360 全面推向免费，成为新的流量入口。谁曾想到卖杀毒软件的周鸿祎看似杀毒软件免费的背后，获得的是海量用户，并将其转化为新的商业模式，正所谓"羊毛出在猪身上"。堪称跨界"杀手"的打车软件"滴滴"和"快的"同样是横空出世、横扫市场，有人说，以前靠公路交通勉强维持生计的城市广播电台，没想到会死在"滴滴"和"快的"手里，广告客户纷纷告退。移动互联网时代，一不留神就会成为过去时。

一桶冰水能浇醒汽车行业的互联网思维吗？传统的汽车行业缺乏互联网思维主要体现在两个方面：一是，企业生产什么消费者只能买什么；二是，所谓的创新无非多集中在车身轻量化和能耗的降低上，100多年来很少有颠覆性的变化。而一个成立不足20年的车企特斯拉就将整个汽车行业搅得风生水起。汽车行业也越来越多地遭到跨界挑战，谷歌的无人驾驶汽车等对汽车行业的渗透越来越多。汽车行业必须正视这一切，不完成从制造商到供应商互联网思维的转变，汽车行业难以突出重围，有的甚至难以为继，现在的市场早已过了你生产什么消费者只能买什么的时代，而是消费者需要什么汽车企业生产什么的时代，这也是汽车企业应该完成从简单的生产制造型转向用户导向型，从制造公司向服务公司转变的命根子所在。而且应该从汽车整个产业链的第一道工序——造型设计上，就应该导入离消费者需求近些再近些的互联网思维。汽车企业的互联网思维绝不是在车上能上网、有导航这么简单，而是能够解决在移动过程中的一站式生活服务。

北汽集团董事长徐和谊曾表达过乐视如果生产汽车，北汽愿意为其贴牌生产的意愿，并对小米的模式推崇有加；上汽集团与阿里巴巴关于生产互联网汽车协议的签署，都是汽车行业向互联网思维转变的尝试。

中国人的汽车颜色嗜好

独立第三方的调研公司新华信早在2006年就针对当时的车市进行过一项调查，调查结果显示，价格、油耗、品牌、配置、外观和动力性，是消费者购买小型车及微型车时考虑的6个要素。

消费者购买家庭用车的趋势是既考虑油耗又看重动力，其中有83.2%的消费者买车时会考虑到油耗，而考虑动力性的比例达到了54.7%，这是由小车消费群体的特征所决定的。由于经济条件有限，他们对车辆整体的期待从某种意义上来说反而相对较高，往往会有"既要马儿跑得快，又要马儿少吃草"的要求。在这种情况下，对于小型车的生产厂商来说，在动力匹配上就面临着比其他车型更大的难题，只有尽可能地做到经济性与动力性兼备，才能更好地吸引消费者的眼球。而目前一些小型车的生产厂商在发动机的匹配上，往往是顾此失彼，只能突出某一方面，而另一方面的表现就相对较弱。

在家庭购车的六大要素中，尽管配置、安全等因素排在了相对靠后的位置，但是这并不意味着这些不重要。准购车者张某说，配置、安全、外观等因素之所以排在油耗和动力的前面，是觉得汽车厂商在为消费者提供车辆时，它们在技术上已经完全没有问题了，如果厂家把这些问题都搞不定，汽车再节油也都是瞎掰，消费者也未必买账。

中国小型车市场一度风起云涌，车型众多。常见的有奇瑞QQ、大众POLO、东风标致206、上汽通用五菱雪佛兰SPARK、广汽本田飞度、思迪、长安铃木雨燕、长安福特福克斯等。不过如果用家庭购车的新要素去衡量，能够符合人们消费心理的小车还真不太多。在小车市场上标致206以动力性闻名，经济性上做得比较好的车型则以飞度为代表，可以说是日系车省油概念的代表了。单就动力性表现来看，一般来说日系车的发动机调校比较适应中国人的用车习惯，"低转高扭"的特点使其低速起步性能较好。飞度到底是否让你中意，一是要看每个人的消费习惯，二是要看你是否把省油放在第一位了。相比之下，德系车的扭矩点通常调得比较高，像POLO这样的小车，通常要在高速公路上行驶才能发现它的高速性能优势。

经济兼顾动力，这是小车市场的消费特色，也是产品的发展趋势。可以预见，在这个消费潜力最大而竞争也是最激烈的细分市场上，经济性与动力性并驾齐驱的产品将最终赢得市场。

"未来10年，色彩将成为汽车的核心卖点。"中国流行色协会副会长梁勇在一次接受采访时如是说。近几年来，轿车外形日趋雷同化，色彩逐渐成了消费者购车的重要依据，同样品牌型号的汽车可能会因车身颜色不同而有不同的价格，因而颜色也就成了轿车厂商最重要的市场战略资源，作为民族汽车品牌旗帜的奇瑞自然也明白其中的道理。

基于满足消费者对色彩的喜好，奇瑞新东方之子在原有的黑、白、银的基础上，推出过中国蓝和赭石红两种颜色，让自己的产品在有优良品质的同时，也让色彩成为消费者选择的一个理由。两种颜色内敛但不凝重，不同于经济型车的鲜艳、明朗、轻快、时尚，也有别于高档车的沉稳厚重，既适合商务用车需求，也满足了一般家庭实用而不张扬的需求。

当汽车在中国消费者的心中褪去光环，成为大众、时尚的商品时，色彩将成为影响汽车销售的主要因素，上海大众POLO、奇瑞QQ的销量很大程度上缘于"好色"。而现在，每款车型的颜色都有七八种。

大话各国汽车特点

车市一度盛传着这样一种中级车的选择标准：法国车的外形＋美国车的空间＋德国车的动力＋日本车的油耗＋瑞典车的安全＋韩国车的价格＝满意，暗含了新兴的主流中级车应具备的标准。不过，现实往往不那么完美，现在就说说各国车的特点。

法国车看外形。人们觉得法国车的外形动感时尚、浪漫、前卫，对于优秀的中级车来说，当然是要有一个让人眼前一亮的外观来打破审美疲劳，带来视觉冲击与审美震撼。除外形之外，法国车的人体工程学和实用性也很强，只是在中国没有把其当作卖点挖掘出来。

美国车看空间。美国车的空间够大够舒适，但一味地大而无当也不足取，理想的空间应该是车身尺寸与车内空间平衡和谐。

德国车看动力。德国车动力性能都相当出色，在发动机制造技术上也属全球领先，因此动力性能历来是有口皆碑。

日本车看油耗。日本汽车工业一直把提高汽车的燃油经济性作为头等大事，造就了日本汽车普遍经济省油的特点。在全球油价飞涨愈演愈烈的形势下，那些节油、环保的汽车也就愈加受到人们的青睐。而对于中级车来说，油耗问题也是能不能在此时站稳脚跟及占据更多市场的关键。

瑞典车看安全。"Volvo"在拉丁文里是"滚滚向前"的意思，沃尔沃汽车公司在安全性能方面有着其独到之处。美国公路损失资料研究所曾评比过10种最安全的汽车，沃尔沃汽车荣登榜首。

对于普通消费者来说，购车最重要的决定性因素永远都是价格。韩国汽车作为世界汽车工业的后来者靠的就是价格低廉。但一分钱一分货，只有在同级别汽车中的性价比最高才是最好的。

换车开着玩离我们有多远？

以往我们经常会在国外的电影、电视节目中，看到演员潇潇洒洒地今天开一辆车，明天又开另一辆车。诚然这里面有艺术的夸张效果，但是至少说明在现实生活中肯定存在这样的现象——频繁、自由地置换新车。同样，前几年买汽车还是一般中国家庭所不能想象的事情，现如今汽车已经完全融入我们的生活。条件好了，于是中国车市诞生了"二手车置换业务"的新名词。

顾名思义，二手车置换不同于以往的二手车市场经济公司的业务，而是消费者用二手车的评估价值加上另行支付的车款从品牌经销商处购买新车的业务。由于这些厂商良好的信誉和优质的服务，并且能够给参与置换业务的消费者带来信任感和更加透明、安全、便利的服务，所以现在越来越多想换新车的消费者都在选择这一新兴的业务。

来自中国物流与采购协会的市场分析报告中显示，2004年二手车交易量比2003年增长了 20.21%，而二手车交易量增长率也高出新车销售增长率 5 个百分点。2004 年在众多品牌二手车业务中，仅上海通用汽车诚新二手车置换业务就比 2003 年增长了 16 倍。

目前市场上品牌二手车主要开展的业务有两大方面：置换业务和认证二手车业务，其中置换业务占有很大比例。用户在置换过程中最关注的除新车的品牌、性价比、质量以外，还十分关注置换过程中的价格因素，这个价格包括旧车价格的合理性及新车价格两个方面。该负责人强调说，一些用户单纯地拿置换业务中的二手车估价与二手车市场价格做比较，这种只考虑二手车的估价或只考虑新车价格的消费行为都是不科学的，因为在以旧换新的置换业务中，只有综合考虑新旧车的价格才能真正地为消费者带来实惠。评估价格不能作为判定置换业务好坏的唯一衡量标准，二手车价格受新车价格的波动影响很大，同时某些车型在二手车市场的受欢迎程度也会影响该车的评估价格。

据该二手车调查报告显示，在置换过程中，消费者很关注置换流程，即自己的旧车是否已被真正过户。由于旧车过户引起的保险、赔偿等纠纷令消费者担忧，从而对置换业务望而却步。

现在最受欢迎的是一站式"置换新车"服务，即所有的旧车过户手续和新车上牌手续均由经销商负责办理，保证过户到位，解决了消费者在置换过程中办理各种烦琐手续的烦恼。

车商的美女经济

2006 年"十一"期间，车市没有像经销商预想的那样火热；"十一"刚过，不少经销商开始绝地反击，纷纷亮出看家本领，推出了花样繁多的促销手段。有的借店庆回报消费者，有的打出主题活动，还有的干脆盯上了"美女经济"……在众多招数之中，消费者可要看清楚了，究竟应该接哪一招才不会吃亏。

招数解析：车子造出来，如果能保障一年不修，三年不坏，五年不出大毛病，那么，这样的耐用品质一定能得到认可。口碑传出去，客户必然纷至沓来。

汽车是耐用消费品，如果做不到真正的耐用，很难想象离开品质基础，还能有品牌的存在。靠产品品质取胜的品牌，卖点不外乎是功能、质量、安全和实用。作为消费者，目前还是实用主义者居多，这样进行定位的厂家生意应该不错。例如，普桑，外观形象向来不敢恭维，但是买它的人照样还是很多，大家都觉得它不容易坏、好修，这就是品质的力量。

招数解析：前几年网络界炒作"眼球经济"，现在所谓的"美女经济"泛滥成灾。"美女"作为这个社会的某一种"力量"传承，在生活许多细节深处展示着她们无所不能的魅力。不管你喜不喜欢，"美女经济"正无所不在地笼罩着每个人。

当时新车上市频繁，国产某中级轿车上市当天，车商重金邀请了在模特界响当当的近10位佳丽助阵，吸引了参观者的眼球。在此后的实际销售中，该车商还"有意"聘请了个别长相出众的美女销售人员，给前来参观购车的客户留下深刻印象。现在，车展、上市活动，甚至平常销售中，"香车"越来越离不开"美女"。

我们并不排斥美好的东西，但希望商家在采取"美女"这种特殊的营销手段时，不仅考虑经济效益，还要顾及社会效益和公众承受力。

招数解析：面对售后服务日益突出的车市，服务管理中更见细节管理的功夫。脚踏实地，沉着、冷静，把更多的精力投入顾客服务等细节上。在细节上下功夫，在细节上做文章，以细节赢得顾客，以细节取胜已成为一些车商惯用的方式。一些车企成功的经验就是在营销管理中，高度重视所有的细节，即通常所说的"管理无细节"。

几乎所有的汽车生产企业都认为经销商管理重要，都对经销商的运作模式、经营管理等提出了明确的要求。然而，真正把经销商管理放在首位的并不是很多，尤其是在细节管理上。例如，你该如何为经销商确定销售目标？这看上去是个很简单的问题，但却是影响经销商业绩的最关键问题。经销商的最大追求是利润，而利润来自所在地区的销量。当地人口数量、GDP水平、各种车型的销量、"领地"大小、当地人的偏好等因素都能影响经销商的销售业绩，因此如何科学、严谨、细致地制定经销商的目标销量，就成为一个必须考虑周全的问题。

真正站在消费者的角度考虑细节，消费者才欢迎；如果是站在商家的角度制造"细节"，就会让人感觉别扭。

招数解析：在竞争日益激烈的汽车市场，为了争夺更多的市场份额，商家各出招数拉拢消费者。情感攻势获得成功的关键在于选准主攻目标——消费者的消费心理，即经营者把消费者的消费心理计入"心理成本"，然后通过富于情感智慧的考察，力求发现消费者最富于情感色彩的"心理追求"。这两者有机结合，有助于捕捉准确的消费心理目标。

众多车商纷纷推出了针对用户的免费检测优惠活动，大江南北顿时刮起阵阵暖风，令这个秋天充满了亲切和感动。一汽－大众、上海大众、东风雪铁龙等汽车厂商考虑到10月是出游的大好时机，便争相推出系列用户关爱活动，如海南马自达的"金秋之旅——出行关怀计划"、上海大众的"缤纷假日 爱心专场"、东风雪铁龙的"秋季送放心"、一汽马自达的"四季关怀"等活动纷纷登场，发起了各种各样的"情感攻势"。

富于情感智慧的经营者大多善于展开情感攻势，以求得经营的成功。虽说情感攻势属于劝诱消费的一种方式，但却是赢得市场和消费者的比较好的途径之一。

一帮开大切诺基的男人

在北京东三环外环双井桥和劲松桥一带，竖立着几个著名的楼盘，这个属于CBD大范畴的区域每平方米的房价七八万元起步，属于寸土寸金的黄金地段。而在此之前的20世纪八九十年代，这里曾是北京吉普汽车有限公司的所在地，20世纪80年代县团级的212及后来的切诺基，包括2500在内的各种切诺基都曾在这里生产。其中，大切诺基是切诺基中的"战斗机"。当时为了凸显切诺基的调性，曾组织过一帮硬汉车主回过娘家。这一群特殊的客户堪称中国演艺界的半壁江山，包括著名演员申军谊、许亚军、巫刚、何冰、丁志成、石兆其、牛飘，名导韩钢、杨亚洲，他们都是为了"大切"而来，专门接受公司的回访。

申军谊：在众人当中，申军谊的吉普情结绝对是最深厚的。从1990年开始就买了普通切诺基，后来换过十几辆车，绕了一大圈，他最后还是选择了8缸Jeep 4700。这辆车已经买了一年多，跑了近两万公里，感觉相当好。"据说在欧洲的评比中，大切的安全性是越野车中最棒的。大切的整体设计（如底盘、总成）都是相当合理的，同样是越野车，像丰田4500、丰田4700的自重就太重，而且起步也很慢。"不少人都觉得大切费油，可申军谊却另有一番见解，"同越野车比，轿车的确比较省油，可像宝马、奔驰那种进口车太贵，至少比大切多出二三十万元，我若拿这些钱再去买油，那可是一辈子都使不完。"或许是受申军谊的影响，他的妻子经常和他抢着开大切，很多时候都是申军谊

"败下阵来"，只有开轿车的份儿。不仅如此，当天到场的众演员纷纷表示，都是受申军谊的影响，在他的强烈推荐下才买大切。

杨亚洲：同他的执导生涯相比，杨亚洲的驾龄实在是短之又短。当年3月份，他才买了Jeep 4000作为人生的第一辆车，之前他从没开过车。选择大切纯粹是出于喜欢。"去年到美国时，看见街上到处都是大切，不由自主地喜欢上了。于是，他一回国就买了一辆。"

石兆其："开着大切，心里有谱，什么样的路都敢去，绝对的踏实。"一说起心爱的大切，石兆其赞不绝口。他开吉普也有好多年了，1990年他就买了北京吉普的2020S，还有两驱、四驱的切诺基，基本都开过，与切诺基缘分甚深。

巫刚：巫刚和杨亚洲情况相似，都是当年大切的新晋车主。不过，在买大切之前，巫刚开的是白色捷达，选择大切的首要因素还是因为大切卓越的安全性能。虽说开的时间不算太长，可他对大切还是相当满意的。

牛飘：牛飘觉得大切特别符合自身的工作性质，有了这么一辆结实、好用的车，觉得省事不少。而且，大切卓尔不凡的个性也是吸引他的重要原因。

许亚军也觉得大切特别方便、实用，绝对是大切的忠实拥护者。一直都开广本的水均益，在朋友的"撺掇"下，也买了一辆大切。

明星们在对大切赞赏之余，也提出了不少中肯的建议。水均益比较爱抽烟，他建议在后排座也装烟灰缸。有趣的是，同样爱抽烟的申军谊与他唱了对台戏，"自从买了这车，特别钟爱，虽然平时爱抽烟而且抽得挺狠，可我从来不在车里抽烟。"看来，申军谊对大切真是疼爱有加。当时，水均益还希望北京吉普能与车主建立更密切、稳定的联系，如成立车主俱乐部，经常组织活动，大家多些沟通与交流的机会更好。在他看来，中国汽车市场的再次飞跃最根本的是带有人文色彩的服务。现在，看谁车卖得多只是短期行为，将来拼的则是服务了。谁的服务做得到位、扎实，谁才能真正赢得客户，赢得市场。而牛飘建议北京吉普采用一对一的服务，让每辆大吉普都有个"私人医生"。

说来说去，安全因素是众位名人买大切的最重要因素。而且，他们大多数人认为，在未来的汽车消费趋势中，大切将是很多家庭购买的第二辆车。大切，代表着一种骄傲，一种自信的生活态度。

明星大腕车场秀

除了香车和美女，注重营销的汽车企业同样在聘请明星代言上花费不少。值不值得，我们尚且不去评论，至少能够吸引眼球。

请哪个明星大腕代言也从某种程度上代表着一个汽车品牌价值的走向。2005年，在奥迪身上，人们看到的是一些顶级的明星阵容：海岩、羽西、余隆、郎朗等，他们要么驾驶的就是奥迪，要么到处为奥迪摇旗呐喊；奔驰同样拥有大手笔，除在10月结束的网球大师杯上，诸如费德勒、阿加西这样的大腕比赛期间的座驾就是全新的奔驰S级之外，为奔驰代言的人同样不比奥迪逊色，杰出的华人音乐家马友友就是奔驰倾情赞助的对象。

细细数来，与汽车攀亲最多的是体育和演艺两类明星。上海通用的大腕是泰格·伍兹，据说这位当今世界收入最高的明星，每逢比赛的时候，别克品牌的汽车是其最主要的座驾，就连高尔夫球包上的标识也是别克的LOGO，不懂高尔夫运动的人还以为别克进军高尔夫产业了。电影和演出同样随处可见明星与汽车的身影，由陈可辛导演的《如果·爱》首映仪式上，导演陈可辛携片中四大主演金城武、周迅、张学友和池珍熙在万众瞩目中亮相。星光大道上，曾志伟、黄奕、蒋勤勤、徐静蕾、赵宝刚等时尚演艺界人士也前来助兴。同时，为这个首映式增色不少的还有8辆拥有出众外形和独一无二设计的凯迪拉克CTS，也是所有明星的专程座驾，让明星们充分体验了凯迪拉克带来的豪华享受。明星与名车交相辉映，在灯光下熠熠生辉。

不过当时在请明星代言上手笔最大的可能要数东风日产了，他们倾情赞助了帕瓦罗蒂全球告别演出中国站的活动，为此还特意为"帕瓦罗蒂"改装了一辆天籁汽车。据说，仅赞助"帕瓦罗蒂"一项活动，东风日产的花费就高达2500万元。东风日产全车系的身影同样还出现在电影《无极》中，张柏芝、谢霆锋、陈凯歌等主创人员都是乘坐天籁入场的。

香车为何配美女

时尚无所不在，对于汽车而言，什么样的汽车才算时尚汽车呢？有人说是另类的、标新立异的；有人说是个性张扬的，也有人说是发自内心的触动，富有激情的。每个人的背景与认识不同，所给出的答案当然也不同。

于是乎，大家一看到时尚美女，就想象着时尚汽车与之搭配。也的确如此，随着汽车市场的空前繁荣，模特公司居然出现了专门的车模。不过，很多人并不知情，全球第一个启用模特为汽车助阵的汽车品牌是MG名爵。MG启用牛津大学的美女学生当作车模的历史可以追溯到1924年，代表年轻和运动基因的MG一度是英国国民买得起的大众

化平民跑车，牛津美女助阵 MG 的做法迅速在汽车界风靡，MG 是名副其实的"车模发明者"。在南汽率先收购继而是上汽南汽合并以后，90 多年品牌历史的 MG 名爵一直传承了品牌的运动和年轻基因，2017 年 11 月在南京万驰赛道上市的全新名爵 6 再度美女灵魂附体，邀请了 27 组维密级车模为 MG 名爵 6 的上市助阵。据说，上市会仅用于请名模的花费就高达千万元。

世界上具有高贵典雅气质的美女很多，我认为高贵典雅有 3 种不同的组合。第一种是古典派的高贵；第二种是甜美的高贵；第三种是时尚的高贵。

以现在国内几款时尚汽车来看，也的确如此。当我们在大街上看到时尚而雍容的蒙迪欧时，也许会联想到戴安娜王妃的包容性、富有内涵，犹如蒙迪欧的坦荡气度。对于甜美的高贵，相信很多人会马上想到马自达 M6，无限的激情，让我们感受到躁动、朝气的青春。同时曲线得到充分体现，可以无限弯曲，也可以无限纵深。时尚的高贵，似乎除了三菱欧蓝德已经很难找到更适合的。动感、流线、前卫、浪漫，这些时尚元素在凌欧蓝德身上得到了充分体现。

纪念版轿车纪念谁

每年 10 月末的香山，红叶漫山遍野，开车前往者络绎不绝。与红叶相反的是在 2004 年那个开始渐冷的季节里，商人们所寄望的"金九银十"的行情并没有出现，10 月的月历即将翻去，企业和经销商的伤痛还在延续，且有种苦日子啥时候到头的悲壮感！

于是，一种莫名的纪念开始在市场上悄然流行。这种纪念指的是诸多企业分别推出了纪念版轿车。上海大众一口气推出了旗下 5 款印哥蓝轿车，一汽丰田有了威驰纪念版，甚至江铃陆风都推出了号称纪念版的车型。各家推出纪念版轿车的理由也是名目繁多，有纪念厂庆 20 周年的，有两周年的，也有没有明确理由的。通过分析纪念版轿车，无非是增加了一些不常见的颜色和花架子的配置。更让人看不懂的是，企业还兴师动众专门请来拍卖公司进行拍卖，大有一种"过了这村就没有这店"的架势。

甲壳虫曾经出过纪念版，那是在产量达到 100 万辆的时候，奔驰的 SLR 前几天也出过纪念版，也是在车型生产 50 年之后。纪念版轿车的颜色看上去的确有些惹人，但是这种颜色的推出再次暴露了汽车企业的软肋，能不能给市场提供更多颜色的车子呢？而不是人们已经习惯了的红、白、蓝。这让我想起了一个电扇的故事，说是有一年某个国家的电扇出现严重滞销，当所有的人都以为企业要破产时，一个不起眼的员工建议把黑颜色的电扇粉刷成数十种颜色，这种做法果然奏效，最终将濒于倒闭的企业拉回岸边。

我以为，诸多汽车企业以不同理由推出的纪念版轿车，营销的意义大于纪念。如果非要说纪念不可，也是在纪念 2004 年这个冷清的日子。

有些降价一点科技含量也没有

如果把葛优的原话"你们这些打劫的一点科技含量也没有"看作是电影《天下无贼》的经典台词，2005 年初车企刮起的降价风一点"科技含量"也没有。

伴随着春节的日益临近，汽车的价格也终于有了踩不住刹车的味道。从元旦开始，已经先后有马自达 6、威驰、花冠、宝马、奇瑞、威姿、威乐、昌河北斗星、富康等数十款车型再度卷入价格大战之中。

这种看似动辄万元以上的降价没有"科技含量"，例如奇瑞 QQ 所创造的 29880 元的价格不知会让多少消费者怦然心动，可是谁知道这款低价车连空调和收音机都没有，整个一裸车，我的一位对此车动心的同事看车回来这样告诉我。她还说，看车的人不在少数，但是很多人看完车就撤了。还有一些车型，价格低了，诸如 ABS 系统这样确保行车安全的配置都没了。在最新一轮的降价大潮中，除宝马降价 10 万元让人感觉像真正卖车外，其他的降价多有作秀的成分。国外的车也降价，而且在配置上没有降低。

有些车降价几万元而呈现热销。殊不知，在上市时厂家就把每辆车的成本控制得很低了，而那时的售价却很高。也就是说，现在大幅降价后每辆车还有几万元的利润。

没有"屁股"也是车

购买什么样的车型当自己的座驾,中国消费者的观念显然更乐意接受三厢车,由过去的"轿子"演变而来的轿车观念似乎对中国人的影响更加根深蒂固。

难道只有三厢车才是轿车吗?显然不是,两厢车也是车。近年来,世界各国政府都在推行节约能源的政策,使得人们越来越青睐小型轿车。不论是在欧洲,还是在日本,操作方便的两厢车都是街道上的主角。而在中国,由于道路、能源、停车位等客观条件,两厢车的优势变得显而易见,越来越多的人开始选择两厢车型。

有数据显示,2001年国内市场上只有9种两厢车型,销售规模约10万辆。到2005年,已经发展到21个品种,销量超过40万辆。截至2006年年底,国内共有近30种两厢车型,销量为4年前的7倍,超过70万辆。

一家权威调研机构前不久进行了一项关于"两厢车和三厢车被喜爱程度的调查",结果显示62.3%的潜在消费者更喜欢"两厢"轿车。原因是两厢车没有长车尾的累赘,车身相对短一些,因而转向灵活,能够在窄小的环境中腾挪,而且停车、倒车时还可以直接以后车窗来定位。另外,把后排座椅一折叠,就能轻松拥有一个超大的后备厢,放一台34英寸的大电视不成问题,这些都让三厢车望尘莫及,难怪两厢车不知不觉就获得了这么高的"人气指数"。

两厢车的热卖反映出人们的购车意向从追求"派头"到更加注重实际需求的理性回归。两厢车以其紧凑的车身和出众的实用性一跃成为家用汽车的时尚之选。越来越多的消费者意识到,两厢车并不是去掉尾巴的三厢车,而是经过独立设计的全新车型。

从经济学角度来看,任何一种趋势的产生,其根本原因都在于需求的推动,汽车也不例外。世界汽车消费趋势、中国消费者意识的转变,加之旺盛的市场需求都发出一个明确的信号,两厢车的黄金时代应该到来了!

沃尔沃诚信胜于安全

在吉利收购沃尔沃之后,依然延续着沃尔沃久负盛名的安全性的金字招牌。2008年年初,我曾经造访过位于瑞典歌德堡的沃尔沃总部。

那次沃尔沃总部之行也是围绕着安全的主题。为协助减少酒后驾车引起的交通事故,沃尔沃汽车公司在业界率先推出了一种协助防止酒后驾车的创新性系统——酒后驾驶闭锁装置（Alcoguard）。这是一个完全集成的车内"酒精锁"，利用了先进的燃料电池技术，既可靠又易于操作。

要想创造一个更安全的交通环境，必须解决的三大问题就是超速行驶、不系安全带和酒后驾车。沃尔沃的酒后驾驶闭锁装置就是要协助减少由于酒后驾车引发的各类交通事故。沃尔沃汽车安全中心主任英格丽·斯克莫说："酒后驾驶闭锁装置是一种专门协助驾驶员保持清醒判断力的工具。在欧洲，每三起车祸中就有一起是因酒后驾驶所引起的。在中国，每年因驾驶员酒后驾车所导致的交通事故有25万余起，造成约5万人死亡，直接经济损失近13亿元。"

这种全新的发明不仅能够提醒驾驶员要安全驾驶，而且能够协助警方严查驾驶员是否处于酒后驾驶的状态。车内的信息显示屏会在驾驶员使用该系统的过程中显示相关信息。例如，信息会显示出呼气测试是否经过认可，或者驾驶员是否需要向手持设备长呼一口气等。酒精测试结果会在发动机熄火后保留30分钟，这样驾驶员就不必在每次短暂停车后都重复这个测试。系统预设每升0.2g酒精标准是为符合瑞典的法律规定而设定的。生产厂可以根据不同地区的不同法律调整系统的设定值。对手持设备的调校和电池更换包含在汽车的常规服务中。因为手持设备是无线的，驾驶员也可以把它拿到车外使用。虽然它在哪里都可以准确测量血液酒精浓度，但只能在距离车10m内才能与汽车通信。在室温条件下，该系统在5s内就可以启用。

安全并不是沃尔沃的全部，沃尔沃的诚信更胜于安全。1927年沃尔沃创立初期，所研制的车型看上去远不像今天这样流畅，那个时候沃尔沃也并没有强调安全。由于当时瑞典钢铁业并不发达，沃尔沃制造汽车所用的钢材需要从美国进口，而美国担心沃尔沃的出现会对美国的汽车工业形成冲击，至少影响美国汽车在北欧的销量。于是，美国并没有如期把钢材交付给沃尔沃，这种现在看来贸易保护主义的做法让沃尔沃汽车公司举步维艰，因为沃尔沃的首款车型在瑞典瞬间接到了超过500辆的订单。三年后，美国交付钢材时价格上涨3倍，不过沃尔沃并没有因为钢材价格的成倍上涨，而让那些已经订购了汽车的消费者多掏一分钱，沃尔沃原价销售汽车的诚信做法，迅速在瑞典人心中树立了良好的企业形象，这种沃尔沃式的诚信很快在北欧市场家喻户晓。

吉利收购沃尔沃的关注程度远远超出了汽车企业之间的兼并，这是中国企业第一次成功实施的海外并购，吉利收购沃尔沃是中国经济强大的佐证，因为吉利收购的背后是整个中国。

NBA 的丰田烙印

丰田车卖得多的背后是什么？

这种疑惑，不仅仅是汽车行业搞不懂，就连汽车行业以外的人都在寻找答案。甚至有从事医院管理工作的朋友找我帮忙，想请丰田汽车的讲师给医院讲讲丰田的模式。一个汽车企业对医疗行业产生这么大的影响是我始料不及的。

2008年北京奥运会期间，北京城满大街为奥运会服务的都是来自德国在中国合资企业的南北大众汽车的身影。我们甚至都知道，被称为"梦八"的美国篮球在中国奥运会如愿以偿地拿到了奥运会篮球金牌。殊不知，以NBA为班底的美国篮球队中拥有着丰田的烙印。2008年北京奥运会前夕，美国国家男篮先后在澳门和上海两地进行了多场热身赛，对阵的也都是立陶宛、澳大利亚这样的强队。在上海的热身赛我是看过的，篮球场外，率先看到的是丰田在华合资企业一汽丰田和广汽丰田的量产化车型，包括凯美瑞、雅力士以及皇冠、锐志、卡罗拉等，球场内丰田广告随处可见，在比赛间隙，还专门设置有丰田汽车知识的环节。

丰田的高层说，在美国，丰田就有赞助NBA的传统，除了赞助火箭队，在美国还有专门的篮球丰田中心。赞助NBA是丰田在美国本土化的项目，以NBA为班底的美国男篮到哪里，就能在哪里看到丰田的身影。我特别注意到，在丰田的车身上还能看到NBA的LOGO。或许很多人会问，赞助NBA得花多少钱？而对汽车企业而言，大多是掏得起哪怕是价值不菲的赞助费的，要命的是很多人找不到好的项目，更要命的是压根儿就没这么想过，甚至只有别人做了之后，很多人才意识到价值。

很多时候，人们只是看到了现象，而忽略了本质。例如，2012年丰田的全球销量超过通用，坐上全球汽车第一的宝座。其背后是，丰田在环保和小车的投入上是所有汽车公司中最早、也是最多的。以混合动力的普锐斯为例，其在中国的销量每年只有2000辆左右，这个业绩如果放在其他汽车公司身上，或许早撤了，丰田却坚持。而通用失去全球第一宝座的一个重要原因是，通用的车多为油耗子、多为大车，连续上涨的油价给了其致命一击。在本土化方面，丰田显然要比其他的同样在中国有公司的汽车企业技高一筹，虽然至今在中国还没有像赞助NBA那样的大手笔项目，但是丰田在河北丰宁的治沙和甘肃民勤的治荒等绿化项目还是很实在的。凯美瑞是中国车市最为畅销的车型之一，凯美瑞上市之初，广州丰田花巨资将凯美瑞的名字专门喷绘到了南方航空一架往返北京到广州的飞机上。

学习丰田并从中受益是件困难的事情。现在属于一汽集团的天津一汽，与一汽丰田的工厂比邻而居，在一汽收购天津汽车之前，天津和丰田就是合资关系，即使这样，天津一汽的老总依然感叹，丰田的东西不好学，他甚至表示，同样的东西，我们就是造不好，成本还比丰田高。

可怕的语言本土化

现在已经有越来越多的外国汽车厂商的老总开始说汉语了，而且更加利索。这种语言上的本土化的意义丝毫不亚于产品在中国的本土化。

2008年2月26日克莱斯勒中国销售公司总经理欧文在道奇酷搏的上市致辞中，满口都是汉语，其间虽然翻译一直在旁边，但即使不用翻译大家也能听懂。尤其是末了的"谢谢"字正腔圆，地道的北京话。

无独有偶的是，在越来越多的场合，外国汽车厂商的老总频繁地开始说中国话。东风标致总经理窦赛尔是个典型的法国人，在307两厢汽车的上市仪式上，讲演稿完全说的是汉语，小范围接受媒体采访，他也不需要翻译就能直接和大家交流。

每次和这些外国厂商的高层见面都能感受到他们汉语的进步，外国厂商中最初说汉语的是丰田中国的总代表服部悦雄，这是一位在中国出生的日本朋友，他在谈到丰田在中国的日子时，会说"也就在中国混口饭吃"，让他代表丰田讲话时，类似于"我这个退休老干部说几句"的话语会脱口而出。以至于真正退休以后，丰田并没有拿下服部悦雄的中国总代表的头衔，类似这样的中国通还包括宝马大中华区总裁史登科、三菱北京事务所所长远藤、广州本田前两任总经理门胁轰二和峰川尚、克莱斯勒亚太总裁墨斐等。

如果说把当年汽车行业允许外国汽车大举进入中国市场进行生产算作第一轮本土化，那么此次外国厂商的高层集体说中国话可看作外资厂商的第二轮本土化。产品的本土化是进入中国市场的开始，而语言的本土化是外企汽车制造商在中国要强大的集结号。

语言的本土化对中国的自主汽车品牌也有影响。可能会让生在中国的我们，却不及老外了解我们的市场。而对于那些志在国际市场取得突破的中国企业来讲，我们是否也做好了适应国外市场本土化的准备？

别让 4S 店疏远了消费者

中国的 4S 专卖店真不错，用一位圈内朋友的话说，不管什么品牌，哪家把店里的车挪出去，都能当个不错的会议室，而且服务设施相当健全，厕所、饮水机、空调等可谓一应俱全。北京已经出现过有餐厅和足疗功能的 4S 汽车专卖店。

中国建设 4S 店的所需投资也让人瞠目结舌，在北京投资一家普通的汽车专卖店要花费 1000 万元左右，而像广州本田、上海通用、一汽丰田这样大品牌的专卖店用于建店的投资就高达 2000 万元，甚至专卖店的地砖、卫生间的马桶厂家都有严格的规定。有数字说，在中国一家 4S 店建设到开张需要四五千万元投入。

4S 店如同汽车一样也是外来品。国外的汽车专卖店远不及中国奢华，在东京我去过一家标致专卖店，其面积不到国内的一半，展厅只有两辆样车，如果消费者确定买车，交钱后跟着工作人员去车库提车。在我们眼中的 4S 店，在这里只不过是个展厅而已。大众在德国的汽车专卖店，虽然也号称前店后厂的 4S 模式，但是远不及中国的气派和功能齐全。在北京，保时捷、法拉利、迈巴赫的展厅我也去过，绝对没有雷克萨斯的展厅气派，甚至他们连大众、标致等车型的展厅都不如。在我看来，这些豪华车选择的是繁华地段，而不是豪华展厅。

虽然汽车开始大量进入家庭，但是汽车在中国依然是奢侈品，豪华的汽车专卖店不仅疏远了汽车和人之间的距离，想必也让汽车的成本分摊到了消费者身上，以经济型车为代表的有些车型的价格的确与国际车价接轨了，但还远远不够。原因是中国人的收入并不高，假如老外买车只需要 3 个月的工资，我们可能至少需要一年，未来中国的车价应该比国外便宜才对。

过于良好的汽车购买环境不仅拉远了人们与汽车的距离，也会制约汽车从"神坛"上走下来。消费者抱怨车价还是太高是有道理的，漂亮甚至奢华的 4S 店的功劳肯定不小。4S 店的模式没错，甚至好处不少，比如前店后厂的模式让消费者感觉不错，前面能看车，后面可修车，但是功能绝对不是建立在豪华展厅基础上的。

车名的毛病

空前繁荣的中国车市里，车名是一道令人大跌眼镜的风景，不能让奇怪的车名成为阻碍冲击车市的绊脚石。

SOUL 是东风悦达起亚投放中国市场的一款小车，SOUL 的中文名字被译为秀尔，这是一款惹人喜爱的小车，厂商通过广告向外界传达的意境是特立独行。殊不知，即使很多喜欢这款车的人也对这个名字的发音拿不准，发不出音来。很多人到经销店后直接就问"你们的特立独行多少钱"，这种问法常常搞得销售人员哭笑不得……

SOUL 只是汽车名字的一个个案。诸如 SOUL 这种现象的车名在当前中国车市比比皆是，广州本田锋范的前身 CITY，中文名字译为思迪，可是这个英文的发音连广汽本田的领导都说不出来。好在，向来在市场方面反映够快的广本利用 CITY 换代的时候，直接更名为锋范。尽管雷克萨斯现在看上去念习惯了，但是人们依然对原来凌志的名字情有独钟，有些买了雷克萨斯的人还是习惯说是凌志。日产的 MARCH，一个红遍欧洲的 A0 级小车，被东风日产国产后叫"玛驰"。类似于这样的车名还有本田的进口车 Acura，原本音译过来的中文名字为"阿库拉"，听上去还能理解，但是后来改为了讴歌，一个令人匪夷所思的名字。模仿宝马 X5 的双环更奇怪，车名叫 CEO，名字倒是很直白，可是真正的 CEO 谁又肯买呢？

还有不少企业在给汽车起名时，喜欢用生僻字、疑难字、烦琐字。东风本田从北美市场引入的 Acura 车型，国产后的中文名字叫思铂睿，"思铂睿"三个字难写的程度一个赛一个，其中的"睿"字一般人都写不好，就别提把这个字给写好看了。如果说丰田的"霸道"更名为"普拉多"是为了规避中国人的感情，把"陆地巡洋舰"改名为"兰德酷路泽"就令人费解了。

回想起夏利 2000 当年的定名，就知道中国车企在车名上的随意性了。据说天津一汽当年之所以定名为夏利 2000，就是因为上海大众有款桑塔纳 2000。如今，桑塔纳 2000 依然在市场上风生水起，夏利 2000 却不知道在哪里了。

汽车对中国来说是舶来品，汽车起名的标准无非分为音译和意译两种，现在看来音译不适合，诸如"玛驰""秀尔"这样的中文别说是普通人，就连中国的国学大师都很难解释清楚，生拉硬拽都套不上。丰田中国的副总曾林堂曾解释说"凌志"是一个很中国的名字，"雷克萨斯"是丰田在全球的名字，"凌志"的中国名字不利于"雷克萨斯"在全球的品牌推广。

不可否认，包括汽车工业在内的全球经济正在一体化、全球化。但是，在汽车的名字上完全可以适应本土化，这种本土化不仅仅是配置和价格，汽车的名字也是其中的一部分。为了本土化，奔驰启用了清一色的中国团队，宝马中国总裁的史登科、华晨宝马的执行副总裁戴雷都在中国留学多年，都是能讲流利汉语的中国通，丰田的中国总代表服部悦雄更是出生在中国，奥迪在中国20年，始终是了解中国的中方在主导市场。而诸如奔驰、宝马、奥迪这样的百年品牌，一是名字本身就简洁明了，二是车系也相对简单，如宝马就是3系、5系、7系，奥迪就是A4、A6、A8等。

现在看来，倒是一度名不见经传的吉利起了一些不错的名字，如熊猫。

分化的品牌

似乎是方兴未艾的微博传染给了汽车行业，2011年的车市总体微增长几乎成为定局。与不少人所认为的悲观车市不同，我以为2011年的汽车行业还算是差强人意的，别说是实现3%～5%的增长了，哪怕是与2010年的车市总量持平，1800万辆的规模也是世界级的水平。

持悲观论者忽略了这样一个事实：那些日子不好过或不太好过的是一些小品牌，而那些大品牌丝毫感觉不到2011年日子的艰难。小品牌又分为自主品牌和合资小品牌两种情况：自主品牌普遍下滑的主因是产品没有竞争力，伴随着合资品牌逐渐涉足原本属于自主品牌市场的车型，自主品牌就显得软弱无力了，比如上海通用的赛欧，通过规模化生产也能把价格卖到五六万元了，面对几乎相同的价格，自主品牌拿什么与合资品牌比拼？小品牌指的是诸如马自达这样的品牌，数据显示2011年前9个月，南北马自达在中国市场仅售出了15.67万辆，与去年同期相比下滑了5%，甚至在单月的9月份更是下滑了6%。我注意到，有人把马自达下滑的原因归结为2011年日本的大地震造成了零部件短缺，但是同为日本企业的丰田、日产却知耻而后勇，逐渐追赶上来，时任一汽丰田企划部部长的苏涛说，经过百般努力，地震的影响从预计的5万辆缩减到了1万辆左右。

与小品牌感受到的冷不同，大品牌则整天为生产不出更多车型而发愁。一汽－大众奥迪销售执行副总经理张晓军曾经感叹：有车卖不出去发愁，比这更愁的是市场有巨大的需求，而工厂生产不出来那么多车。奥迪Q5上市一年有余，但在北京、上海等地依然一车难求，为了尽可能多地生产车型，一汽－大众的奥迪工厂在2011年春节前后历时半个月进行扩产，释放了大约3万辆产能。无独有偶，宝马大中华区总裁兼CEO史登科博士称，2011年前9个月宝马即完成了去年全年的销量，旗下多款车型一车难求。华晨宝马高级副总裁戴雷博士说，宝马5系长轴距版自上市以来一直供不应求，为此华晨宝马甚至叫停了宝马3系的生产，只生产宝马5系长轴距版。

　　宝马、奔驰、奥迪三大豪华品牌显然属于大品牌的范畴，同样可划归大品牌的还有大众、通用这样的强势品牌。以上海大众为例，其专门针对中国市场开发的全新帕萨特上市以后，销量持续攀升，其中在2011年8月份单月销量超过2万辆。历史上，雅阁、凯美瑞、天籁、迈腾等B级车都曾经创造过月销万辆左右的纪录，但是B级车的单一车型能够月销2万辆在国内市场可谓是传奇和神话。又如，北京现代第八代索纳塔连续几个月一直保持着月销10000辆的佳绩。

　　从总量上来讲，我不认同2011年市场是悲观的。更客观地说，2011年车市是结构不均衡的市场，造成不均衡的本质还是品牌。伴随着市场竞争的日趋激烈，汽车的品牌分化将越来越严重，一个可能不愿意看到却不得不正视的可怕结果是：强者更强，弱者更弱。事实上，国内有的自主车企的品牌已经到了濒临崩盘的境地。作为国人，我们都希望自主品牌好，但是自主品牌可能已经错过了最好的黄金十年，今后翻盘的机会甚至是渺茫的。

　　国内的车展往往汇聚了国内外所有的汽车品牌，看似一片繁荣，其实不少小品牌已是强弩之末。有几家老总自称，在过去疯狂增长的黄金十年里，自主品牌过于满足现状，没能壮大自己，错过了最好的时机。

　　这不禁让我联想到不久之前的美国之旅：福特、通用、克莱斯勒旗下的车型之多、价格之低，对于小品牌尤其是自主品牌来说，无法与之抗衡。例如，现在美国年轻人钟情的福特野马，美国市场的售价不到3万美元。当然，抛开价格因素，我们的自主品牌要想赶上美国的工艺水平，还有漫长的路要走，更何况品牌呢？

自主创新任重道远

　　北京是中国乘用车保有量最多的城市，看一看满大街的滚滚车流，就会发现，在这些颜色各异、造型别致的车流中，美国、欧洲、日本、韩国的乘用车占到80%甚至更多，奇瑞、吉利、长安、比亚迪等自主品牌却难得一见。更让人难堪的是，这些自主品牌汽车几乎全部集中在10万元左右的中低档车型，被人称为"低档次、低水平、低价位"的"三低"产品。

汽车产业自主创新的提法时间不短了，奇瑞、比亚迪、吉利等企业也在努力开拓创新，但从全局来看，中国车企自主创新效果甚微。几十年来，仅仅以能造汽车为满足，政府和企业强调的都是产量，并未在自主创新上下功夫。汽车企业的组织机构、人员结构、资金使用分配比例等均可说明此问题。创新也需要社会氛围，1903年美国莱特兄弟发明飞机，飞行成功后，纽约万人空巷去迎接，美国政府立即从财政和政策上支持其投入生产，说明社会对创新者的认可程度。

反观中国汽车产业发展现实，创新的国民经济体系和社会氛围尚未完全建立。改革开放几十年，国际汽车巨头纷纷进入中国，世界各大汽车厂商在中国都有合作伙伴，通过合资合作，中国汽车工业大发展，汽车产销量已经跃居世界第一，但仍然只是代工者，并未掌握设计创新的核心技术。据统计，在我国汽车电喷系统、发动机管理系统、ABS、微电机、安全气囊等核心零部件产量中，外资企业所占比例分别为100%、100%、91%、97%和69%。中高端车所需的自动变速器78%为进口产品。汽车电控产品的核心技术几乎全部被跨国公司垄断，其中技术含量高、附加值高的汽车电控产品多由外方原配套厂商提供，2010年日本对华零部件出口，电控产品占出口零部件总份额的66%。

早在改革开放初期，我们花巨资从国外买来磁带录音机技术，等到耗巨资建设生产企业，产品刚刚投放市场时，外方又推出"VCD"光盘播放机。于是我们放弃磁带录音机转而进口"VCD"生产设备及技术，等到我们的"VCD"产品开始铺天盖地地占领国内市场时，外方又推出改进的"DVD"。于是我们再跟进，引进"DVD"，就在很多人对"DVD"的操作尚未完全掌握时，外方电子技术从模拟技术升级到数字技术，推出数字电子技术产品，如"3G"手机、"3D"动画、"苹果iPad"等新一代的电子技术产品又成为引领市场的先锋。

轿车也是如此。自主创新任重道远，需要从头做起，有的甚至要从基础研究做起，对引进技术一定要消化吃透，知其然还要知其所以然。

汽车里的中国元素

奥迪和奔驰两大豪华品牌均高调地在中国成立了设计中心。简而言之，就是两大豪华品牌的设计师今后将常驻中国寻找灵感，然后把在中国发现的元素融入今后的汽车设计之中。无独有偶，上市 4 个月的全新帕萨特在市场上一车难求，上海大众在新车上市之初也特别强调了全新帕萨特中国元素的重要性。两者看似偶然的背后或许标志着汽车这个并非发源于中国的舶来品，仅仅强调原汁原味不够了，简单的拿来主义可能逐渐远去。

这在以往是不可想象的事情。过去，那些高傲的外国厂商往往会把自己的产品标榜为原汁原味，即消费者只能选择他们提供的产品。而不像现在，消费者想要什么车，车企就会帮助消费者设计什么车。当然，这一切的背后，是源于中国已经成为全球第一大汽车市场，在各个车企之间中国市场的话语权成为不可忽视的声音。

具体到市场上，那些相对紧俏、一车难求的车型大多融入了中国元素，甚至是专门为中国市场定制的，奥迪 A6L、A4L，宝马 5 系 L，奔驰 E 级长轴距版等，尽管这些车型品牌不同，但是它们大多是针对中国消费者的需求进行量身定制的。以至于不少车企在向外界推广产品时，经常把"源于欧洲高于欧洲"的话挂在嘴边。通过加长轴距、增加配置、改变内饰、两厢改三厢等方式进行"中国式"改造，已经是诸多汽车厂商最直接的手段，他们期待以此来最大限度地获得消费者的青睐。

上海大众堪称中国定制的先行者。桑塔纳是其引进的首款车型，但是在国产后不久，上海大众针对中国国情很快推出了桑塔纳 2000、桑塔纳 3000。2000 年时，当其他企业还在原封不动地将国外的车型直接国产化时，上海大众就率先推出了针对中国市场审美和用车需求而调整过的中高级轿车——帕萨特，通过加长轴距和本土化调校使其在 B 级车市塑造了独扛大旗的辉煌成就。而后又对领驭、新领驭等车型进行了针对中国市场的适应性改造，使得帕萨特品牌 10 年间缔造了百万销量的奇迹。

时任上海大众总经理的张海亮称，在全新帕萨特研发之初，上海大众通过对 3000 名消费者的充分调研，了解到与德国消费者更关注前排驾驶感不同的是，国内消费者更在意前后排拥有同样的舒适性，甚至对后排要求更高。所以，上海大众为了进一步提升后排位置的乘坐感受，特别在全新一代帕萨特上配备了比肩 C 级车的后排领袖尊享系统。这些先进的设施中，不仅有体贴入微的后排乘客空调独立控制系统、座椅加热、隐私尊享后窗玻璃、后风挡电动遮阳帘，还特意装配了老板座椅，加之全车 N.V.H 静音科技的运用，打造了绝对舒适安静的豪华座舱。更值得一提的是，全新帕萨特还配备了 220V 车载电源，可以随时为笔记本电脑或手机提供源源不断的电力输送，让车主忙碌的工作永不"掉线"。全新帕萨特完全超越同级别车型的细节设计，成为注重品质内涵的精英人群心目中的首选座驾。

技术决定市场的时代来临

将日本车集体疲软的责任完全归咎于"丰田全球召回"的影响是不公平的，或者说日本车2011年在华所呈现出来的疲软态势，远非因为"丰田全球召回"这么简单。恐怕在日本车最擅长的燃油经济性方面，以德国为代表的欧洲车追赶了上来，才是日本车相对疲软、欧洲车异常紧俏的原因。这完全可以看作技术决定市场份额的标志。

郭某是北京一家东风日产经销商的销售顾问，尽管东风日产旗下的多款车型在北京地区的销量还算不错，但是这位在一线卖车的销售人员却明显感受到了欧洲车的威胁，她说最近总有消费者在看车时询问类似于"欧洲车也省油了，你们还有什么优势"的问题。她说，尤其是最近4个月来，类似这样的问题总是被消费者提及。

郭某的经历和感受并非危言耸听。终端市场，车市明显呈现出冰火两重天、冷暖两相知的情况。日本车在市场的终端不断有各种变相降价的活动推出，消费者都能轻松提到现车，而大众旗下的奥迪Q5、高尔夫6、速腾、迈腾、帕萨特新领驭、途观、斯柯达明锐等多款车型虽然没有明显的优惠活动，市场上却一车难求，甚至出现了诸如高尔夫6、途观异常火爆的情况，这两款车一度加价三五万元，消费者还需要至少经过一个月的等待才能提到现车。就连法国标致在华推出的东风标致408这样的车型也需要排队提车。从中汽联、乘联会两家主流行业机构发布的各个月度数据看，上海通用、上海大众、一汽－大众排名靠前，而丰田旗下的广汽丰田和一汽丰田的排名则逊色不少，尽管还在前十名之内，但排名相对靠后。

日本车向来以节油著称，也是丰田、本田、日产、马自达不断敲开全球市场大门的法宝。可是现在不一样了，以大众为代表的德国车的车身动力总成在采用了TSI+DSG技术之后，油耗明显降低。以上海大众斯柯达1.4TSI昊锐为例，昊锐1.4TSI拥有96kW的最大功率，在1750～3500转的宽广转速区间内能输出220N·m的峰值扭矩，驱动近一吨半重的车身，其0～100km/h加速时间为10.6s。虽然排量只有1.4L，属于小排量发动机范畴，但是1.4TSI昊锐动力表现却领先于装备传统2.0L自然吸气发动机的B级车型，是不折不扣的"小排量、高输出、大扭矩"。而大众7挡DSG双离合变速箱的应用，也为燃油经济性带来了全新的认知。相关数据显示，昊锐1.4TSI车型90km/h等速油耗仅为5.2L，手动挡百公里综合油耗仅为7.0L，匹配7挡DSG双离合变速箱的车型更是低至 6.7L。

这样的数据意味着，1.4TSI 昊锐的油耗与代表着丰田最先进技术的混合动力的普锐斯旗鼓相当。也就是说，大众的 TSI+DSG 的水平和丰田的混合动力处在同一水平线上。

率先看出端倪的是一汽马自达。时任一汽马自达销售副总经理的于洪江在 2010 年 5 月中旬突然宣布马自达 6 降价 3 万元。有人说，是丰田召回事件连累了马自达，才最终导致马自达 6 的大手笔降价，实则不然，技术出身的于洪江说，丰田召回只是小事，日本普遍在技术上落后才是大事。他说，大众在经过 3 年左右时间，完成了 TSI+DSG 的动力总成的升级，就让油耗降低了 20% 以上，将来大众如果在车身轻量化上获得突围，那对日本车将是致命的考验。在整个日本车系中，也只有马自达在车身轻量化上花费了工夫，这也正是马自达在节油上技高一筹的根本，其他的日本车企则把精力过多地用在了混合动力上。

动力总成和车身是汽车的两大关键技术。而现在，全球车企的技术路径明显不同：日系车的 VVT 可变气门技术已经相当普及了；德国的大众、奔驰、宝马、奥迪却普遍采用的是涡轮增压技术；而国内的车企似乎在两者之间摇摆不定，长城、吉利在用 VVT 技术，奇瑞、华晨在走涡轮增压的路线。同样是发动机，但是以日本和德国为代表的两大流派完全是井水不犯河水。奇瑞确定了涡轮增压的技术路线，华晨也确立了要发展诸如 1.0T、1.2T 等小排量的涡轮增压技术等。

过去，人们钟情日本汽车很大程度上缘于节油，钟情德国汽车看重的是品质；现在，德国汽车在保证品质的前提下，在节油方面和日本汽车旗鼓相当；未来，技术决定市场份额的时代要来临了。

消费者不懂技术，只懂购买节油的汽车。那些选择错了技术路径的企业也许熬不到未来。

汽车共享不是梦

让没车的人不用买车就能用车；让有车一族的汽车使用效率更高，可能比无人驾驶技术来得更快，更重要的是这可能是缓解城市拥堵的一剂良药。是的，我说的正是汽车共享。

几个例子预示着汽车共享正在走进人们的生活中。

在 2016 年举行的 CES 展览上，戴姆勒集团展示了在重庆投入运营的 CAR2GO 项目，消费者只需一个 App，就能预约到一辆崭新的 Smart，在下载这个 App 之后，通过技术处理，当消费者走近车辆时，打开车门就能把车开走，收费标准与行驶里程挂钩，比出租车便宜不少，且可以实现异地还车。CAR2GO 项目是戴姆勒在华 100% 独资公司，相关负责人说，运营一年，车辆使用率及便利性尤其受到无车一族的钟爱。

上汽集团与阿里巴巴联手打造的 RX5 号称是世界上首款量产的互联网汽车，也描绘了汽车共享的未来。王晓秋举例说，今后 RX5 车主出差去机场不仅不用打车，自己开车还可以赚钱。当车主把车开到机场停车场，只需把车辆的状况及出差天数等信息发布到平台上，就可以把车子租赁给同样来京出差且对车有需求的人，这不仅免去了车主对停车费的顾虑，还可以赚钱。据说，上汽集团与阿里巴巴建立和打通了 200 多项以车为中心的共享平台。

福特汽车在亚太各地进行的一项问卷调查发现，消费者本身正是这些变革的驱动力，新技术让他们能够使用更加新颖、更加便利的方式来规划自己的出行，无论使用的是私家车还是公共交通工具，抑或是两者的结合。在亚太，25% 的参与问卷受访者表示他们每周不止一次使用打车软件出行。中国和印度的受访者使用打车软件的比例最高（皆为 28%）。32% 的受访者表示和一年前相比使用频次更多了，汽车共享也越来越流行。

现在的滴滴、快的、专车等打车软件，尤其是顺风车就是汽车共享的雏形。之所以把顺风车单独拎出来，更在于出行是一个方向，否则不是缓解拥堵而是加剧拥堵，这也是提高汽车使用率的大方向。

汽车共享是交通供给侧改革的需求侧，也是未来新兴的共享经济的支点。当然，汽车共享需要政策的保驾护航。

自主品牌就得有不服输的劲头

艰难之中，中国的自主汽车品牌还没有输掉未来。

2014 年 6 月的一天，夜幕下的沈阳车辆川流不息，出租车车顶上那盏白色的灯光格外刺眼，或者是一汽 – 大众的捷达，或者是北京现代的伊兰特、东风雪铁龙的爱丽舍，不管车型几何，车顶上的灯箱广告多是"精于中，华于形"的华晨汽车广告。这种类似于"牛皮癣"的广告与沈阳桃仙机场看到的宝马户外大屏广告对比鲜明，也是中国自主品牌与外来品牌差距所在的侧影。

这样一个桥段，真实地反映了成熟的中国车市"强者更强，弱者更弱"的品牌分化现象。销量数据上，在家门口最大的市场上，自主品牌的份额最小；在同档次车型上，自主品牌的价格最低；在使用耐久性上，自主品牌的汽车被人评为最差；而放大到整个中国汽车工业与外国相比，我们的基础最薄弱。当然，有人戴着挑剔的有色眼镜而不是呵护的眼光，也无限放大了自主品牌的弱点。

华晨汽车的"出租车体"广告并无不妥，甚至得为华晨喝彩。这种存在感反映了自主品牌不服输的精神。同理，180辆荣威W5护航2014年南京青奥会，也体现了上汽自主品牌向上产业路的精气神儿。

自主品牌大都有着一股不服输的劲头儿。战略转型的奇瑞艾瑞泽7、瑞虎5，大改款的瑞虎3，令人耳目一新。这种新并不仅局限于普通消费看得见的感官体验上，例如，NVH经过重新优化后，车内更加静谧，经过重新调校的动力系统，动力提升10%，油耗反而降低了10%，这种看不见的内功以往是很少有人做的。在正向开发的产品陆续推出后，也在强化经销商的培训，从而使得整个奇瑞能够实现从生产到终端的体系化。这些核心竞争力形成后，奇瑞将实现真正意义上的"量质齐变"。尤其难能可贵的是，在满足中国市场需求的同时，奇瑞、华泰、吉利等自主品牌尝试走向海外。

国家也对自主品牌的支持由说法变行动。央媒专门发表评论称，奥迪、帕萨特等合资车将逐步退出公务用车的历史舞台。与此相对应的是，首批千辆红旗H7轿车开始列装部队。习近平主席在视察上汽集团时更明确指出，公务车都要用国产车，这对自主品牌汽车是个机会，大家一定要努力。

尽管世界汽车工业的历史告诉我们，100多年来能够存活下来的车商也就10家左右。我们也深知，今天的奇瑞、吉利、上汽、一汽、东风、长安、华晨、北汽等，不可能都存活下来，但是只要有不服输的劲头儿，他们当中一定会有几家冲破藩篱，屹立于世界汽车工业的潮头。

听厂商们发牢骚

长期以来，中高档车都是汽车厂商利润贡献的主力。因此，在市场竞争形态上，厂商们似乎达成了某种默契：高举高打，君子风度，远离价格战和短兵相接的肉搏，整个市场多少有些歌舞升平。2005年，随着NF御翔、锐志、天籁、新马自达6和帕萨特领驭争先恐后的上市，加上雅阁、蒙迪欧、君威、老帕萨特等已经上市车型的降价促销，中高档车原有的市场平衡被打破，部分车型的销售和利润也开始下滑。

消费者的需求永远是市场的指南针和风向标。很长一段时间，中国中高档车的消费者，追求的是一种尊崇、豪华和奢侈，把中高级车作为身份地位的象征，而对价格并不敏感，背离汽车本身作为代步工具的价值。不过，随着中国汽车产业的不断发展，汽车消费群体的不断壮大，消费者对汽车的认识也日渐理性和深刻。他们开始从强调豪华奢侈，变得更注重舒适实用，而且需求也呈现日益多元化、个性化的趋势。

消费者的这一需求变化，在2005年变得更加明显，原因在于油价走高、国家即将出台汽车消费税和燃油税等因素影响。各种数据显示，消费者对中高档车的价值判断，主要考虑价格、技术、配置等因素。一些性价比较高的中高级车，如雅阁等十分受宠。而把价位突破到20万元以内的NF御翔、21.98万元的锐志更是呼声高涨，一上市就有非凡的业绩表现。多家厂商负责人表示，在历经众多的市场洗礼之后，目前中国汽车消费者已经比较理性。

在整个车市还没有完全回暖、中高级车扎堆上市的大背景下，面对不可阻遏的消费潮流，汽车厂商只有顺应市场，才能赢得未来。于是，一向有车市"定海神针"美誉的中高档车市场出现了少有的价格波动，以提升整个产品的性价比。

2005年8月初，上海大众在没有任何征兆的情况下，展开了一场降价的"飓风行动"，全面下调帕萨特系列车型价格，最高数万元，中高级车市降价的多米诺骨牌被推倒。一些中高档车调低价格，是面向竞争和消费者需求而不得不为之的行为，折射出中高档车的竞争已经白热化。但是，一些新上市的中高级车，则在性价比上，或者在实用性和舒适性上，达到了一个新的高度。在这一意义上，可以说是它们顺应并引导着消费潮流和走向。锐志、NF御翔、宝马新3系、奥迪新A4、新马自达6等一大批新车蜂拥而至。这些产品不仅仅在诱发中高级车价格体系大地震，也重新定义了中高级车的标准。

其中，北京现代推出的NF御翔就是一个厂商从产品自身寻求突破与改变的典型代表。NF御翔以雷克萨斯ES330的驾乘舒适性作为设计基准。车长4800mm，车宽1832mm，车高1475mm，轴距达到2730mm，从而增大了乘坐空间，提高了乘坐舒适性。在实用性上，NF御翔2.4L自动舒适型配备了速度感应门锁＋感应碰撞自动解锁、电子防盗系统＋芯片钥匙、倒车雷达、预紧式安全带等，以19.98万元的价格来说，这些配置不可多得。

对于目前中高档车日益激烈的竞争状态，一些车型价格纷纷"跳水"，消费者需求发生微妙变化，这既是市场竞争的重要成果之一，也是中高级车走向理性和成熟的标志。

一方面，有竞争才有压力，在优胜劣汰的市场法则面前，中高档车只有产品极大丰富，技术、质量和服务不断提升，才能获得产业升级、叩开消费者需求大门。另一方面，中高档车的价格只有回归价值本身，从偏离其使用价值的轨道回归，才能符合产业和市场发展规律。"当以往丰厚甚至虚高的利润一去不返时，试图光复昨日的辉煌，是不现实、逆历史潮流而动的。汽车厂商只有从满足消费者日益理性和成熟的需求出发，努力推出革命性的新车型，才能在竞争激烈的中高级车市场赢得销量和利润。"市场资深人士这样评价道。

豪华车的功课

对于致力在豪华车领域打出一片天地的汽车厂商而言，国内市场既充满着众多机会又有湍急的乱流。对于期望用一款豪华车来犒赏自己的新富人群来说，面对的选择前所未有之多，是选择传统德系的奔驰、宝马、奥迪，还是选择日系的风雅，抑或是选择丰田皇冠、雷克萨斯？

极少有人不知道奔驰、宝马、奥迪等德系豪车。但从媒体报道与财务数据上看，传统德系豪车目前似乎正处于弯道。尽管日系豪车无法在血统上与欧美豪车一较高下，然而它们却从"新豪华主义"入口，一天天渗透着中国豪华车市场，令处于弯道上的欧洲豪车厂商感到种种不安。

同克莱斯勒的文化交融与排异，以及亚洲战略和小型豪华车战略的失败，使得奔驰的脚步明显放缓，2005年更是被宝马顺风超过。"奔驰在睡觉，他们已经很久没拿出具有挑战意义的新车了。"时任奥迪中国总监何闻山如是说。

奥迪人话中的底气，得益于其在中国公务车市场的根基。然而，2006年奥迪拿出4.62亿的利润上交给大众汽车集团，以至于许多人都认为沉重的大众已经渐渐成了奥迪高飞的包袱。2005年宝马回购了20亿股公司股票，而且当年上半年69.8万辆的销售数据非常乐观。不过，MINI在全球销量下降6.5%，明显拖了宝马的后腿。对于老对手奥迪，"我们并不担心。"宝马集团一位高级副总裁表示，"相比之下，倒是日系更为令人担心，因为日系在走自己的路。"

日产旗舰产品风雅2005年在中国上市时率先打出"新豪华轿车的八个准则"的口号，推倒了日系豪车在理念革新上的第一块多米诺骨牌；其后，刚刚引进ES350的雷克萨斯也宣称要"重新诠释豪华定义"。"新豪华主义"成为日系豪车撬动市场的重要武器。

日系车传统的优势在于生产方式、成本控制及燃油经济性，这是他们不可更改的基因。然而，如今的日系车正在悄悄转移并延续自己的优势。如果你到过日产丰田或本田的4S店，开过它们的车，就可以从技术与服务两个方面体验到明显的优势。

功能的全面性、设置的人性化与注重驾乘舒适性是日系车的共同特点。同时，"新豪华主义"的高附加价值也体现在周到的售后服务方面。丰田根据全球市场的成功经验和中国顾客的具体需要，提炼出"Personal & Premium"（贴心的、尊贵的）概念，宣称要为中国消费者提供新的价值；日产也下足功夫在国内设立了上百家维修服务网点，每个网点都配备拥有日产国际统一资格认证的技术服务人员，并针对新车购买者积极推出了"新车、5000km、10000km"时的三次免费检测制度，力求进一步强化售后服务体系，以巩固顾客与销售店之间的长期信赖关系。广州本田则进行了全方位的服务升级，比如将对特约店的设施进行完善、更新，推行快修体制，统一和公示区域收费项目和价格，建立用户投诉回访体制等。

从风雅、丰田、雷克萨斯等新生派比较平稳的市场销量和价格走势来看，日系的战略还是得到了市场比较积极的回应。与此同时，日系强攻的连锁反应也迅速扩展到阵营之外，已然迫使传统豪车品牌商开始真正地重视。如果说2005年日系豪车正式进入中国市场之时还仅被业界视为"搅局者"，那么如今传统豪车已经试图放下身段，在中国悄悄地进行改变。以奥迪为例，公司战略制定为"以消费者为导向"后，一汽大众奥迪事业部总经理安世豪在全国各地与4S店的老板洽谈，看看他们想要的是什么，在长远目标的基础上，大家能不能统一认识，拿出贴心而尊重的服务给用户。

听法国同行说中国车事

北京每年因不系安全带受到处罚的司机不计其数，甚至抱着只要不被警察抓住就没事的侥幸心理的开车者大有人在。

当我们还停留在对警察经常强调的"开车时请系好安全带"置若罔闻时，法国同行Philippe MASSONNET早在2005年对我所说的"在中国，互相礼让比系安全带要难得多"的话语，至今记忆犹新，的确让我们的开车恶习浮出水面。

Philippe MASSONNET的中文名叫孟飞，来自汽车大国，标致、雪铁龙的故乡，是当时法新社北京分社社长。从1983年他第一次来中国到现在，中文流利的孟飞已显然是个中国通。

孟飞用几件小事说出了他眼中的中国车事。

在他北京的家里，有一个借助轮椅出行的残疾人，每次孟飞推着他穿越马路时都感到非常困难。有一次他想推着轮椅过马路，但当所有车看见孟飞推着轮椅要横穿马路的时候，不仅不停，反而加速。孟飞只好把轮椅放在马路中间不走了，并做出强行停车的手势，这时所有的车才紧急刹车停下来。当气愤的孟飞准备找停在他面前的车的司机理论时，发现停在自己面前的车子的后座上也有个轮椅，这种情况更让孟飞大惑不解，这说明这个司机的家中也有残疾人，连这样的人都没有给人让路的意识。

第二件事情，孟飞变换车道总会遇到难题。因为当后面人看到他要换车道的时候，就会故意加速。有一次又遇到了同样的情况，孟飞干脆把车停到了进入环路的路口，然后下车去问想超车的人，你为什么不让我过去，想超车的人说这是他的道，孟飞说这是所有驾驶人员的道。孟飞说，非常遗憾的是任凭自己怎么解释，想超车的人就是不理解。

孟飞说中国的驾驶员缺乏充分的培训，时速35km/h时，就应该做到并完成从1挡到5挡的变换，可是他问了很多人，要么不知道有这方面的规定，要么知道有类似的规定却完不成这样的动作。

宾利、布加迪车主是些什么人？

夜幕下的上海浦东星光璀璨，世博会后被得以保留下来的非洲馆是一个偌大的展览中心。从2014年9月15日至9月21日长达一周的时间里，每当夜幕降临、华灯初上的时候，都会有一波来自全国各地的非富即贵的达人被邀请到这里，看英伦风情的歌舞表演，喝伦敦红茶，赏从英国专程运来的老爷车，甚至在这里都能看到原本在宾利克鲁工厂才能看到的工匠……

这里完全被装扮成了宾利世界。自然，宾利的慕尚、新飞驰及最具设计风格的双门跑车欧陆GT，都能看得见。展馆门口处的两辆老爷车是在投了巨额的保险后才得以运到中国的。

"这是宾利品牌进入中国市场以来最重要的一次活动"，时任大众汽车（中国）销售有限公司总经理、宾利大中华区执行总经理的郑友添在宾利品牌体验周开幕式上的讲话中强调说："希望这次活动能够诠释宾利品牌的专属定制理念。宾利在中国要回到宾利所代表的奢华绝非财富的堆砌，而是自我价值的品牌原点，通过专属定制传递只为稀有做品牌的理念"。2014年上半年，宾利凭借1318辆的销量蝉联全球第二大市场，不过这个业绩与第一大的美国市场 1388 辆只差 70 辆。虽然不太愿意和美国市场进行比较，但是郑友添说宾利的中国销量超过美国销量是早晚的事情。

谦称汉语并不好的郑友添是地道的新加坡人，郑友添是他的中文名字，其真正的名字是 Mr.Ricky Tay。不过，郑友添涉足中国汽车市场多年，能够用中文和记者流利交流，先后代表德国大众在上海大众工作 10 年，也被派到中国台湾地区工作过。现在宾利汽车大中华区总经理也只是他的头衔之一，他还是大众汽车（中国）销售有限公司总经理。

郑友添说，新兴的中国市场在宾利全球市场范围内扮演着重要的角色。在美国、英国或欧洲其他市场，宾利车主的年龄在 60 岁左右，这些人大多数已经有两三台车，多以定制为主。中国客户比欧洲和美国年轻了 10～15 岁。以前，中国的车主比较希望尽快提车。不过随着车主生活方式的变化，中国市场的客户开始逐渐接受专属和定制的概念，也愿意为一辆独一无二的车等一段时间。宾利本身就是一个手工制造的车，颜色有 100 多种，不见得 100 多种都是单色，双色也是可以的。就皮革的颜色来讲，也有很多不同的颜色，包括你认为最喜欢的某一种颜色，宾利可以把客户所钟爱的颜色的汽车制造出来以满足客户的需求。

受宏观经济和中国反腐败的影响，郑友添说整个超豪华车市场下降 8% 左右。更多的声音倾向于整个超豪华车市场并不乐观，但是站在宾利的角度来看，变化本身就是市场的属性，宾利会通过自己的方式寻找机会。就像定制化，客户并不单单是去买一台宾利，而是买一台独一无二的专属座驾，专属定制理念将是未来购车选择的重要推动力量。宾利的专属定制化是把它从一部车上升为个人的梦想，并不希望制造一台车让消费者来买，而是协助消费者自己选择专属的座驾。成功人士对于财富的态度已经在转变，宾利是在他们成功时给自己的一个奖励。

对于像宾利车主这样的客户群体，由于保密要求，这些人的群体画像不仅在中国，在全球也是一个待解的谜。郑友添描述说，首先宾利车主在中国的穿着和财富没有太大关系。在国外，如在日本看到一个穿西装的人走在路上，可能已经失业，你都不知道。宾利有一个理念，也是时常和销售强调的，不管谁走进展厅，不看穿着，即使他穿得非常不起眼，也不见得买不起车。宾利也希望借此扩大宾利车主群体。以历史数据来分析，全球平均买宾利慕尚的客户年龄要在 65 岁以上，在中国要年轻很多，国外买宾利新飞驰的客户平均在 50 岁，中国在 35 岁～40 岁。

这不禁让我想起了在 2011 年瑞士日内瓦车展上对杜翰墨（Wolfgang Dürheimer）的一次专访。杜翰墨时任宾利汽车全球董事长兼首席执行官，同时还是布加迪公司总裁兼首席执行官，是大众汽车集团 12 个品牌中唯一一人掌控两个豪华品牌的掌门人。杜翰墨预测说美国目前仍是宾利的最大市场，但中国也有可能会成为市场中新的领先者。中国市场之所以会起这么大的作用，有两个原因：首先，宾利的产品线很完整，包括高性能动力型和尊贵型。宾利汽车的动力性非常突出，外观设计也非常强。豪华品牌和卓越性能的结合，正是中国市场的需求。其次，中国的客户群组成发生了巨大的变化。买得起、愿意买宾利的中国客户越来越多。拥有宾利可以更好展现车主的社会地位和身份。正是这两个原因，宾利在中国市场上的发展会非常好。

杜翰墨对中国市场的兴趣日渐浓厚，除市场本身之外，他对中国传统文化兴趣更加浓厚，15 年来不断地到中国考察，尤其是最近每年都会来。为了满足中国市场的需求，在销售上做了明确的规划。例如，宾利还把全球经销商大会放在北京召开，全球经销商需要了解中国市场的发展。要保持宾利近年来持续两位数的增长需要扩大经销网络，加强对中国市场的培育。

我参观过位于德法边境的布加迪工厂多次，按地理位置来说，布加迪所在的阿尔萨斯属于法国，但是在生活习惯上当地人更习惯德国式的生活方式，布加迪工厂周围几十公里是法国的德语区。历史上，德法两国曾在此交战，结果也是互有胜负，最终把这一地区划归法国。在工厂附近的乡间道路上，布加迪的赛手曾带领我体验了布加迪两款主要车型的试驾，人高艺胆大的专业驾驶者，一度在并不宽敞的乡间开放道路上把时速提到了 180km/h，对布加迪的超跑性能可谓小试牛刀。

我曾问过杜翰墨，布加迪的哲学是什么？是否会生产除超级跑车以外的产品？杜翰墨说，布加迪品牌的主要任务是确保品牌的豪华特色、极致性能和完美设计。由于布加迪的市场定位是最顶端的，因此不会有低级别产品出现的可能。那个时候，全新的碳纤维技术在豪华车上的应用越来越多，使用碳纤维技术降低车辆自重也成为宾利和布加迪的发展方向。同时，大众汽车集团的几个豪华品牌，如兰博基尼、布加迪、宾利，也正在集中地积累关于碳纤维应用的技术，以便将来这些豪华品牌可以共同使用这些新技术。为此，大众汽车集团在 2011 年收购了德国 SGL Carbon SE 公司 8.18% 的股权，通过收购的方式获得碳纤维材料和技术。

杜翰墨认为，中国传统和新兴技术强劲发展的结合，对于宾利和布加迪全球的经销商来说是耳目一新的事情。过去很多经销商认为豪华车市场已经基本接近饱和，大规模提高销售不太可能。布加迪认为，中国市场是非常不同的。很多人怀着对未来的憧憬，有很多的想法，这样的情形改变了经销商的认识。宾利把全球经销商大会放到北京也是想让全球其他经销商看看中国的发展速度。2011年宾利在全球有147家经销商,中国则占到了13家。

杜翰墨对宾利在中国市场的销量非常满意。中国市场有比较特殊的条件,特别是中国一些大城市在车辆等级和车辆准入的规定上,如汽缸容量和发动机功率都有一些不同。此外,对不同汽缸数的发动机,还有一些不同的规定。宾利在考虑结合不同的税费和环境,采用什么样的发动机可以最大限度地满足中国市场的需要,并进一步扩大中国市场。如果客户需要的是12缸发动机,未来5~10年仍然可以得到12缸发动机的产品,因为宾利是全球最大的使用12缸发动机技术的豪华车生产商。

当然,豪华品牌也得考虑新能源的结构,曾经做过保时捷Panamera混合动力的杜翰墨说,混合动力是发展的方向之一,目前正在和同事一起考虑怎样把混合动力技术引进到高性能豪华汽车上。出于布加迪对品牌形象的理解和定位,任何车型都不会是动辄上千辆的产品。

在杜翰墨眼中,宾利和布加迪的客户群体也有不同。客户形象方面,第一个特点是他们的事业非常成功。他们对市场发展非常了解,也非常有品位。与过去几年最大的不同,大部分客户是想自己驾驶宾利,而不是买这个车让别人给我开。而在5年前,大多数客户是选择坐在后排的。最近两三年大家对自己驾车更有兴趣,客户的平均年龄也变得更低。而给布加迪的中国客户定位比较困难,未来购买布加迪的客户,一定是追求高度个性化、高品位的,且要求厂商提供高度个性化的产品。这些客户非常了解汽车、懂得艺术,希望得到全世界最尊贵的艺术品;同时,他们也是狂热的汽车爱好者,已经拥有多辆豪华汽车。

幽默的杜翰墨甚至通过我告诉中国的潜在客户,如果想买一辆最好、最快的车,请选择布加迪Super Sport Veyron,它的最高时速记录是434km/h;如果想买一辆在冰上创世界纪录的车,请买宾利Continental,它在冰上的记录是330.7km/h。总而言之,布加迪的品牌是卓尔不群的。

说一说全新一代奔驰S的"心"豪华

在北京时间2020年9月3日晚上8点全新一代奔驰S全球首发之前,中国媒体则在当天上午就看到了全新一代奔驰S的真容。这是一辆通过码头、港口、海关抵达中国的全新一代奔驰S汽车,并进行了严格的核酸检测。据说,为了最大可能做到与德国全球首发的同步，从德国起运到北京场地的布置，奔驰都精心进行了精确的时间计算。

在全球首发之前，中国媒体在两天时间内被分为六批，进入毗邻梅赛德斯-北京奔驰汽车销售服务有限责任公司总部的嘉瑞文化中心。会场外，"每一代都引领时代"的前十代奔驰S的模型，诉说着奔驰旗舰辉煌的历史，并让人们对那扇虚掩着的门内的全新奔驰S更加期待。段建军带领着公关和市场团队，诉说着全新奔驰S的重要性。"本来是想邀请媒体去德国总部见证这一重要历史时刻，由于新冠肺炎疫情，我们就把车专门运到中国，让中国市场先睹为快。"时任北京奔驰汽车销售服务有限责任公司公关总监周娟如是说。

奔驰S是全球豪华汽车的旗舰车型，中国是其最大的消费市场。时任戴姆勒股份公司董事会主席、梅赛德斯-奔驰股份公司董事会主席的康林松（Ola Källenius）表示："随着最新一代S级轿车的到来，我们希望为客户呈现前所未有的创新、安全、舒适和品质。"统计数据显示，2014年以来，中国一直是S级轿车的全球第一大市场。2013年S级轿车的全球销量中有超过40%来自中国。

时隔7年换代的全新一代奔驰S，从年份上是第十代到第十一代的更迭。因为是奔驰旗舰产品，人们对全新奔驰S还是很期待。不过，从外观造型上，全新一代S并不令人惊艳，中规中矩，"没什么优势，也没什么问题"是不少人看过实车后的感受。在汽势Auto-First看来，前脸和尾部"很奔驰"，与奔驰E区隔没那么明显，变小后的尾灯与偌大的车身相比有些局促，犹如一米八大个长了个小眼睛，而侧身则"很S"，从侧面看，很优雅，只有站在侧面的时候，才能感受到全新一代奔驰S的气势。奔驰官方描述的修长的发动机舱、加长的轴距与均衡的后悬构成完美的比例，在侧面才能体现得淋漓尽致。从数据上看，全新S的轴距较前代车型增加51mm，轴距也达到了同级最长的3216mm，不过从视觉上，乍一看上去并不像一款车长超过5.3m的大车。当然，看待一款车的好看与否，仁者见仁，智者见智，也没准儿全新S"感性·纯粹"的设计理念，会越看越耐看。

在全新一代奔驰S上，车内仪表盘布局经过重新设计，大面积垂瀑式开孔木饰板前后辉映，来自豪华游艇甲板的灵感，让整个中控台化繁为简。放大后的MBUX智能人机交互系统触屏，犹如一个车机电脑。

数字化是全新一代奔驰S"心豪华"的硬核，12.8英寸的中央显示屏采用OLED科技，画质无论白天黑夜均始终清晰，触控反馈迅速，与普通LCD显示屏相比，能耗降低30%，操作更加灵敏。12.3英寸的全新裸眼3D仪表屏无须佩戴3D眼镜即可实现立体效果，以沉浸式的感官体验引领时代之先。同时，超大尺寸的带增强现实功能的平视显示作为全球首创配置，其显示面积相当于77英寸的显示器，并突破性地采用了源自顶尖高清院线放映所使用的数字微镜器件的成像单元，它由130万个微镜片和一个高效光源的高分辨率成像矩阵构成，清晰的画质与直观的设置令信息显示一目了然。在驾驶时，动画箭头以虚拟形式投射于驾驶者前挡风玻璃10m处的实际环境中。

个性化设置同样"黑科技"满满，客户除了可以通过奔驰账户密码进行登录，还可选择指纹、面部与语音识别的全新生物特征识别方式进入个人账户，其相关个人信息也将得到更为严密的保护。借助同级独有的多座互联娱乐系统，乘客可随心所欲地将导航、视频、音频进行隔空分享——"独乐乐不如众乐乐"。此外，MBUX智能人机交互系统、数字仪表盘、驾驶辅助系统及智能数字大灯等超过50项电子组件均可通过OTA在线升级进行软件更新。

这种"心豪华"还在于一些独特的配置，如可加热的头枕及后排安全气囊的配备，这也是行业的新标杆。令人印象最深刻的是，创新的智能魔术车身控制系统以1000次/秒的速度扫描并分析行驶情况，不仅能够调节车身的侧倾、俯仰及高度，还可单独调节每个车轮的减震和弹簧力度，对不同的行驶情况做出预先反应，从而将平稳舒适的驾乘感受提升至全新境界。作为预防性安全系统（PRE-SAFE®）侧碰保护功能的全新特性，当车辆面临严重侧面碰撞危险时，智能魔术车身控制系统可在0.1s内把车身抬高80mm，从而将撞击力量转移至韧性更强的底盘车架，最大程度保护司乘人员生命安全。

在特定行驶场景下，全新S级轿车还可实现L3级别的自动驾驶。在适当的高速公路和交通密度较高的地方，借助激光雷达传感器、摄像头、高清地图、高精定位系统，智能领航功能可接管驾驶权，以60km/h的速度自动行驶并控制车距，还可识别意外的交通状况，并自动避让或实施制动。不仅如此，新一代驾驶辅助组件提供多项升级功能。全新S级轿车搭载升级的主动式盲点辅助系统，因此"智能感应助理"能够识别车内司乘人员接近门把手的开门动作，一旦驾驶者或副驾驶者伸手开门，而车旁两侧有其他道路使用者接近，下车警示功能就会发出警告。

我的理解，这些看得见、摸得着、用得上的变化，正是这个级别的新时代精英所需要的，与其说解决了人们的需求痛点，倒不如说奔驰的"走心"与时代需求不谋而合。

S新旗舰，总有"心豪华"。

MG 的年轻人不一样

2020 年距离 MG 品牌 2023 年 100 年时的全球销量超过 100 万辆、客户满意度争取 100%、销往全球 100 个国家和地区的 Mission 100 战略"小目标"又迈进了一步，MG 品牌的销量增长背后是一连串符合上汽调结构预期的数字：MG 6 和 MG6 PHEV 形成家族，销量构成中"90 后"占比 80%，"95 后"占比 50%，且 Trophy 版的占比 70%。

"潮起来、玩起来"是 MG 和别人不一样的所在之处，"皮夹克、金链子、朋克范儿"似乎成为上汽乘用车副总经理俞经民出席 MG 活动的标配。上汽集团数据业务部副总经理、上汽乘用车公司首席数字官（CDO）张亮，在接棒兼任 MG 营销执行总监后，说过相声，参与辩论，还与彩虹合唱团唱起了歌。

当所有车企还在为如何年轻化绞尽脑汁的时候，上汽 MG 已经领先一步。让人过目不忘的桥段是，当别的企业还在正儿八经介绍出席发布会的领导时，张亮的座位上"只见其名不见其人"，此刻他摇身一变成为彩虹合唱团成员，一展歌喉。用张亮自己的话说，说、辩、逗、唱、演，都玩儿了一下。

真正走进年轻人，与年轻人打成一片，成为上汽 MG 高管的"潜规则"，这样的结果是，第三代 MG6 的"OMG 潮人图鉴"在新浪微博的阅读量有 9.7 亿人次，参与话题讨论 5.3 万人；MG5 的"一台潮跑拿下青春"阅读 1.9 亿人次，讨论量为 143 万条。这两组数据都打破了近几年汽车行业营销的纪录。

例如，新近启动预售的 MG 领航定位为"无处不燃"，盲订的 MG5 定位为"潮"。一个"燃"、一个"潮"，好像水火不容，但是 MG、年轻人，能把所有的水火不容容起来。MG 想，一个品牌，一种态度，潮玩起来，容下所有的年轻人。

张亮说，MG 在潮玩儿和年轻化上的思考是科技向内，潮流向外。内在很有科技，很有实力，外在很有潮流，很有风范，很吸引眼球。外在的潮流需要真功夫的内在科技。例如，MG 领航体本身驾控表现、配置的多方面都比较强，这次又采用全新上汽蓝芯的 2.0，动力体系包括 1.5T、2.0T，配合湿式双离合变速器。真功夫还体现在驾驶的跟随性、噪声的数据、百米加速和百米刹停。

MG 品牌焕新背后的核心是产品的练级，两件事情，一是型谱练级，让产品更强壮，二是产品单个实力练级，在每款产品上能够感受到内在的科技和外在的潮流。

俞经民说，年轻人都有明智的思考，不认为高的价格就等于品牌价值。年轻的态度当中还有一种感觉——真实不虚。拿品质最好的东西，也能够享受最大的诚意，这就叫到位。MG坚持和倡导价格保持稳定，希望做到就一次性把诚意奉献出来。

从MG领航和MG5两款产品上看，无论是价位、颜值、驾控、品质、智能、安全，都还是非常有竞争力的，是这个时代的年轻人值得好好玩的车。

数字化的一汽-大众惹不起

董修惠在每天完成密密麻麻的日志本上的事务之后，他总会抽出时间，哪怕三五分钟，会刷刷抖音和各种视频，这成为其每天的必修课，也成为多元化了解年轻消费者的一扇窗口。甚至他会说服自己，在不出差的时候，经常到一楼的直播中心去看看，那是一个参考央视标准打造的直播间……

最新的数据显示，一汽-大众以143万辆销量遥遥领先。"一汽-大众年底之前的销量值得期待，极大可能是2020年中国汽车行业唯一一个产销达成200万辆规模的车企"，当董修惠自信地向汽势Auto-First说这话的时候，恰是10月下旬的长春，气温较低，窗外是长春一年中最"层林尽染"的时节。这种低温和层林尽染简直是中国车企的缩影，与不少企业的低位运行相比，高位运行的一汽-大众似乎没有受到新冠肺炎疫情的影响，窗外到处的红叶仿佛就是一汽-大众，被那些花花绿绿所衬托着，再不红就黄了，是很多车企的真实写照。

长春普阳大街一汽-大众销售公司一楼那个参照央视标准建立的直播中心，是一汽-大众数字化转型的一面镜子。董修惠、马振山及他们的外方搭档都时常鱼贯而入，这是新冠肺炎疫情之年与年轻人亲密接触的窗口。这里不仅发放一汽-大众的资讯、车主福利，还能听相声、看美食制作等活动。自2020年4月14日正式启动行业内第一个官方直播中心以来，一汽-大众品牌直播体系搭建成效显著：已进行125场官方直播，增粉50万人，全网累计观看量8200万次。从而形成了行业内时间最早、硬件最领先、场景最丰富、专家主播最多的汽车行业直播矩阵。

在长春之外的一汽-大众全国各地的数百家经销商，同样纷纷采取开直播等多元化方式，与车主、年轻人打交道，在企业普遍遇到的"销售线索总量过剩，有效转化不足"上，一汽-大众率先破局。董修惠说，现在每天都能收到经销商通过直播实现卖车的好消息。

数字化转型成为一汽-大众"创变之年"的重要支撑，而且贯穿到一汽-大众的全产业链。在预批量中心、声学中心、质保中心三大中心，每个中心都投资动辄数亿元，下设将近 50 个功能各异的试验室。每个试验室都是数字化的缩影，在由环境舱和 Shaker 两部分组成的异响震动试验室，环境舱能够实现温度 -40℃～+60℃，最大相对湿度 0～95% 的调节范围；Shaker 是由两个电磁激振器组成的，它不仅能够使用各种数据库内的激励信号对车身进行激励，还可以把采集数据输入试验台再现实际路面对车身的激励。这个试验台主要用于车身的异响分析，具有超静音、重复性好等特点。

在 CT 试验室，可以对车辆进行微米级别的精度扫描，利用 X 射线能够穿透物体的原理，再结合计算机图像处理的技术，在不破坏物体的前提下，对物体内部进行立体成像。工业 CT 是针对工业产品进行检验，扫描的材料千差万别，既有塑料、橡胶等非金属材料，又有轻质合金及钢铁等金属材料，因此为保证能够穿透金属零件，射线辐射剂量通常都很大，一般会比医疗 CT 大数倍；扫描精度也都很高，都能达到微米级别。相比之下，医疗 CT 与工业 CT 精度相差近千倍。

从工厂到市场，表现形式不同，却看到了数字化转型的一以贯之。近年来，消费者需求越发年轻化、个性化，一汽-大众应对用户变化，从用户视角和互联网思维出发，运用数字化技术驱动传统经销商 4S 店模式的变革创新，从"以产品为导向"向"以体验为导向"的营销模式转变。

长春瑞琪汽车销售有限公司是一汽-大众数字化转型的样板，经销商展厅一改往日"高冷"模样，整体配色明亮、多样，不仅配有时尚、舒适的家具系统，还可提供数字化、智能化的购车服务。让消费者在舒适、放松的品牌体验空间里，充分享受到轻松选车、购车的乐趣。展厅新标准指引经销商建立创新的品牌体验空间，使大众品牌以崭新的姿态呈现在广大消费者面前。新标准展厅的展示空间更为宽阔，客户动线更加流畅，贯穿展厅各角落的全新品牌设计元素与排列的展车相互映衬，为消费者带来全新的体验空间，新设计充满活力，令人振奋。"新标准，新体验"作为践行一汽-大众品牌向上战略的重要举措，2020 年起，大众品牌全新形象展厅设计已全面应用于新渠道建设，并在年内实施 100 家现有渠道的焕新升级。肩负着 1000 多万车主的信赖，未来一汽-大众将继续秉承"创享高品质"理念，以开放进取之心，集聚全渠道之力，为更多的消费者带来便捷、愉悦的高品质行业服务。

当然，他们尝到了数字化转型的甜头，也准备把数字化进行到底。例如，年内上市的"八高"直接定义为"数字化高尔夫"。

新冠肺炎疫情是一面镜子，照出了一汽-大众在新冠肺炎疫情之下取得逆势增长的含金量。原因当然很多，产品力、体系力、执行力，包括数字化转型都是创变之年的抓手。

直播卖车？卖出去才是王道

2020年4月份"新冠肺炎疫情"得到控制后，不少汽车企业为了复工复产用尽洪荒之力，复工复产当然是好事，这既是新冠肺炎疫情得到控制的标志，也是恢复常态的前提。不过，复工复产之后怎么办？

复工复产之前，经销商和车企的库存已经不低了。如果市场得不到有效的刺激和释放，复工复产要循序渐进，见机行事，以量定产，还不能开足马力。复工的时候，得走一步看两步，想着如何把车卖出去比复工更难，也是最重要的当务之急。市场的恢复，除了需要符合市场规律的商业行为、鼓励性刺激政策，也不要忽略了正常的滞后效应的周期性规律。

就汽车而言，此次新冠肺炎疫情结束后，抛开刺激性的政策之外，人们对汽车的刚需总量不会比非典那波动力足。非典那年，是因为刚需和非典的叠加效应大大地促进了汽车消费，那会儿也是汽车刚刚进入家庭的黄金时期。而17年后的今天已经大不相同，虽然新冠肺炎疫情让人们有了对相对独立空间的深刻认知，但是车市总量已经释放得差不多了。

即便是对汽车有实际需求的想法，也受到了很多城市限制汽车消费的掣肘。所谓的还存在的刚需，空间可能是换车人群。这个可从两个维度去看：第一，换车的迫切性在哪里，是为了换个更健康的车，还是换辆更高档的车，而这样的机会并不属于大众化走量的车型，豪华品牌才是最大的受益者。第二，政策的刺激有多大。对价格不敏感的人群，不需要刺激；对价格敏感的人群，刺激也没多大用。值得注意的现象是，车市的拉动刺激会有用，但是不是关键性因素，消费信心不足可能才是根儿。

此次新冠肺炎疫情对汽车企业的影响几乎是重构的，甚至是致命的。有定力的企业可能会熬过去，而那些还在瞎折腾的企业，可能熬着熬着就没了。其实，很多汽车企业已经熬不住了，无论是网上还是实体经销商，降价两三万的车型已经很多了。

我注意到，不同部委、不同城市，都先后表达了刺激汽车消费的重要性，这说明在救助和刺激汽车消费上，有关部门是有共识的。不过，各地采取的措施也不尽然，北京市通过鼓励国三排放报废更新补贴的办法，"老马六"等经典车型面临着淘汰更新，有统计说能释放23万辆左右的规模。上海则是通过优化和简化新能源汽车的指标和流程，如更容易上牌，更容易安装充电桩等便利性措施提升人们对新能源汽车的好感。因地制宜、因城施策、对症下药，很多地方正在进行各种探索和尝试。

当前普遍的弱市之前，也有强势的企业。上汽通用五菱月销13万辆的现象值得研究，除产品因素之外，他们在不受牌照限制市场真是扑下身子沉下去。一汽－大众一季度销量喜人的背后，是一汽－大众销售总经理董修惠都开始在抖音直播卖车了。上汽通用五菱和一汽－大众案例不同，但都说明了比你强大的人比你更努力的道理。

通过这次新冠肺炎疫情，要对汽车行业的今后走势有个清醒认识。一方面，刺不刺激可能总量就是这么大盘子，在这个过程中实现优胜劣汰。另一方面，可能对造车新势力、新能源的打击更大，甚至是致命的。

诸如一汽－大众、上汽大众、北京现代、东风日产、吉利汽车等具有规模化优势的企业，把在全国多地布局的优势转化为地产车的胜势，这是一块尚未开发的增量的大市场。我注意到，很多企业要么没做，要么做得远远不够。例如，一汽－大众，总不能指望长春是你的大市场，成都、广东、天津、青岛等有工厂的都应该成为主场。在这个问题上，我们的地方也应该有大格局、大胸怀，广汽和一汽应该一视同仁。在新冠肺炎疫情和不确定性面前，车企要有聚焦战略，打造明星车型比频繁出新车好。丰田、福特、大众等车厂，销量最多的就是卡罗拉、福克斯、甲壳虫。车型太多，既搞不好，也入不敷出。

时下的直播卖车是尝试，但绝不是全部，还是要千方百计地把车卖出去，这才是王道。

长城汽车的魏氏营销

2020年是长城汽车成立30年，迎接长城汽车30岁生日的不是把酒言欢式的庆祝，而是一场生死存亡的反思。这种别人看来的剑走偏锋，其实一直是长城汽车30年来"众人皆醉我独醒"的缩影，与之对等的是长城汽车"每天进步一点点"的企业哲学。

三十而立，正值壮年。正值未来可期，大有可为的时候，魏建军却居安思危，甚至说"未来会命悬一线"。在魏建军造车三十年真实感悟的诸多金句中，有这样几句格外引人注目：如果，我们自认为成功了。每个成功的过去，都可能把未来绊住。如果我们还看不到颠覆性的变化，那被颠覆的，一定是我们。甚至魏建军说，过分依赖前三十年，长城汽车挺不到明年。

三十而立大年之际，魏建军的反思不亚于当年"实践是检验真理的唯一标准"的大讨论，也更像是汽车行业的盛世危言。

有人说，长城汽车有什么好反思、可反思的呢。毕竟现在的长城汽车势头正好。哈弗、WEY、欧拉、皮卡四大品牌齐头并进，尤其是在SUV和皮卡两大品类市场，几乎垄断的市场地位，哈弗品牌全球累计销量已达600万辆，并一举创下连续10年蝉联中国SUV

销量第一的纪录；长城皮卡专注皮卡车型，连续22年蝉联国内和出口销量第一，全球累计销售超过170万辆，市场占有率近50%。新兴业务，中国豪华SUV——WEY品牌三年时间35万辆，欧拉迅速占领A0级新能源汽车细分市场头把交椅……

当然，这些都不是天上掉下来的馅饼，而是"每天进步一点点"修行的结果。其实，魏建军提出的"生死思辨"并不令人突兀，长城汽车过去30年是在每天的不断反思中做大做强的，他们"每天进步一点点"的理念，也可以是反思的另一种解读。外界看到的长城汽车在SUV和皮卡两大品类中的近乎垄断背后，是长城汽车不断取舍和聚焦的结果。当年，长城汽车也上马过轿车和客车项目，但是魏建军发现客车和轿车，尤其是客车，完全是隔行如隔山的两个品类，尽管当时投入不少，但是魏建军当断则断，先后立刻叫停了轿车和客车，更加聚焦品类和聚焦思想，长城汽车强大的纠错能力无人能及。以至于魏建军在回忆长城汽车30年的感悟中说，过去30年，长城汽车没有什么特别难的事情，也没有一件特别容易的事情。

我一向认为，不仅汽车行业，中国的各行各业从不缺企业家，而是缺少像魏建军这样的企业家精神，犹如华为任正非、褚橙褚时健。

魏建军的企业家精神是什么？是30年前毛头小伙魏建军接任长城汽车工业公司总经理之初百废待兴时的雄心壮志，是部队大院军人家庭出身的严谨作风，是赌注人情社会时的"廉洁铁规"，是为了让长城汽车员工子弟享受同等优质教育"苦心8个月挖清北名师"，是"过度研发，精准投入"的前瞻布局，是过去30年激情燃烧的岁月过程中，"见招拆招"的困惑和喜悦，是把自己的身家性命的"魏"姓押上创立的WEY品牌，是长城汽车从"保定的乡办小厂"成长为"七国十地"全球化布局的汽车巨轮，是家喻户晓的中国汽车品牌，是以长城汽车为代表的中国汽车企业的崛起，不断提振公众对于中国品牌、中国汽车品牌的信心……

与中国大多数车企的国有性质不同，长城汽车是地地道道的民营企业。魏建军在长城汽车三十而立之际关于生死的思辨，显然来自他30年来的深刻思考的"魏语绸缪"。魏建军说，民营企业做一些事，不是胆大而是胆小，因为没有更多的退路，所以总是愿意调整。又如，长城汽车最大的红利是体制机制，公司决策速度快、自主能力强，当然在这种体制下，必须靠自力更生、练好内功，因为长城汽车完全是靠市场吃饭。魏建军不止一次表示，长城汽车在充分的竞争环境下，一定走品类聚集的路径，通过品类打造品牌，他认为这是一个最容易成功的路径。事实也是，聚集SUV和皮卡两大品类，让长城汽车成为过去30年来最具成长力的车企。

站在30年的时间节点上，魏建军的居安思危，意在奋发进取、志在千里。魏建军再下一盘更大的棋。

当下的长城汽车，正在立足中国走向全球。已先后在中国保定、中国上海、日本横滨、美国底特律与洛杉矶、德国法兰克福与慕尼黑、印度班加罗尔、奥地利下奥地利州科廷布伦镇和韩国京畿道设立研发中心，构建以中国总部为核心，涵盖欧洲、亚洲、北美的"七国十地"全球化研发布局。形成了"11+5"的全球化生产体系，包括十一大全工艺整车生产基地和5个KD工厂。在国内，保定、徐水、天津、重庆永川生产基地已经建成投产，江苏张家港、山东日照、浙江平湖和江苏泰州几大项目已经启动或开工建设。

海外市场，在俄罗斯图拉工厂2019年竣工投产的基础上，长城汽车在2020年先后大手笔完成了通用汽车印度塔里冈工厂、通用汽车泰国罗勇府制造工厂两个工厂的收购。此外，长城汽车还在厄瓜多尔、马来西亚、突尼斯和保加利亚等"一带一路"辐射国家拥有KD工厂。与之相配的是，在全球60多个国家和地区构建了超过500+的营销网络。很多人并不知情，古巴把长城迪尔皮卡印到了古巴货币上。

在布局海外全球化的同时，长城汽车也凭借自身筑巢引来宝马这个金凤凰。落户张家港的光束汽车项目，由长城汽车和宝马对等合资，项目建成后将形成年产16万辆的MINI品牌纯电动车产能。

在研发投入上，长城汽车始终秉持"过度研发，精准投入"的企业理念，尤其在前瞻技术的投入上，技术狂人魏建军"要人给人，要钱给钱"。数据显示，长城汽车研发团队规模达1.7万人，研发人员数量占公司总人数近30%。具备轿车、SUV、皮卡三大系列车型及动力总成系统的开发设计能力，并在清洁化、智能化、网联化等方面具备成熟的技术储备和研发实力。

长城控股集团旗下的蜂巢能源科技有限公司，自2012年起开展电芯的预研工作，在全球布局了七大研发中心，目前中国保定、中国上海、韩国和印度的研发中心已经投入使用。蜂巢能源创新性地推出方形叠片三元电池，是全球率先开展高速叠片方形电池制造的标杆企业。在氢能源上，长城氢能产业组建了一支世界级氢能、燃料电池系统及整车技术研发团队，团队拥有包括来自德国、英国、韩国、日本、美国、加拿大等17个国家的外籍专家，以及中国本土行业精英，共计360余人，绝大多数拥有10年以上氢能制取、储运、加氢、燃料电池及整车集成等领域工作经验。同时，长城氢能已经拥有国际领先的氢能规划和开发能力，包括最佳供氢点及供应城市分析、燃料电池工况和车速模拟、流场CFD模拟等。根据规划，2023年，成熟的燃料电池乘用车也将陆续推出。长城汽车是中国汽车行业唯一一个国际氢能源委员会成员单位。

前瞻性的智能驾驶技术方面，早在 2009 年长城汽车便开始了智能驾驶技术的研究，并于 2015 年首次对外展示了 L3 级自动驾驶技术。2016 年，长城汽车车队在中国智能车未来挑战赛中斩获了冠军。2017 年年初，长城汽车正式发布了中国、美国、印度三地协同开发的"i-Pilot 智慧领航"自动驾驶系统。2018 年 3 月，长城汽车与中国移动、华为联合开发的基于 5G 的自动远程驾驶技术通过测试。同年，长城汽车"国家智能汽车与智慧交通（京冀）示范区"也投入运营。在 2019 年 10 月的中国国际大数据产业博览会上，长城汽车还展示了 L4 级别城市自动驾驶、5G 远程无人驾驶、全自动代客泊车等智能驾驶"黑科技"。

2019 年的法兰克福车展，参展的长城汽车技惊四座，魏建军向包括汽势 Auto-First 在内的媒体说，中国汽车产业一定要从"输入国"变为"输出国"，自主品牌的未来发展方向一定是"走出去"。全球化是中国汽车企业的唯一出路，长城汽车一定要走出去。当这些话从魏建军口中说出的时候，无不令人动容，很多人敬魏建军是条汉子。

魏建军说，长城汽车的基本目标一定是打赢中国、走向海外，不是盲目地走向海外，是在打赢中国市场的基础上向海外拓展。"打赢中国"是基础，中国这么大的市场都打不赢，怎么去海外？

过去 30 年披荆斩棘，立足国内；未来 30 年，未雨绸缪，走向全球。

都说三十而立，毫无疑问，长城汽车不仅挺得到明年，更将有望成为一个百年老店，这不仅源于长城汽车过去 30 年的积淀，更得益于魏建军及长城汽车始终保有的危机感，只有一个始终保持清醒的企业，才能真正走向未来。

绝不能把长城汽车读薄了

自以为对长城汽车很了解，可每次去长城汽车，都有一种把长城汽车看简单了、读薄了的感觉。这种感觉甚至持续了二十多年。

以前我们简单地把长城汽车当成一个造车的，甚至具象到是造皮卡的，这是长城汽车起步时的事实，却远不是长城汽车的全部。他们有着对产业、对汽车社会的深刻思考。

最早接触长城汽车，印象深刻的两次，一次是皮卡消防车的交付，一次是出口古巴的哈弗派的交车仪式。恍如隔日，这次再次走进长城汽车，看到的却是氢能源、蜂巢电池等技术。

20多年时间，眼瞅着长城汽车从仅有的一部，发展为二部、三部，这种变化像变魔术一样。从单一的皮卡、赛影，发展到哈弗、长城炮、欧拉、WEY四大品牌，且连续多年蝉联SUV和皮卡等细分市场的冠军，且冠军的成分不止于领先一个身位，比如哈弗作为单一品牌600万辆的保有量，以及长期占据皮卡市场50%的市场份额。长城汽车的变化还在于，以前长城汽车的总部大楼是保定绝对的第一高楼，如今地标性的建筑是鹤立鸡群的技术中心，虽然地标性建筑已经易主，但都是长城汽车的。

魏建军说，长城汽车得益于改革开放，受益于改革开放，在国家"十四五"提出的把实体经济放在更重要位置的战略中，对民营的长城汽车而言，是天赐良机一样的好政策，也是干事立业的责任和使命的好阶段。"从小也没有立志干多么伟大的事情，都是阶段性成果累积起来的，长城汽车也是这样"。

在中国从汽车大国向汽车强国的迈进中，本土作战的长城汽车能够做出更多的贡献。新基建为有技术储备的长城汽车未来的发展带来更多想象空间，魏建军如数家珍地说，自动驾驶储备始于2014年、氢能源国内领先、智能座舱和整车智能准备已久、数字化公司全面布局……

最舍得在研发上投入的魏建军说："不投研发的结果，要么落后，要么退出"。自称长城汽车研发费用并不低的魏建军还希望外界辩证地看中国车企的研发投入，跨国公司所谓的的研发费用里面有多少工资高、商务舱、五星级酒店的水分。

在魏建军看来，未来汽车绝不是交通工具那么简单，胎压监测传感器可参与道路是否平顺，智能化在车上就能进行体检管理，现有的车路关系在将来演化成汽车与社会的关系，都是未来汽车的想象空间。面对未来，魏建军和长城汽车已经思考了很远："新能源汽车是电价的调节器，新能源汽车的背后是能源革命，今后的战争不是石油战争，可能是沙漠战争，因为沙漠的光照时间长"。

魏建军说，30年的长城汽车正在经历一场深刻的重构般的焕新，包括顶层设计、团队重构、组织变革、能力建设。他甚至打趣儿地说，高层语言都比较老了，要让懂"奥利给""二次元"的人和市场打交道。又如，长城汽车最近"称呼去总化"的初衷，是打破上级和下级的关系，打破服务员的关系，服务员的关系是指他自己不再管执行层面的事情，这种焕新能让他腾出时间"胡思乱想"。

"虽然心态好，但是长城汽车在资本市场的市值被低估了"。魏建军说，长城汽车的供应链大部分掌握在自己手中，这种组织生态在汽车行业是独有的。由于长城汽车的盈利没有合资收益，因此长城汽车的盈利能力更有含金量。

当我向魏建军展望而立之年的长城汽车下一个三十年的愿景时，魏建军说下一个三十年太久，长城汽车只争朝夕。"争取 5～10 年内结束战斗，建立起长城汽车的规模优势"。

长城汽车所在的保定是河北的二线城市，魏建军用"北京是欧洲，保定是非洲"的话自嘲。但是身处"非洲的保定"却有着两个大格局。一个格局是长城汽车自身的全球化布局，一个是共同把中国自主汽车品牌做大的格局。魏建军说，长城汽车的国际化是坚定不移的，现在在俄罗斯、印度、泰国等地的布局并不赚钱，还需要"养"，但是抓住战略的机会比眼前的赚不赚钱更重要。长城汽车轮值总裁孟祥军说，长城汽车和长安、吉利、奇瑞、上汽不是竞争关系，而是希望和为数不多的自主汽车同行共同把中国汽车品牌做大。

在保定街头和当地人聊天，提及长城汽车，无人不晓，无不佩服。长城汽车，从民营小厂，摸爬滚打到成为保定标志、成为中国汽车的标志。

奥迪从此八个圈

一汽四个圈，上汽四个圈，奥迪在华从此八个圈。

上汽奥迪获得实质性进展的方式还是回到源头上解决的。当年，上汽奥迪曝出以后，反对最强烈的是一汽 – 大众奥迪经销商。

经销商从反对到接受甚至认可，经历了这样的 1000 个日日夜夜，起初"闹"是因为认为上汽奥迪如果单独建立渠道，无异于从自己身上割肉。后来发现，自己作为终端渠道，既可以赚一汽奥迪的钱，也可以赚上汽奥迪的钱，何乐而不为。

上汽奥迪获得实质性进展的背后依然在互相较劲，上汽和奥迪签署了面向未来的经销商升级计划，核心是"在华所有车型依托现有渠道"，也就是说上汽奥迪将在一汽奥迪的"店中店"进行。上汽奥迪旨在采用城市展厅为主题的新零售新营销业态方式的探索，"原有渠道"只是具备包括售后在内的服务功能。以我对熟悉上汽者的采访了解到，所谓的"店中店"的模式是现实，更是过渡，可以对未来充满想象。

上汽奥迪获得实质性进展只是一个可对外公开的时间节点，在没有对外公开之前，上汽奥迪一直没闲着，白色车身的上汽奥迪 A7 已经多次曝光。上汽奥迪挂牌、产品 2022 年如期上市都是按部就班前后脚的事儿。

一汽奥迪同样像上满了发条似的，从一汽 – 大众奥迪销售事业部升级为一汽奥迪的销售有限公司也将择机挂牌。需要清楚看到，一汽－大众奥迪目前依然是奥迪在华销售的主体，包括独特的进口车渠道。

有人说，上汽奥迪获得的实质性进展体现了安世豪高超的处理复杂问题的能力，找到了解决和平衡一汽和上汽的办法。其实，有这种想法的人是想多了，安世豪曾经作为一汽－大众奥迪销售事业部总经理不假，但是"豪哥"作为斯柯达的销售董事和上汽同样关系密切。如今，作为奥迪中国总裁的安世豪，站位和以往都不同，既不会为一汽奥迪考虑，也不会为上汽奥迪考虑，他只会为奥迪考虑。

我倒是以为，奥迪的商业逻辑值得更多人学习和思考。

上汽奥迪这事获得实质性进展，也很容易理解。在对等合资股比放开的大背景下，不好挡，也挡不住。例如，宝马把华晨宝马的股比提升至75%，现代已经100%控股了四川现代，大众汽车把江淮大众控股改名为大众安徽等。

继南北丰田、南北本田、南北大众之后，南北奥迪已来。

李峰、向东平离任各打五十大板

李峰和向东平在现代汽车的昙花一现，有花的问题更有土的不是。板子应该五五开。既凸显了韩国现代汽车在用人上缺乏深思熟虑，也说明李峰和向东平缺乏驾驭、平衡、处理复杂问题的能力。

一个满打满算一年半，一个短暂到仅一年。当时李峰和向东平的走马上任，被看作汽车合资股比一旦放开，汽车职业经理人归处的优秀代表，甚至被看作是为未来更多职业汽车经理人"蹚道儿"的开路先锋。

他们在汽车行业的丰富履历，配得上"被看好"。

李峰先后在福田、奇瑞、北京现代、北汽股份、观致等多家车企涉足多年，是营销领域的一把好手，也有操持过北汽股份和宝能"独当几面大排面"的能力。

向东平也是，职业生涯起步于上汽大众，横跨大众和斯柯达两个品牌，且高位运营过上汽大众的大众品牌每年百万辆左右的规模，也在豪华品牌沃尔沃和造车新势力天际汽车历练过。

李峰上任后在珠海与媒体见面首秀时，咳嗽中声音带着沙哑，他说"哮喘的老毛病要犯了"。向东平的履新是为了第十代索纳塔与媒体的口罩相见，当时北京正处在新冠肺炎疫情之中，他说："为了履新北京现代，从上海到北京自行隔离了14天"。

正当业界对有抱负的"老哥俩"准备施展拳脚大干一场"看好"的时候，俩人前后脚都"被下课了"。李峰的哮喘可能还会再犯，向东平的口罩还没摘下。

　　近几天，这两起人事变化在业界引起动静不小。李峰从东风悦达起亚总经理任上去职，向东平从北京现代副总经理任上离开，从根上都是发生在现代汽车集团中国的事。

　　号称大胆启用本土化人才的现代中国，留给两位人才的时间只有一年，翻脸比翻书还快。当然，表面上看，东风悦达起亚和北京现代这对难兄难弟，没能完成销量目标是李峰和向东平被拿下的主因，李峰和向东平就这样成了背锅侠。

　　韩国现代起亚这几年，在中国市场的销量不好是多方面因素造成的，有来自中国本土品牌奋起直追的迅速成长，也有韩国现代汽车过于盲目自信，有人说韩国现代对中国市场的重视只是嘴上功夫。

　　目标没达成，业绩没起来，发展不如意，绝不是调人事就能解决了的问题。所以，李峰和向东平也别太当回事，更不必有什么解不开的心结。

　　在所谓大胆启用本土化人才之前，韩国现代他们自己的人也走马灯似的换了一茬又一茬。铁打的企业，流水的总经理。显然，现代汽车还没能找到市场下滑的病根，也就别说什么对症下药了。

　　一个是企业文化融入问题。既然是中外合资企业，中外双方"搭班子"首先是要团结、补位、融合，形成合力，拧成一股绳才有战斗力，而不是相互拆台和内耗。合资企业干不好，中方既没好处，外方也没利益。汽车行业合资合作三十多年来无数的经验证明，凡是中外双方配合默契的企业，销量都不错，反之亦然。李峰和向东平的实际情况又是以"中国面孔代表外方利益"，这本身就比较棘手。

　　另一个是驾驭和处理复杂问题的能力。北京现代还好，中外两方；东风悦达起亚则更为复杂，东风、悦达、起亚，中外三方。"一个和尚有水吃，三个和尚没水吃"的典故挺适合东风悦达起亚的。在这个过程中，如何平衡双方、三方，甚至多方利益是一门艺术。与此同时，仅仅有看清问题的能力还远远不够，在带领企业往前走上还是得有招数。

　　业界把李峰和向东平当作汽车职业经理人的一面镜子。

　　现在来看，发生在韩国现代汽车身上的两起人事变动，是个案，也有共同性的东西。未来来看，这些靠履历积攒了丰富经验的职业经理人群体，要想蹚出一条阳光道，并非那么简单。

第十章　汽车社会

绕完环岛是一种美德

在首都机场高速苇沟出口往北有一个不大却充满危险的环岛，如果驾车经过这个环岛，必须绕完这个环岛。

这个环岛的危险则在于部分驾车者的偷懒行为充满安全隐患。一天晚上，我驾车由南向北准备绕岛上机场高速回城。途经此地时，先后有数辆同一方向行驶过来的车辆抄近道直接左拐上高速，而不是把必须绕完的环岛绕完。工夫，险些造成两辆由南向北的车辆与抄近道的车辆发生碰撞。

由此，让我想起了同行吴毓名为"等待是一种美德"的文章：出公差，曾几次入住慕尼黑机场旁的酒店。在两部安装透明幕墙的电梯中，使用频率最低的按键是"关门"键。乘梯者选择楼层后便气定神闲地四处观望，几乎无人理会那"两个三角针锋相对"的符号。询问同梯的德国人，其回答令人惊讶——等待是一种美德。根据他的理论，使用"关门"键有三个显而易见的弊端。弊端之一，电梯有设定好的程序，开门、关门的延迟时间自有规律，不用人为控制；弊端之二，自己进入电梯后便按键关上电梯门，其结果是拒绝了后来的人，是自私的表现；弊端之三，如果后来者气喘吁吁赶到，恰好望见电梯门将关，心急者会按键再次开门，不但导致电梯磨损、检修成本增加，而且更加延长乘梯者的等待时间。

中国每年因交通事故造成的伤亡在 10 万起以上。为避免交通事故，尤其是伤亡事故，我们同样需要"等待是一种美德"的精神。

高速免费给车企带来哪些思考？

高速免费通行给人们带来的是生活半径的扩大，而给车企带来的恐怕是："是骡子是马拉出来遛遛"的试金石。

始于 2012 年国庆节期间高速免费通行势必会扩大人们的出行。自高速免费的新政出台后，媒体上不停地解读如何出行。有机构预测说，高速免费通行的惠民政策实施后，每年国庆长假期间全国有数亿人次出行。

高速免费通行，是人们近年来能够感受到的汽车带给人们为数不多的欢乐，毕竟与太多的限制相比，高速免费通行能让人去想去的地方，不仅打开了车路，更打开了心路。高速免费通行也让汽车实现了从单一的交通工具到生活方式的回归。

高速免费通行时代，在于其借助高速免费的机会，无论是车的品质、性能，还是售后服务的保障，对车企来说都是一种考验。对于一般车而言，在城市道路上，其性能基本不会有大问题，一旦放大到高速路上，车子的品质、性能及售后服务都将面临一种考验。对于奔驰、宝马、奥迪这样的大牌汽车是没问题的，但是对于在发展中的自主品牌汽车而言，我们是否做好了足够的准备？

伴随着重大节假日高速免费通行的常态化，也将改变人们的汽车消费观念。消费者长假期间短则几百公里长则数千公里的驾车出行，是对汽车的一次全面考验，汽车的性能和品质没有保证，连最基本的出行需求都保证不了；出现故障能否及时解决并有好的态度同样考验着车企是否真的把消费者当成上帝，而不是车卖出去后事不关己的态度。高速免费通行对车企而言，同样是口碑传播时代的开启，好与不好，走趟高速，是否路遥知马力，一试便知；车企的态度、车子的品质，好与不好，在人与人之间口口相传便知。

有一年，我跟随上汽集团去了趟新疆喀什，从喀什到红其拉甫，往返 800km，全程没有高速，其间多为海拔 2700～5300m 的高原缺氧地区，两天行程，经历四季，出门下雨，高原下雪，伴随我们的荣威 W5 一路披荆斩棘，质量没有问题。中巴边境只是荣威 W5"丈量边关致敬英雄"的其中一站，在此之前，荣威 W5 车队还征战了老山的中越边境、满洲里的中俄边境。

高速免费通行在开启节假日一种新的生活方式的同时，也为车企的口碑传播打开了一扇窗。

交通新规为汽车增长腾地儿

被人们调侃成"5 个伤不起"的驾驶新规，具有进一步规范和建立汽车文明社会和保证汽车增长的双重含义，这种规范行为也是为汽车的可持续增长腾地儿。

高速免费成为拉动消费的助推器。高速免费新政当年首个中秋国庆长假，据旅游部门统计，4A 级以上景区自驾游客增长七成，长假期间全国共接待游客 4.25 亿人次，实现旅游收入 2105 亿元；商务部监测到的全国重点监测销售和餐饮零售额达到了 8006 亿元，实现了约 15% 的同比增长。但是国庆期间全国发生交通事故 6.8 万多起，其中涉及人员伤亡的道路交通事故达 2164 起，共造成 794 人死亡。

长假结束首日，公安部即修订发布了新的《机动车驾驶证申领和使用规定》，规定司机闯红灯、实习期间上高速、超速行驶、疲劳驾驶等都属于违规驾驶，将处以重罚，同时还新增了安全文明驾驶考试、交通事故案例警示教育等环节。为了鼓励驾驶者守法驾驶，对于没有记分的大中型客货车可以免于审验。

尽管有人抱怨新规的严格，但是这种新规总比不严好。国庆长假我也是免费高速大军的一员，两件事情不得不提，一是有朋友 2012 年 9 月 30 日开车离京回沈阳，早晨 5 点走京沈高速离京，行车 6 个小时才至山海关，短短 300km 左右目击 16 起车祸，造成车祸的主要原因是抢道行驶。无独有偶，10 月 1 日下午驾车离京走大广高速公路，行车至北京大兴庞各庄时，前车从车窗扔出矿泉水瓶和香蕉皮等杂物……

时常有报道称，高速路上原本是属于"生命通道"的紧急停车道，却成了不少车主的休息站，有人在拍照，有人在车里打电话，甚至有人嗑瓜子。

即将或已经实施的交通新规与其说是对免费高速时代所发现问题的疏导，不如说是一种补课。变换车道不打转向灯、随意停车不设警示标志、遮挡车牌超速行驶、前方堵车抢道加塞等，这些陋习在日常生活中并不少见。正是这些不文明的行为加剧了交通拥堵。

驾驶汽车原本是件快乐的事情。但愿此次一系列新规的实施能规范人们的驾驶习惯，回归到汽车是生活方式，而不是冷冰冰的交通工具上来。只有当大家的交通行为文明规范，才会让更多的人对汽车产生好感。

被大雨浇出的"知识"

2012年7月21日，北京那场61年未遇的暴雨让广渠门一位困在车里的驾驶员不幸溺水身亡。据北京保监局统计，当天有近2万辆汽车遭遇水灾。让4S店的维修保养量上升3～5倍，也让很多人不知所措。如何在水下紧急逃生，如何突破桥区积水的封锁，如何使用涉水险保障权益，成为广大车主最关心的话题。

突遇惊天暴雨的时候，由于城市道路、桥洞迅速积水，到底是选择"激流勇进"还是"原地待命"成为车主必要的常识。

俗话说"快过沙子慢过水"。在通过积水路面时，汽车高速冲过去的做法是非常严重的错误。实际上，高速通过会在车头形成水墙，使得车头水位激增，从而使水没过进气口引起车辆熄火。长期研究汽车技术的资深专家夏星表示，"一般情况下，如果汽车入水后，水深超过三分之二的车轮则超过安全范围，车内可能进水。水深超过前保险杠或接近前中网位置，则会直接导致发动机进水，损坏车辆。如果车辆在深水中熄灭，排气管进水倒灌入发动机则可能严重损坏车辆。"

在遇到暴雨的时候，北京桥洞是最危险的。"立交桥下的积水在暴雨中会迅速上涨，暴雨时最好走辅路，若误入积水区汽车熄火应尽快弃车撤离，保命第一。"清华大学汽车工程系工程师林建表示。

在北京容易积水的环路桥区行车时发现，桥洞外边往往会有醒目的标志"桥下积水，注意安全"，旁边往往还有水位线刻度。车主应注意，在水深达到40cm时，普通小轿车就不要通过了。正确的做法是：汽车涉水时要挂低速1挡或2挡平稳开进水中，避免大轰油门或猛冲，以防止水花溅入发动机而熄火。另外，水中行驶时要稳住油门，一气儿通过水面，尽量避免中途换挡或急转弯。行驶中要尽量注视远处固定目标，双手握住方向盘向前直行，切不可注视水流或浪花，以免晃乱视线产生错觉。还有一点要牢记，不少车主认为如果前面有车涉水时，跟随其后比较安全，但是要注意距离不要太近，以防止前车因故障停车，迫使自己在水中进退两难。

如果汽车不慎落入水中，在车门、车窗紧闭的情况下，汽车不会瞬间沉到水底而是慢慢下沉的。因为绝大多数汽车是头重尾轻，所以往往是车头先往下沉。在狭小的车厢内，前座驾乘人员要迅速移到后座并不容易。落水后要马上打开电子中控锁，防止门锁失灵。在刚落水时，要尝试迅速打开车门。如果没有第一时间打开车门，就不要在水淹没车辆时打开车门，因为此时由于内外压力差水会顺着车门之间的缝隙往里灌，压力非常大，这时就要砸车窗。砸车窗的时候要利用周围一切可以利用的尖锐器械或物品。

有一个很实用的办法，就是把汽车头枕作为破窗的逃生工具。头枕是插在座椅上的，下边连着两根长钢棍。拔出头枕利用下边的钢棍用力向车玻璃砸击，即使柔弱的女性司机也能破窗而出。同时，需要提醒的是，并不是所有车的头枕都可以拔出来，一些高级车的头枕配有电子装置或线路，并不能随意拆卸，车主需要提前检查。另外，在砸车窗玻璃时要注意，汽车玻璃的中间部分往往是最牢固的，四角和边缘是最薄弱的，最好的办法是用利器敲打玻璃的边缘和四角，尤其是玻璃上方边缘最中间的地方，一旦玻璃有了裂痕，就很容易将整块玻璃砸碎。值得注意的是，车主不要尝试砸碎前挡风玻璃逃生，前挡风玻璃是极难砸碎的。

如果汽车落水，最安全有效的做法是就近从侧门逃生，这是最安全快捷的。笔者建议，最保险的方法还是车主提前购买一个正规厂家生产的安全锤，防患于未然。如果车座下面配有灭火器，也可以临危救急。

汽车不能招人烦

从不敢想象到能够买得起汽车，再到现在为买车需摇号、停车需等地儿发愁，中国用30年左右实现了从没有汽车到为汽车发愁的惊人跨越。之所以称得上惊人，并不是我们简单地用了几十年的时间达到了国外几代人的量化效应，而是在这个迅速转变的过程中，汽车在中国失去了原本是交通工具的属性。

有一次清明小长假，笔者驾车从怀柔踏青回来，从宽沟上京承高速进京，尽管对入口牌子上的"进京车多行驶缓慢"的提醒有心理预期,但是令人瞠目结舌的倒不是长达30km的拥堵距离,而是拥堵时的怪象。

高速公路上的应急车道原本是救援时的生命通道,而在这里被无数人当作机动车道。看到那些不该驶上应急车道的汽车,不仅把应急车道给堵得水泄不通,而且对前面开得慢的车,就用刺耳的喇叭声来招呼。更有甚者把应急停车点当成照相景点。而这样的状况,自打节假日高速公路免费以后就屡见不鲜。如果说,过于拥堵是管理部门的不作为,而在应急车道行驶则是中国汽车社会不文明的缩影。

汽车在中国被赋予太多的含义,在国外看来的乘用车在中国被称为轿车。据说,这种形象的称呼来源于古时达官贵人们所乘坐的中间高两头低的人力轿子。在中国,"面子工程"很少有比得过汽车的,从买车到用车无不如此,也最体现得淋漓尽致,很多人是看身边人有车才买车的,且买的一定要比别人好才肯罢休。你买辆10万元的,我得买辆12万元的,你买辆宝马,我就买辆奔驰,不一而足。

我一直觉得,中国应该来个用车文明的比拼,这里分两个层面而且是相互递进的关系:一是会不会用,二是愿不愿意文明用。例如,只有在遇到雾天时雾灯方可开启,可是在没有雾天时开启雾灯者大有人在。殊不知,有车者的这种真不懂晃得前车欲罢不能。再如,遇到堵车就疯狂按喇叭的情况在我们身边比比皆是。相对于对车辆状况不熟悉的不会用,那些明明知道车辆的使用性能而不愿意用、不文明用的就更恶劣了,难怪早在30年前上海大众在引进桑塔纳时,光喇叭的试验就做了上万次,试验次数几乎是德国的一倍。

他山之石可以攻玉,在国外越是开好车的人,越是低调,车行驶在路上,他们往往是并线必打灯,打灯后迅速回到中间车道,而不是占着最内侧车道闷头开到底。要知道法拉利的时速表标定300km/h,但绝非提倡人在公路上真的把车开到时速300km/h。

从你我做起,让文明驾驶为人们保留一份对汽车的美好。

我们需要什么样的汽车社会?

北京朝阳区东三环长虹桥地段的严重车祸,再次敲响了中国交通安全的警钟。我们这个刚刚迈入汽车时代的国家需要一个什么样的汽车社会呢?

2012年6月8日中午过后,北京朝阳区东三环长虹桥地段发生严重车祸。事故现场,一辆警车遭到首都汽车公司的大巴车碾压,并将原本的三厢警车碾压成了对折状。

急救人员在车内发现一名死者。这个引起社会广泛关注的交通事故只是众多交通事故中的一个。

近期,有很多交通事故让人记忆深刻。在半个月前,深圳市一辆日产进口跑车GTR与一辆比亚迪E6电动车相撞后起火爆炸,导致3人死亡。2011年10月,滨保高速天津地段和河南南阳发生了两起特大交通事故,分别造成了35人和11人死亡的惨剧。数据显示,2011年中国因交通事故死亡的人数为6.2万人,交通事故死亡率居世界之首。

这些血淋淋的交通事故背后,再讨论车本身是否安全已经没有意义。很多事故是人们缺少交通安全意识造成的,和车本身安全关联不大。例如,2012年5月9日下午4点52分,温州市某路口一辆行驶在滚滚车流中的轿车副驾驶车门突然打开,车里掉下一个孩子,车上的驾驶员没有刹车便跳车救女。这段在网上引起众人关注的视频同时显示,若不是行驶在后面的出租车一脚急刹车,后果不堪设想。问题是,车主买得起车,为什么不给孩子买个儿童安全座椅呢?我想,这个家庭并非缺少买儿童安全座椅的钱,而是缺乏交通安全意识。

中国的很多交通事故是人为原因造成的,在我们经常从媒体上看到的事故中,小汽车钻进大货车底下致人伤亡的事故是比较常见的一类,而在欧洲,发生类似事故的概率几乎为零。欧洲的大货车尾部必须安装一个与地面几乎持平的坚固后挡板,以备发生交通事故时把人的受伤和死亡率降到最低。而为了避免发生交通事故后大货车对人造成的伤害,欧洲的很多细节令人印象深刻,保持车辆清洁和贴有醒目的黄色标志在欧洲多个国家也是约定俗成的,有的甚至是强制性规定,以最大限度地提醒驾驶小汽车者与庞然大物的货车保持距离。一次笔者从德国斯图加特驾车回慕尼黑途中,巧遇一起车祸,堵车数公里,只见清一色的大货车齐刷刷地排在道路的最右侧车道,没有一辆变道前行。

还有,我们在发生交通事故后,往往都是消防队来救援。而在瑞典,他们有一支国家级的专业救援队,救援队包含汽车专家、医生、保险公司等。瑞典平均不到两人就有一辆汽车,而因交通事故造成10人以上死亡的案例每年不足一起。从避免人伤亡的角度,我们也应该设立国家级的专业救援队伍。

中国汽车销量在短时间内成为全球第一大市场,但我们尚未形成汽车文化,汽车安全意识淡薄。毕竟,与美国、欧洲等发达国家几代人就拥有汽车的经历不同,充其量我们是只有一代人才拥有汽车的。与外国人遇到红灯即使没车也不敢通过形成对比的是,我们身边开车不系安全带、开车打电话者并不鲜见。

真应该有些车企站出来,做一些培养人们交通安全意识的事情。

别让汽车社会充满纠结

中国人仅用 30 多年时间就浓缩了欧美国家 100 多年才走过的汽车普及路。北京市民张先生说："从买不起汽车到不愿意买车这条路走得太快了"，这句话说出了很多人的心声。当他在北京东二环建国门路口向笔者说出心声时，从建国门望去，4 个主要路口的汽车长龙既看不到头也望不到尾……

2015 年 5 月北京市公安交通管理局更新的数字显示，北京市的机动车保有量达到 540 万辆，这个数字比意大利首都罗马的人口还多。在中国整体进入"车轮子上的国家"之前，北京显然早进入了汽车社会，为此有人把北京调侃为"首堵"。尽管堵车也是衡量一个城市是否发达和国际化的标志，但是人们越发感觉到汽车在带来便利的同时也带来了烦恼，以至于人们对汽车需求的愿望不那么迫切了。国际市场新闻社指数报告，2015 年 4 月，中国购车景气指数出现了首次下滑，有意购买汽车的人数降到近一年来的新低。体现在市场上就是销量的下滑，以实施摇号多年的北京为例，2015 年一季度北京市累计交易新车 12.06 万辆，同比上年 14.01 万辆下降 13.92%。与此同时，进口车及二手车交易也出现了不同程度的下滑。北京市 2015 年一季度进口车累计交易 1.63 万辆，同比上年 1.86 万辆下滑 12.37%，就连此前一直表现不错的二手车交易，在一季度也出现了 2.53% 的小幅下滑。也就是说，在衡量车市兴衰的新车、进口车和二手车三大构成中，三驾马车均是负增长。北京亚运村汽车市场副总经理颜景辉认为，政策、经济等因素的叠加效应导致车市整体需求疲弱。

真实的市场在各个企业看来如临大敌。2015 年清明节小长假后由上海大众率先发起的全系"官降"引发诸多车企争相跟进，不到一周时间，中国主流车型的价格均有降幅，少则近万元多则几万元。为此各个企业不得不下调市场预期，宝马主动将二季度销量目标下调 15%，一汽－大众奥迪销售总经理任思明也表示，保市场份额比保销量更重要，以丰田、日产为代表的日系品牌的表现也是步履蹒跚。

比市场需求疲软还可怕的是汽车产业无限制地扩产，以 2014 年为例，中国汽车产销 2300 万辆，而汽车产能达到惊人的近 5000 万辆。此举意味着短期内价格恶战将成为车市的新常态，长期内兼并重组不可避免，直至一些品牌消失。

比市场放缓可能更致命的是，消费者购车意愿下降。三五年前，市场还有种术语叫持币待购，也就是说消费者会为买什么车发愁。如今，伴随着越来越多的城市实施摇号、拍牌等限制性政策，消费者对汽车的刚性需求不再强烈。客观地说，日趋严重的交通拥堵、

汽车安全看别人走出多远

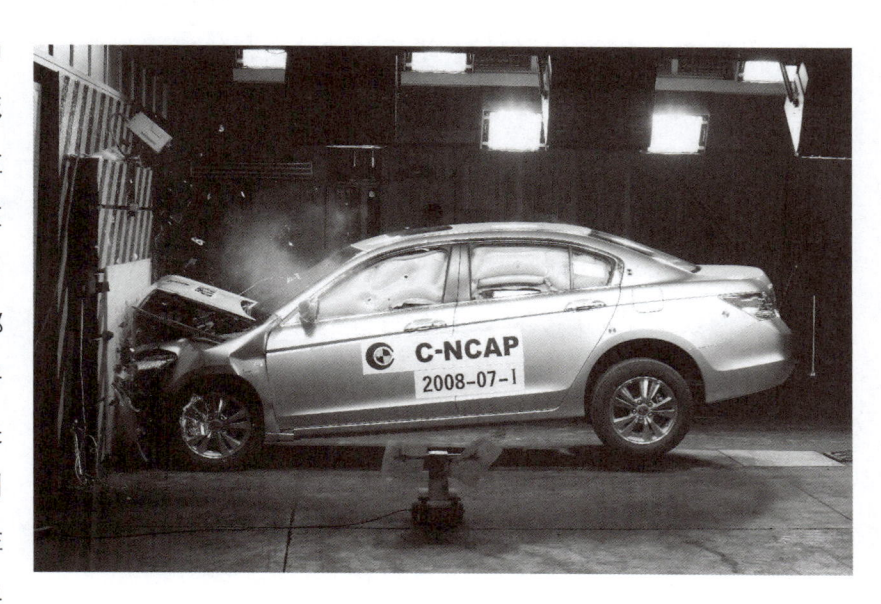

有数据显示,中国每年因交通事故死亡人数在10万人左右,尽管这个数字在最近几年略有下降,但最近5年,每年都会有超过8万人死于交通事故。这仅仅是死亡率,而那些受到不同程度伤害的人往往被放在了死亡名单之外,但其所承受的痛苦更是一种煎熬。

自1970年开始,沃尔沃汽车公司交通事故调查小组历时40年,对涉及沃尔沃汽车的交通事故进行分析记录,一共收集了4万多起涉及沃尔沃的事故信息,共进行了2100次深入分析。在此基础上,沃尔沃汽车公司把第一手的调查数据转化为最新的研究成果,并将其运用到车型的开发和改进中,因此沃尔沃汽车的安全性能得以不断提升。如今,沃尔沃汽车拥有众多创新安全科技,从可自动刹车的城市安全系统、防翻滚保护系统、盲点信息系统、自适应巡航控制系统、人车沟通系统到碰撞警示系统,无不体现出沃尔沃"以人为本"的安全承诺。

交通事故调查小组的成立要感谢一项革命性的新发明。1966年,沃尔沃工程师尼尔斯·博林(Nils Bohlin)发明了三点式安全带,不久沃尔沃便在其所有车型上将这个装置列为前座椅标准装备。为测量安全带在交通事故中的效果,沃尔沃请专人对所有涉及沃尔沃汽车的事故进行了为期一年的跟踪分析。分析表明,这项发明使伤亡率下降了50%。至此,沃尔沃工程师意识到,清楚了解汽车与乘客在事故过程中所发生的确切情况十分重要。以此为契机,沃尔沃汽车公司于1970年成立了自己的交通事故调查小组。

经过多年时间，交通事故调查小组所用的研究方法已有所改进，但全部信息仍是从实际发生的交通事故中获取。研究小组成员 John Fredrik Grnvall 解释说："我们假定每位乘客并不总是按我们的期望去做。对于不同的情况他们有不同的反应。这就是为什么我们需要了解驾驶员的行为，以及他如何在一起实际交通事故中影响事情的发生。"与国内发生交通事故后消防人员和急救车到场不同，在瑞典每发生一起交通事故，必会有沃尔沃交通事故小组的人员到场，进行事故分析，并将这些数据编制成综合性的报告，由此形成一个宝贵的数据库，为新车开发提供数据。

当沃尔沃汽车安全中心迎来 10 周年纪念日时，瑞典国王卡尔十六世·古斯塔夫亲自为沃尔沃安全中心揭幕，这个安全中心自成立以来，每款沃尔沃新车型都在实验室中进行了 100～150 种不同形式的碰撞试验，试验各种不同的事故场景，甚至在实际汽车没有造出之前就使用计算机对原型车进行了成千上万次的测试。所有这些工作的目的都是保证在各种车速和各种事故的情景中，汽车的各种安全系统能够按预期发挥作用，为汽车上的所有乘客提供有效保护。

不以钢板厚薄定义安全

在我们心中根深蒂固的汽车钢板越厚才越安全的观念或许是错的。

意在扭转公众意识的一汽马自达销售副总于洪江说，国内不少车企为了迎合消费者所认为的车子越重就越安全的消费习惯，甚至刻意将引入中国市场的车型的钢板加厚。殊不知，这种增加汽车重量的做法不仅不会额外增加安全，还会让汽车过于消耗能源。衡量一辆汽车是否安全不能再简单地以钢板的厚薄来定论了。

2009 年 10 月上市的一汽马自达睿翼 2.0 是汽车轻量化的典型代表。一汽马自达销售副总经理于洪江说，睿翼 2.0 尺寸比马自达 6 大一圈，且增加了诸多装备，但睿翼 2.0 的重量却比马自达 6 还减轻了 4kg。在迈腾、凯美瑞、雅阁、新君威、思铂睿等诸多竞争对手中，睿翼 2.0 其 1423kg 的自重是最轻的，而君威 2.0 精英版的自重为 1555kg，比睿翼多出 132kg；雅阁 1515kg 的自重也比睿翼多 57kg。于洪江自称，睿翼 2.0 与新君威 2.0 两者重量的差别，体现在油耗上相当于新君威精英版常年拉着两个人在行驶，油耗肯定高。

节能与环保并行将是今后一个时期全球汽车产业的发展趋势，并形成了以德国大众为代表的改善动力总成的 TSI+DSG 技术流派，以及以马自达为代表的汽车轻量化技术流派。

让汽车变轻的秘密在哪里呢？原来，能够把车变大，同时还能够把重量减轻，主要来源于整车结构的优化和高强度钢板及超高强度钢板的采用，睿翼2.0的前后保险杠采用的是1480MPa的超高强度钢板，而雅阁的高强度钢板为590MPa，天籁为980MPa。采用超高强度钢板的道理是，一旦发生碰撞，能够把一边的撞击力往两边分散，提高碰撞的安全性。由于1480MPa的超高强度钢板采用进口的方式，成本较高，这可能是多数车型没有采用的一个原因。于洪江解释说，采用超高强度钢板的主要目的是在保证安全性的前提下，降低车辆重量。行业中有一个误区，即认为钢板越厚越安全，随着材料技术的进步，可以用更薄的钢板，形成更强的强度。于洪江提醒说，有用户认为这个车到国内，如果车重量减轻就是偷工减料，恰恰与之相反，如果这个车到国内重量增加了，才是偷工减料了，如果车重和它在欧洲、日本原厂的相同，那是一点儿都没偷工减料，所谓"偷工减料"，就是1200MPa以上的超高强度钢板需要进口，这也是睿翼投放两个月后才能提到车的主因。

汽车变轻并不意味着不安全，于洪江举例说，一辆F1赛车的重量仅有600kg左右，环路速度却可达400km/h。而普通轿车的重量几乎是F1重量的一倍，而其最高速度也就在200km/h左右。汽车变轻的好处对于消费者而言，在于在最大限度保证汽车安全的情况下，尽量降低油耗，据称睿翼2.0手动挡90km/h的等速油耗仅为5.8L，城区综合油耗也不会超过8L。早在中汽协公布的900多款在销车型的数据中，马自达6的油耗就是同级别中最低的。

理论油耗多是大忽悠

早在2009年"3·15"前夕，我作为《竞报》汽车周刊主编，安排记者兵分多路，通过对北京地区多家中石化加油站进行的微型调查显示，市场上已出售的汽车中，八成车主认为厂家在说明书中所标注的理论油耗与实际油耗存在明显差距。此次微调查历时一周，通过在加油站进行拦截的方式，对北京超过200名车主调查后得出的结果。

调查范围包括广州本田、东风日产、北京现代、东风标致、上海大众、一汽-大众、一汽丰田、奇瑞汽车、广汽丰田、上海通用等国内主流汽车企业的20款车型。尽管被调查者能够忍受实际的使用油耗，但是大家对厂家所标注的理论油耗并不认同。

例如，东风日产的骐达1.6L手动款，厂家在说明书中标明的理论油耗是5.6L/100km，而在北京地区的调查中,其百公里平均油耗为 7.0L,这个油耗还是在目前北京实行尾号限行措施、道路行驶基本畅通的情况下取得的。车主周小姐表示,自己在买车前和买车后,都很少关注厂家提供的理论油耗,因为车辆没有瞬时油耗显示,根据平时加油和行驶的公里数,自己判断目前的耗油量应该在 7.0L/100km 左右。而诸如东风日产这样的理论油耗与实际油耗存在差距的现象,在其他品牌的车型上同样存在,北京现代的伊兰特悦动标注的理论油耗是 6.7L/100km,可车主叶女士在实际驾驶过程中的油耗为 10.0L/100km。

北京律师协会消费者权益保护专业委员会主任、中消协法律顾问邱宝昌律师建议,厂商在制定理论油耗时,应考虑到现实驾驶中的情况,标注出一个车主能够实现的范围值。

国产汽车像男足

2004 年,在我还没有写这篇文章的时候,体育部的编辑做了一个令人羡慕至极的《国足追平 50 年输球纪录》的标题,说的是正在海外拉练的国足 0∶6 狂输巴塞罗那的那场比赛。我怎么琢磨,这都跟国产汽车像极了。

我是向来不主张汽车产业与足球相提并论的,汽车充满了理性,而足球有着太多的可以调侃的成分。但是在静静地观察了一段时间后发现,汽车尤其是国产汽车和男足有着太多的相似之处。

譬如,足球不惜重金请外援、外教的目的是帮助我们提高联赛的水平。汽车的外援(在中国的合资企业)则只是把中国当作制造工厂,向消费者推销产品而已。足球可能还存在着人家愿不愿意教的问题,汽车则是我们有多少人愿意学的问题。目前,在中国的三大汽车集团中搞自主品牌的实力和市场都有,不愿意涉足的原因恐怕在于能卖多少车是当务之急,是否发展自主品牌是继任者的事儿。

我曾向北京现代的韩方高层请教韩国汽车成功的秘诀,对方就一句话:人才是一切发展的根本。当时,韩国培养了一大批学汽车、懂技术的人才,被派往邻近的日本学习,这里面当然居不缺模仿成分,但更重要的是随后的自身学习,才使得一个国土面积不足中国九分之一的国家的汽车工业,在短时间内跻身世界车业的前十名。

提到自主品牌人们会想到红旗,在国产汽车品牌中吉利、华晨、奇瑞等是为数不多的愿意走自主品牌路线的企业,除他们急需"强筋壮骨"之外,我们还应该怀着包容的态度给他们发展的机会。

广本前任日方总经理门协轰二离任之际留下两句肺腑之言：一是中国汽车市场的价格还是高，二是中国的汽车工业发展自主品牌的时候到了。

安全带距离天堂最远

不记得作者的名字了，却对题为《天堂里有没有车来车往》的文章记忆犹新。文章说，他的父亲因为驾车发生交通事故永远地离开他们，事后负责处理事故的警察亲口告诉他，如果当时系了安全带，或许他的父亲不会离去。

据不完全统计，在中国交通事故死亡案例中，至少有10%是由于未系安全带所导致的。在美国，每年有超过1万名驾驶者因为使用了安全带而保住性命，在国内忽视安全带发生的悲剧不胜枚举。专家预计，安全带的使用能够使交通事故死亡率降低37%～45%。

自沃尔沃发明汽车安全带至今，安全带已经成为汽车上最基本的安全配置，历经半个世纪的发展，各种高科技的安全装置层出不穷，但是安全带仍然在保障生命安全的防线中发挥着最重要的作用。

东风标致307在C-NCAP C首次碰撞测试中摘得桂冠。在测试中，307以50km/h的时速撞上障壁的一瞬间，其所装备的带束力限制的预张紧式三点式安全带会束紧测试假人的全身，当束力达到某一力量时，安全带系统会稍微松开，使束紧身体的力量不会再加强，避免在身体随着惯性前冲时，胸部所承受的冲击力及颈部的折弯力过大，有效地保护人的头部、颈部、胸部，从而保住人的生命。

现在国内有不少人认为市内开车车速不高，不系安全带没关系，有的则为应付交警检查而仅仅把安全带挎在胳膊上，更有甚者，不但不系安全带还酒后驾车，当严重事故发生时，即使安全配置再完善，也无法挽回人的生命。

京牌车过年

一晃都是17年前的老黄历了，但是2004年春节开车那一幕依然恍如昨日。时值大年初三，山东探亲归京途中，慕名到济南一条以"烤肉串"闻名的街上一饱口福。谁料想，刚拐进街道把车停在一家店前，就见一辆京牌捷达车也开进来，停在我们一旁。司机、乘客探探头互相看看车牌子，会心地笑起来。

车轮子闲不住，回京一天又扎向东北。当初七驾车从京沈高速进京时，京牌车已然组成了浩浩荡荡的返京车队：玲珑的奥拓、QQ，朴实的捷达、富康，奢华的奔驰、宝马，威风的大切、丰田，靓丽的POLO、威驰，有的装着老老小小，有的载满了年货，有的背着小对联，京牌车风尘仆仆地回来上班了！

说起这一幕幕的场景，一定会让所有春节期间驾车出游的北京人感到亲切，因为京牌车是春节长假里除央视春晚之外最惹眼的风景。说北京人过年，不如说是京牌车在过年！节后到网上转一转，才知道，凡是你想得到的地方，春节期间都有京牌车在游历：青藏高原，黄山胜地；大兴安岭，秦淮河畔；张家界，钱塘江；城里，乡下；雪域，江南……也许中国在整体上还称不上是"车轮上的国家"，但北京显然已经成为车轮上的城市，北京人已经过上了车轮上的生活！最新的统计数字也在证实着这一历史性的演变，北京平均每三个家庭中就有一辆汽车。

这绝不仅仅是出行方式的改变，自驾车出行与乘飞机、坐火车出行有着生活方式上的本质不同和经济意义上的迥然差别。美国被称为"车轮上的国家"，其国民生产总值、经济效率皆在世界之先。对个人来说，有车意味着生活半径的扩大，意味着生活品质的提高，但对一个城市或国家来说，汽车拥有量的增加会使经济效率直接提高，会使经济价值在流动中扩大，会使经济发展在通达中趋向平衡，会使国民素质全面提升，会使国家实力得到实质上的进化，这才是车轮上的生活之真正意义所在。

当北京人驾车行驶在四通八达、宽阔平坦的各省市高速公路上时，他们心里自然会明白，京牌车过年的特别感受一定会传得很远，我们离"车轮上的国家"也一定不会太远。

没跑过越山向海的人生不完美

如果非要找个时间节点，现在距离被称为"越山向海"的 2017 BMW X 之旅暨"2017 BMW 越山向海人车接力赛"结束将近 4 年，新的比赛又将来临。

我的队长我的队

晨搜酷宝联队，在近 200 支参赛队中似乎没有比其更拗口的队名。既没有"花儿与少年"的诗意，也没有"寰球汽车"的局气。"晨搜酷宝"，顾名思义就是《北京晨报》、搜狐、宝马和酷六组成的联队，我们队由纸媒、网媒、汽车公司和新媒体组成。

晨搜酷宝联队是临时组成的队，典型的草台班子。尤其是在"据点"董各庄举行的聚会上，当我们想入伙别的队时，人家已经组成了强队，各队都有谁且名字张口就来，甚至有的已经开练了。"十三不靠"的我、孙玮、晏成、安琦决定临时组队。

在此次越山向海一战成名的郭玖林是怎么来的，也是时候交代一下了。由于临时凑成的队伍，别说强力外援了，在找到郭玖林之前，我恨不得走在街上，遇到一个人都想拦下来问问他跑不跑步，跑不跑马拉松。一次偶然的机会，有知我者为我心忧的朋友说他有推荐人选，并告知了电话。电话中我问郭玖林全马多长时间，小郭说已经好久没练了，差不多3个小时。我继而追问，要是稍微练一练捡起来点呢，他说全马2小时40分，我心中窃喜。后来，整个跑步界都知道了，在最难的第六棒，那几乎令人绝望的坡，郭玖林的平均配速在5分钟以内。

虽然在圈里，人们称我为"黑练王"，但是在正式比赛前的一个多月时间里，与孙玮相比，我逊色不少。在我们单独组建的群里，孙玮几乎每天都问，今天谁刷圈，继而是向扔手榴弹一样在群里打卡，短则5km起步，长则18km。细心的人，应该在越山向海中对奔跑中的安琦的一身"腱子肉"过目不忘，殊不知那都是赛前突击的结果，安琦时常从家跑到奥森再折返跑回家，不仅距离长，而且跑得快。搜狐的晏成虽然看上去不显山露水，但是在新疆出差期间撸完串穿着旅游服也跑得大汗淋漓的行动诠释了什么是伟大的马拉松精神。

郭玖林的实力不是我们要求的对象，我只是偶尔在群里问他这几天练了没有。他轻描淡写地回答，昨天就跑了20km。这距离，有实力的人起步就与世界同步。至于我，在队友的鼓励下，尽量做到每天奥森跑一圈，除了"黑练王"，"小飞象"邓玺更喜欢称呼我为"南园园长"。赛前一个月，每个人的跑量都在150km以上，用孙玮的话说，每天醒来第一件事就是到处找跑鞋。

浪费掉的10分钟

作为跑过几十个马拉松的人，此次越山向海遭遇了最难整理的装备。两双鞋、三套衣服是最基本的。打前站的Sonic起初说天热，与北京差不多。临近出发的前一天，却在群里发来了穿棉袄的图片，还附上一张崇礼只有18℃的图片。

从热到冷说明了赛事多变。于是，临行前头天晚上，我翻箱倒柜把这几年跑步的衣服翻了个底儿朝上，除了短袖、长袖、外套、短袜、长袜、棉袄，甚至棉帽子都背了一顶。当我背着沉重的行李抵达崇礼时，看见每个人的行囊都很厚重，说起准备装备的经历，大家面面相觑。

我们队最初的目标是安全完赛，一个不能再低的底线。后来根据每个人一棒的预估，完赛时间更改为20小时，而实际完赛的时间比预计的20小时又提前了2小时45分，最终以17小时15分的用时排在第66名，这是一个在160多支队伍中很不错的成绩。

但是，我们至少可以再提高10分钟。家丑不可外扬，队丑还是可以的，尤其是在赛后，讲讲我们的两则囧事儿。第一则是开跑前检录完毕，晏成发现队长孙玮的计时表没带，此时距离凌晨4点半开跑还有不到半小时，好在起跑点离酒店近。当韩松阳飞奔到酒店取回表时，每个人都松了一口气，看见那块表真的如获至宝。第二则与我有关，按计划我接替晏成跑第三棒，哪承想晏成健步如飞，以5分钟的配速提前到达接力点，而那时我还在崇礼区医院排队等着上厕所。晏成说，足足等了我5分钟都不见人来。孙玮在电话里说，小郭替你跑了。知趣的我，自然接替第四棒，这一棒比原本我跑的那一棒坡更大，距离还多了4km，上厕所的代价真不小。第二个5分钟与我的第一棒有异曲同工之处，耽误在艺高人胆大的郭玖林身上，安琦跑到接力点时，郭玖林还穿着趿拉板放松，面对广播里接力的催促声，郭玖林信步回到车内，换上跑鞋便是一个令人望尘莫追、追也追不上的背影……

没跑过大坡的人生不完整

完赛自然高兴，像这样的赛事，我最佩服两头的队伍。据说，冠军队的平均配速为4分10秒左右，而最令人印象深刻的是，当我们第二天休整过后，起来听说的第一件事情，是最后一支队伍在第二天凌晨五点半才完赛，用时25小时，他们的不放弃，走也要走完的精神真正诠释了"每公里都不平凡"和"每步都算数"。

我想，越山向海是应该有金句的，哪怕只有一句，都是对每个参赛队的尊重。例如，非常5+1，非常虐。

每步都不平，每步都很烦。

只有听到过上坡时汽车都声嘶力竭轰鸣声的人，才懂得跑步。

越山向海就是一口气连跑4个马拉松。

越山向海就是一个坡接一个坡地"坡拉松"。

在海拔1700m享受2000m的落差。

从黑夜跑向黑夜26小时的马拉松。

没有真心感受过那些大坡的人生不完整。

176000 步，每步都算数。

……

被称为"越山向海"的 Hood to Coast 被人称为地球上最伟大的马拉松接力赛事、"接力赛之母"，也是很多跑者"人生目标清单"上的终极梦想。"Hood To Coast" 1982 年由一位波特兰跑者开创，从波特兰东南高耸的胡德山脉之巅一路往西，最终抵达太平洋边的锡赛德，全程约 315km。从寒冷的高地穿越茂密的森林，沿着蜿蜒的公路最终抵达胜利的海边，期间由 12 人组成的接力队伍将会经历 36 个长短不同赛段的考验，经历白昼与黑夜，酷热与严寒。

"70 后"的宝马中国总裁刘智说，站在新旧十年门槛上的宝马 X 之旅，过往 10 年是探车型，新的 10 年是探内心。如果说，美国的越山向海是马拉松之母，从大山跑向大海，宝马引入的 2017 BMW X 之旅"越山向海"则是马拉松之父，崇礼近 176km 赛程的那个海就是内心之海。

经常采访别人的我们，在跑完后被 BTV 采访了。正如我在采访中感言：大家发挥得都特别好，每棒都特别棒，每公里都不平凡。

除了赛事专业性的集体补给，感谢董各庄的额外补助，孙燕自费 3000 元为媒体跑团酱了 100 个猪蹄，晨搜酷宝联队吃掉了其中的十分之一。还有，在我们队饿得不行的第 13 棒停车场，在吴迎秋老师不知情的情况下，我还顺了一袋寰球汽车的天福号酱牛肉，真好吃。

在我写下这些文字的时候，队长孙玮在群里已经嚷嚷明年要跑大坡了。

车市卷起的不一定是沙子，很可能是石头

中国车市 35 年的时间，其中"小 30 年"都是好吃的"肉"，并由此催生出连续多年世界第一大市场，以及诞生出只有中国车市才有的百花齐放。最近两年，车市从增量变为存量，转安为危。新一轮的调整不可避免，挡也挡不住。

过去，人们也喊市场不好，但是喊归喊，日子总还是凑合。华人运通的创始人丁磊说："用过去推断未来，必将落后时代；以未来定义未来，才是真正的未来"。如此金句的背后是丁磊的忧心，汽车会不会像牛车、马车一样被淘汰；目前中国每年老龄化的人口规模以千万递减，这些消费主力的红利正在逐年消失。可能有人会说，一代人衰老，总有一代人成长，问题是新的一代人不是买不起车，而是不愿意买车了，共享汽车可能会成

为未来的优先选择。

在奥迪、斯柯达、奔驰和沃尔沃效力过的付强说，爱驰也缺钱，整天想的是首先活下来，虽然爱驰三年磨一剑的 U5 有板有眼。爱驰是造车新势力的缩影，批量交付的蔚来、小鹏、威马，年销量最多的无非 2 万辆左右，这样的量实在支撑不了公司的可持续运转。拜腾、绿驰等一大批造车新势力，因为资本的不再跟风，再加上时间窗口的逐渐关闭，大有"出师未捷身先死"的悲壮。

造车新势力不行，传统车也遇到了问题。海马卖房求生，以及 N 多车企高管因为业绩不佳被下课，成为最近两年的家常便饭。曾经的刘智丰、李宏鹏等都是独当一面的大将，却只能待字闺中或委曲求全。单一车企中"南北大众"规模最大，拳打脚踢一年 200 万辆左右，即便是这样，日子也过得紧巴，曾经的利润"奶牛"、赚钱机器也捉襟见肘。

市场不好了，车不好卖了，钱越来越难赚，几乎成为这个行业 2019 年的集体共鸣。宝马、奔驰和奥迪三驾豪华汽车，正在由其中的一家独大变为三足鼎立，凯迪拉克以价换量成为豪车第二阵营的翘楚，沃尔沃以年度 15 万辆的销量实现李书福当年放虎归山的承诺，销量之外，沃尔沃用 10 年时间打造出的体系力为后续可持续注入了兴奋剂，一枝独秀的雷克萨斯，以 8761 万元的天价罚款收官 2019 年，正是应验了那句"正义会迟到，但是不会缺席"的话。

无数汽车人为了实现增长，披星戴月，可能依旧没能如愿。2019 年，"风水轮流转"的老话在汽车行业不灵了，不是谁不好，而是整个行业都不好。我们改变不了市场，只要做到了努力，这一年每个人都值得拥有掌声。

国际同行同样变数无限，标致雪铁龙和菲亚特克莱斯勒，实现了法国、意大利和美国之间的跨国兼并。大众汽车集团内部，由于斯柯达品牌对大众品牌构成了威胁，斯柯达低于大众品牌的新想法，让迪斯和梅博纳之间的关系产生裂痕。同样受困的还有奥迪，

3年时间，奥迪董事会主席连换三任。与此同时，一代枭雄蔡澈光荣退休，宝马的掌门人也从科鲁格换成了齐普策，汽车奇才马尔乔内离我们而去……

我们的近邻日本车企，丰田涛声依旧稳当全球销量第一，2019年完成1000万辆的销量，是名副其实的富可敌国的日本流动银行。

巨大的中国市场催生出一些中国车企的机会，吉利、北汽争相参股戴姆勒，长城与宝马平起平坐建立起MINI品牌的光束汽车，长城汽车在俄罗斯设厂、奇瑞通过巴西辐射南美、吉利通过马来西亚布局东南亚、上汽在印度设厂，MG名爵扬名欧洲，中国汽车的成长性正在被世界看到。

与此同时，蔚来、威马、小鹏、爱驰等一批所谓的造车新势力正在实现批量交付，拜腾、博郡、绿驰、恒大等还在等待破茧而出。当然，看待造车新势力、新品牌的得失，也不能用当年奥克斯"快进快闪"的眼光去看，既需要时间，也需要市场检验，即使失败了，也是中国汽车工业的一部分。

2020年最大的确定性就是不确定，政策的、市场的、产品的、团队的，这种不确定也是和经济周期规律密不可分的，经济的向好或趋缓，体现在车市上都有滞后效应，汽车行业要有足够的心理准备；同样的挑战还在于，在传统车和新能源的切换上，新旧动能转换是一个没有明确时间表的方向，看谁能熬得住。

此前，有经济学家在解读2022年汽车股比放开政策时同样表示，汽车股比政策的放开是汽车不再是经济支柱的标志。没有了保护的中国本土汽车工业是在背水一战中艰难前行，还是在消沉，的确是个问题。

我们总希冀有那么一两家本土汽车企业能够突出重围，立足中国，走向世界。

容易也好，不容易也罢。时间从来不会因为挑战和困难停下丝毫的脚步。人常常是保守的，总是把困难估计得很足，即使居安也要思危。但愿我的担心是杞人忧天，也祝愿中国汽车人都能找到啃下硬骨头的信心、勇气、力量和办法。

待到来年岁末时，把酒言欢不啃骨。

2021年的距离是几米？

间距一米，是2020年的距离。2021年的距离是几米？

这一年，每个人都被改变了许多。面对面改为屏对屏，线下改为线上，频繁出差变为居家办公，戴口罩、勤洗手成为每个人的标配。从"每逢过节胖三斤"到"今年胖了七八斤"。

这一年，汽车行业同样被打乱，从规模工业品类中最拖后腿的行业到触底反弹，从没有市场到因为诸如大众缺乏芯片影响产能没车可卖，短短一年时间剧烈震荡。以我钟爱的马拉松为例，在往年一年不下 10 个马拉松面前，今年只跑了 3 个。且"找辙"安慰自己说，"杭马"是这一年的唯一一个"半马"，"上马"是这一年唯一的一个"全马"，海南的"越山向海"是唯一一个人车接力赛，每个都不一样的背后是"无法选择更多，只有选择这些"。

特斯拉以一个革命者的身份打破了传统汽车行业的垄断，小鹏、蔚来、理想，也包括此前推出的 WEY，越来越多的汽车品牌敢以自己的名字命名，这种做法值得鼓励。奔驰、标致、雪铁龙、丰田、法拉利，甚至米其林轮胎等久负盛名的车名，最初的推动力都来自人名。用中国人自己的名字为汽车命名，在以前并非禁区却缺乏自信，大量个人名字的出现是一种进步。

特斯拉打破了传统汽车 100 多年的垄断，搞得全世界汽车行业都在研究它，我们应该研究其受众人群的消费心理、价值理念和商业模式。

特斯拉以外的传统车企也出现"强者恒强，泾渭分明"的垄断效应，比如一汽－大众成为 2020 年首个产销超过 200 万辆的单一车企，此前这顶皇冠被上汽大众戴了很多年。一方面，一汽－大众弥补了没有 SUV 的短板；另一方面，在终端市场层面，普通消费者对南北大众傻傻分不清，且一汽－大众沾了"SUV 推出时间晚，却是最新技术"的光。其实，上汽大众的表现并不差，大众品牌本身还是保有量最大的单一品牌，只是斯柯达拖了后腿。当"争第一容易，保第一难"从上汽大众高管口中说出的时候，应该理解他们感慨的真实。其他车企也是，长安、长城、吉利、奇瑞 2020 年的表现"疫"外拔尖，出人意料之处还是体系力的基本功扎实。以奇瑞为例，"虎 8"家族的"大单品"无疑是成功的。当然，距离尹同跃年百万辆规模的愿望还有一步之遥。长安汽车胜在产品力的明显提升上，朱华荣接棒长安董事长前曾做过长安汽车研究院院长，他懂产品的重要性。

豪华品牌也是，奥迪、奔驰、宝马以及第二梯队的沃尔沃、雷克萨斯、林肯都获得了增长，说明整个市场消费升级的趋势明显。亮眼的中国品牌当属红旗，徐留平年初在人民大会堂立下的"红旗年度 20 万辆"目标说到做到。反倒是继"海马"卖房求生之后，力帆、众泰、华泰、华晨熬不下去了，这符合世界汽车"6+3"的品牌规律和"欧美日韩中"的产业布局。与众泰、华晨的破产重组相比，力帆无疑是幸运的。因为，可预见的未来破产车企，像吉利这样的接盘侠也不多了。

造车新势力与造车新实力，"势"与"实"一字之差，却道出了过去一年的天壤之别。拜腾、绿驰、博郡出师未捷身先死，赛麟闹剧般收场，说明仅仅靠资本借势是不行的，还是得靠实力。被合肥市政府接盘的蔚来重获生机，让特斯拉相形见绌的华人运通高合HiPhi X，以及上汽集团、浦东新区和阿里巴巴三方投资起步就上千亿的智己。我宁愿相信，退出和新生是一种接力，而不是轮回。

大众汽车的销量有所下滑，但还是市场占有率最高的汽车品牌。丰田、本田、日产为代表的日系品牌反倒是稳打稳扎，继东风日产百万辆规模之后，"两本两田"按照2022年年百万辆的规模按部就班推进，一汽丰田以超过77万辆销量，同比增长7%的一路小跑领跑大盘。广汽本田说，要不是受制于新冠肺炎疫情期间零部件供应不足，广本2020年还能多干10万辆。中国自主汽车品牌也有三组数字值得记住：长安汽车的超过100万辆，奇瑞汽车累计900万辆，吉利汽车累计1000万辆。

对很多人来说最坏的2020年，却是有些车企最好的一年。他们把恐惧变成反思和信任，并付诸行动。

车企中看似最风光的是销售，作为神经中枢，销售其实也是整个产业链上的"搬运工"，完成业绩指标的喜悦，完不成业绩指标的忧愁。在时间面前，再好的销售也都一笔勾销，凡是过往，皆为序章。

2020年，汽车行业在没法计划中笃定前行。这几天北京零星复发的新冠肺炎疫情感染者晒出了奋斗者的励志。2021年的距离是几米？一米也好，两米也罢，在保持距离中接近无限可能。如果只能是一米的距离，那就让一米阳光灿烂。

再好的年景也有碌碌无为者，再不好的年景也有丰沛者。